高职高专"十二五"秘书专业规划教…

秘 书 导 论

李兰英 主编
高 音 纪如曼 薛丽丽 副主编

上海财经大学出版社

图书在版编目(CIP)数据

秘书导论/李兰英主编. —上海:上海财经大学出版社,2013.9
(高职高专"十二五"秘书专业规划教材)
ISBN 978-7-5642-1737-2/F·1737

Ⅰ.①秘… Ⅱ.①李… Ⅲ.①秘书学-高等职业教育-教材 Ⅳ.①C931.46

中国版本图书馆 CIP 数据核字(2013)第 182050 号

□ 责任编辑　温　涌
□ 书籍设计　钱宇辰
□ 责任校对　卓　妍　赵　伟

MISHU DAOLUN
秘书导论
李兰英　主编
高　音　纪如曼　薛丽丽　副主编

上海财经大学出版社出版发行
(上海市武东路 321 号乙　邮编 200434)
网　　址:http://www.sufep.com
电子邮箱:webmaster@sufep.com
全国新华书店经销
上海华业装潢印刷厂印刷

2013 年 9 月第 1 版　2013 年 9 月第 1 次印刷

787mm×1 092mm　1/16　13.25 印张　339 千字
印数:0 001—4 000　定价:30.00 元

前言

随着时代对秘书职业标准的提升和高职高专秘书专业人才培养目标的不断提高,拓展秘书的理论视野和提高秘书的实践能力,已成为秘书职业行为的重要内容,且有愈加重要之势。秘书岗位已经成为现代公司发展中必不可少的一部分,秘书人才的培养也越来越受到企业界乃至社会各界的广泛重视。

作为秘书专业的入门级教材《秘书导论》,有的本科院校称之为《秘书学概论》。近几年来,秘书界的各位同仁对于该不该开设该课程颇有争议。有人认为,《秘书导论》抑或《秘书学概论》没必要开设,因为高校都会开设秘书实务课程,在实务课程里也含有导论或概论的内容,从某种角度秘书实务课程更全面、更务实;但是,本书编者认为,对于初学秘书专业的学生来讲,开设秘书导论或秘书概论课程是非常有必要的。这是因为学秘书专业的人大部分是零起点,或者由于各种因素进入秘书专业学习,对秘书专业的理解都比较浅显,甚至会受某些负面信息的影响而对秘书职业有误解。那么,如何引导这样的学生去正确认识秘书专业、了解秘书专业,并建立信心从事秘书职业,是一个很关键的问题。入学之初,学生如果没有接触秘书导论或秘书概论,就马上步入秘书实务的学习,很显然不会达到秘书实务所要求的标准,那么我们的实务课再怎么精彩都不能在学生身上体现出秘书实务的价值与意义。

正是出于这样的考虑,编者们历经一年多的时间来编写本教材,立足于前人的基础,增加本教材的特色,由浅入深地探讨秘书专业的一些入门的知识点。在本教材的编写过程中,我们着重突出以下几个特点:

第一,依据高职高专培养应用型人才的目标,我们以讲清理论、侧重引导的原则安排内容体系,本书的重点在于引导和启发学生对学习秘书专业的兴趣;

第二,在征询和了解已经毕业的学生与在校学生的共同需要的基础上,遵循学生的认知规律编写教材,突出教材的逻辑性与实用性;

第三,理论讲解与实例分析相结合,我们在每章中安排了"学习目标"、"微型案例"、"小资料"、"提醒您"、"小技巧"等部分突出要点,增强了趣味性与实用性;

第四,在内容方面,注意吸收相关专业的新成果,保持案例教学的新颖性与趣味性。

本教材是一本注重创新、强调实用、独具特色、紧扣时代脉搏的秘书教材。教材的每章通过归纳各章教学重点、基本知识点和知识脉络图,让学生能够在最短的时间内了解自己所涉及的知识范畴;通过案例研究、实验实训、复习思考题的强化,及时检验对相关内容掌握的程度,提高学生的职业技能。

本教材结合实践教学的需要,编者共安排了八个章节,其内容涵盖了秘书的基本概念和历史演变、秘书工作的职能与作用、秘书人员的职业素养、秘书人员的职业道德、秘书工作的内容与艺术、秘书与人际关系、秘书职业资格标准与职业生涯、国外秘书工作等诸多方面,适用于秘书专业的高职高专学生以及成人教育的教学,也可供在企业中从事秘书工作的管理人员参考之用。

本教材的编者都是在高职高专院校从事多年秘书专业教学的骨干教师,具有较强的理论功底和娴熟的实务能力。具体分工如下:第一章、第五章的第三节由上海工商外国语职业学院李兰英老师编写;第二章、第四章和第六章由荆州职业技术学院高音老师编写;第三章、第五章的第一节、第八章由上海工商外国语职业学院纪如曼老师编写;第五章的第二节和第七章由上海工商外国语职业学院薛丽丽老师编写。上海工商外国语职业学院的李兰英老师设计了全书的框架与体系,并负责全书的统稿、修改与整理工作。

为编好这本教材,编写人员深入企业调研,付出了辛勤的汗水。在编写过程中集众家所长,参考颇多,在此深表谢意,参考资料的来源及作者姓名,我们已在选用资料的后面及书末参考文献中一一注明。我们参考了互联网站上发布或转发的信息,其中有些资料已经无法查明出处,在此编者向原作者所付出的辛勤劳动表示衷心感谢。同时,我们感谢上海财经大学出版社和上海工商外国语职业学院对"秘书导论"教材建设项目的重视和支持,感谢广大读者对本书的厚爱和建议,所有这一切将始终鞭策我们不懈地努力和不倦地追求。我们衷心希望本教材能够得到广大读者的认同,能为读者们的学习、工作提供应有的帮助。但是,由于我们水平有限、时间仓促,书中难免存在疏漏与不妥之处,敬请读者批评指正,以便在教材修订时进行完善。相关意见可发电子邮件至:lshhl2001@163.com。

另外,为了方便教师的教学,上海财经大学出版社备有教师教学用的课件。如有需要,请致电或者 E-mail 联系。联系人:李成军。电话:021—65904706。E-mail:littlelcj2@163.com。

编者

2013 年 6 月

目录

前　言/1

第一章　秘书概述/1

学习目标/1
引入案例/1
第一节　秘书的内涵/3
第二节　秘书的类别与层次/10
第三节　秘书的职业特征与职业发展趋势/14
小结/19
应用/20

第二章　秘书工作的职能与作用/24

学习目标/24
引入案例/24
第一节　秘书工作的职能/26
第二节　秘书工作的作用/33
小结/41
应用/42

第三章　秘书人员的职业素养/45

学习目标/45
引入案例/45
第一节　知识与能力结构/46
第二节　心理素质与性格特征/64
第三节　智商与情商/73
小结/80
应用/81

第四章 秘书人员的职业道德/83

学习目标/83
引入案例/83
第一节 秘书的职业道德/84
第二节 秘书的行为规范/92
小结/97
应用/98

第五章 秘书工作的内容与艺术/101

学习目标/101
引入案例/101
第一节 秘书工作的内容/102
第二节 秘书工作的原则与方法/112
第三节 秘书工作的艺术/119
小结/123
应用/124

第六章 秘书与人际关系/127

学习目标/127
引入案例/127
第一节 秘书的角色意识/128
第二节 秘书人际关系的内容/131
第三节 秘书主要人际关系的处理/137
小结/144
应用/145

第七章 秘书职业资格标准与职业生涯/148

学习目标/148
引入案例/148
第一节 秘书职业资格标准/149
第二节 我国秘书职业资格鉴定标准/151
第三节 秘书职业生涯规划/155
小结/162
应用/163

第八章 国外秘书工作/169

学习目标/169
引入案例/169
第一节 国外秘书职业资格标准/170
第二节 国外秘书工作内容/182
第三节 国外秘书职业前景/193
小结/200
应用/201

参考文献/203

第一章 秘书概述

学习目标

通过本章学习,你应能够:
了解秘书的由来;
理解并掌握秘书的内涵;
了解秘书的类别与层次;
了解秘书职业特征与职业发展趋势。

【引入案例】

假如我招聘秘书
——谭一平专访

记者:谭老师,您好!您的《一个外企女秘书的日记》出版后,在我们的读者中引起了不小的反响。现在有许多读者对这样一个问题很感兴趣:作为秘书学方面的专家,您如果要招聘秘书,会有什么样的要求?

谭一平:这个问题非常有趣!假如我招聘秘书,我的招聘广告将是这样的:"……秘书的条件:最好是女性,年龄不小于28岁;外貌端庄,性格开朗,为人稳重;专科以上学历,具备基本的英语水平。"

记者:您的意思似乎是,男性不适合当秘书?

谭一平:我并不是说男性不适合当秘书,而是我认为与男性相比,女性做秘书有一些天然优势:第一,女性的语言能力要比男性强一些。秘书处于一个组织的交流中枢,主要工作是与各方面交流沟通,对她的语言能力要求高一些是自然的。第二,女性的直觉要比男性强一些。秘书工作大多是琐碎的、临时的,在处理这类工作时更需要直觉和经验。第三,一般女性没有男性的那种"野心",她们安心做平凡而又具体的工作,久而久之还会产生一种"管家婆"的心理,因而能对自己的工作精益求精。

记者:为什么28岁以下的秘书就不够格呢?能说说您的理由吗?

谭一平：一个秘书要有5年以上的工作经验，才有可能成为一个合格的职业秘书。刚刚从学校毕业的秘书，她们可能朝气十足、知识新鲜、外语不错，但是，对于一个职业秘书来说，最重要的是经验。28岁以下的秘书不管她悟性有多高，毕竟工作年限短、阅历浅。

记者：您对秘书的外貌似乎不是很在意，只要求"端庄"就行？

谭一平：其实，"端庄"这个标准也不低了。所谓"端庄"，直白地说就是"看着舒服"。秘书往往是上司甚至是整个单位形象的代言人，如果连你自己都看着不舒服，你的客人看着就更不舒服了。但是，我对"端庄"的要求，不仅包括对身材、五官和肤色的要求，也包括对谈吐、行为举止、礼仪、衣着打扮，甚至说话的声音和说话时表情的要求。

记者：这个"端庄"也不简单。不过它与很多招聘广告中所要求的"气质优雅"还是有距离。

谭一平：我认为，"气质优雅"的女性一般只适合做总统夫人，不适合当秘书，成天在办公室"打杂"，抄抄写写。

记者：您似乎很看中秘书的性格？

谭一平：是的，性格开朗是我选择秘书的必备条件。如果一个人性格开朗，她就能给被钢筋和水泥包围的办公室带来勃勃生机，同时也说明她有一定的交流和沟通能力。

记者：您所说的"为人稳重"具体指什么？

谭一平：简单地说，"为人稳重"就是"成熟"，也就是说，她至少是一个已经具备自我管理能力的社会公民。"为人稳重"主要表现在以下几个方面：一是办事不毛手毛脚，比如今天打印文件时出现一串错别字，明天把客户的电话号码少记一位数，等等；二是口紧，看见的当没看见，不该说的绝对不说；三是不要耍小孩脾气，因为一点小事就跟人家急眼，甚至发火。

记者：现在社会上对学历的要求越来越高，为何您只要求秘书有大专学历就行了呢？

谭一平：我认为学历不是很重要，因为秘书的工作经验不是在学校能够学到的。而且，我需要的是助手，而不是一个学富五车的理论家。有大专以上的学历，就已经具备了基本素质和能力。对于一般的初、中级秘书来说，与理论相比，经验更重要，与能力相比，态度更重要，而一个秘书的经验和态度与学历没有什么必然的联系。

记者：如果说学历不能代表素质和能力，英语水平的高低应该是衡量能力的重要指标，为什么您也只要求"具备基本的英语水平"就行？

谭一平：现代的职业秘书当然要会说英语，不然怎么接老外的电话、收邮件、上网查资料？但是，我并不要求秘书能说一口比英国人还正宗、流利的英语，因为秘书毕竟只是秘书，既不做专门的业务，更不是职业翻译，所以，只要会说"Please this way"，而不对客人说"What's your name?"这种幼稚而没有教养的英语就可以了。秘书的口语能力能不能直接参与业务谈判，那并不重要。

记者：从单项来看，您对秘书的要求似乎不高，但综合起来看却又很苛刻，即使在北京、上海这样的国际化大都市，要招聘到这样的秘书也不是一件容易的事。

谭一平：我招聘秘书的条件苛刻吗？其实，我所要求的这些条件也就是职业秘书（professional secretary）的基本条件。我觉得，并非从事秘书职业的人就可以称为职业秘书。一个秘书的职业性是其素质和能力的综合体现。好比职业经理人，即使你当了一辈子的经理，也不一定能成为一个真正的职业经理人。

记者：现在一般用"高级"、"商务"或"政务"之类的词来界定秘书，您却多次提到"职业秘书"这个词，是不是您有自己的用意？

谭一平：我认为，我国目前真正的高级秘书并不多。而在介绍秘书的基础理论时，也完全没有必要过分强调"商务"和"政务"的行业属性，因为这有可能造成误导。打个比方：如果把政务秘书和商务秘书比作高考前的文科班和理科班学生，则普通秘书都还只是初中生，他们必须首先学好语文和英语这样的基础课程。

记者：我读过您的新作《职业秘书实务》，觉得它似乎只适合企业秘书阅读，不太适合在政府机关工作的秘书学习。您认为怎样？

谭一平：这是误会。《职业秘书实务》这本书并不是专门针对公司"商务"秘书的，它介绍的是一个职业秘书必备的素质和基本技能。当然，由于经济迅速发展，特别是企业急需大量的文秘人员，所以本书所采用的案例都是企业文秘人员所遇到的问题。但这并不意味着它只适合企业秘书学习。作为政务秘书，当你遇到同样的问题时，解决的原则和方法也是一样的。

记者：与一般的教科书相比，您在《职业秘书实务》这本书中似乎加大了如何处理人际关系等内容的篇幅？

谭一平：是的。我认为，随着办公自动化程度的提高，IT技术和互联网日益渗透到文秘人员的日常工作与生活之中，秘书工作中诸如打字、存档这类工作的比重正在逐步下降，而帮助上司收集信息和协调各方面关系等工作在逐步增加。

记者：好，谭老师，最后问您一个问题：现在都说秘书难做，您如何看？

谭一平：我同意这种看法。在现代职场的所有职位中，秘书的生存环境是最艰难的。一方面，秘书往往处于一个单位的管理神经中枢，每天上传下达、迎来送往，因此她们必须八面玲珑、左右逢源；另一方面，她们又整天在领导的眼皮底下工作，不敢有稍微的松懈和马虎。但是，正因为秘书处在这样一个环境中，她们的素质和能力的提升往往要比一般职位上的人快得多，所以，秘书又是最有前途的职业之一。这就是许多秘书以"鲤鱼跳龙门"的方式跻身政坛和商界，从而成为我们这个时代精英的奥秘所在。

记者：好，谢谢谭老师能接受我们的采访。

资料来源：谭一平著："假如我招聘秘书"，《秘书》，2006年4月，略有删减。

问题：从上述案例中，你能了解到秘书哪些方面的知识？

第一节　秘书的内涵

秘书是一种职业，而且是目前世界范围内最广泛的社会职业之一，也是最有发展潜力的职业。秘书作为一种职业已经在我国蓬勃发展起来，无论是在现在还是在未来，秘书都可以称为"朝阳"职业。

一、秘书的由来

在我国秘书的历史比较悠久，最早可以追溯到尧舜时期，尧舜时期设百揆、秩宗、纳言等官职兼秘书工作，这是最早形式的秘书，分工不是很明确，但是也有了一定的雏形。在商朝，专门设立了史官的官署——太史寮，这相当于国家的中央秘书机构，负责商朝统治者的册命和祭典等事宜，这个机构的负责长官为太史，下辖不同层次、不同分工的史官，各司其职，分别负责书刻占卜文辞，记录王室活动，起草公文文书，安排祭祀，辅助统治者操持政务。商朝的史官，便是最早的秘书人员。

在中国历史上,真正出现"秘书"一词是在汉代。据《汉书·叙传》记载:"游博学有俊才……与刘向校秘书。每奏事,游以选受诏进读群书。上器之能,赐以秘书之副。"意思是,由于皇帝赏识游的博学和才干,便把秘书(宫中秘藏书籍)的副本赐给他,这是君主赐予臣子的珍贵礼物。两汉时期,朝廷对图书典籍的收藏极为重视,专门设有麒麟阁、天禄阁等藏书所。藏书的地方称为"秘府",其中所藏的书称为"秘书"。《汉书·刘向传》记载:"而上方精于诗书。观古文,诏向领校中五经秘书。"《汉书·楚元王传》中记载了刘向之子刘歆"受诏与父向领校秘书"。《晋书·荀勖传》记载:"得汲郡冢中古文竹书,诏勖撰次之,以为中经,列在秘书。"以上所说的"秘书"都是指宫禁的藏书。"秘书"在古代也指"谶纬图箓",这是一种在汉代流行的宗教迷信,是巫师或方士制作的一种预算吉凶的隐语。

至东汉,"秘书"开始有了变化,汉桓帝延熹二年,"始设秘书监,掌典图书古今文字"。这是中国历史上第一次以"秘书"命名的官职。后来,又逐渐出现了秘书寺、秘书省、秘书郎和秘书丞等官职和机构。这些主要是掌管国家典籍与机密文书的官职和机构。

在魏晋南北朝时期,最早曹操在汉献帝封其为魏王时,就将汉桓帝设立的"秘书监"改为"秘书令",掌管文书。曹丕称帝的时候,又将"秘书令"改为"中书省",设"中书监"、"中书令",担任皇帝的秘书长职务,负责起草诏令及其他机要文书,掌管奏议等事务。同时还把原来皇帝秘书机构"尚书台"改为"尚书省",成为执行机构。"中书省"下设"中书舍人",承担皇帝的秘书工作。

在唐朝时期,朝廷实行中书、门下、尚书三省制。中书省负责草拟皇帝诏令,按照皇帝的意图掌握决策权;门下省负责审议文件,掌握封驳权;尚书省负责处理文件,掌管执行权。三省的长官均是辅佐皇帝发号施令的宰相,目标是为皇帝服务,对皇帝负责,维持封建王朝的君主专制制度。这三省实际上就是皇帝的秘书机构。在三省的官员中,中书舍人实际上就成为皇帝身边专门负责起草诏令文书、辅佐宰相处理军国政务的秘书。在唐玄宗时期,设置了翰林学士院,并用翰林院士代替了中书舍人的职责。这时的翰林学士院就是唐朝皇帝直接控制的中央秘书机构,翰林学士便是皇帝近身的高级秘书。

宋代的官职制度沿袭唐朝的旧制,由三省共同执掌,以中书省为主,也有中书舍人和翰林院学士,职责也像唐朝那样。但是宋朝军事系统的秘书工作从属于枢密院,在枢密院长官下设属官"都承旨"和"府都承旨",负责枢密院秘书官员职责。

在明清时期,统治者为了进一步加强自己的统治,加强了中央集权制,也建立起了更完善的秘书机构。明朝,朱元璋废除中书省后,为了保证政务工作的顺利开展,增设了吏、户、礼、兵、刑、工六科作为皇帝的秘书机构。六科的职责是:"凡制敕宣行,大事覆奏,小事署而颁之;有失,封还执奏。"这些机构不仅是辅佐皇帝办文的秘书机构,也是对六部拥有封驳纠弹权力的专门监察机关。明朝朝廷的秘书机构还包括"通政使司",这是明朝朝廷的总收文机关,其总的职责就是"掌受内外章疏,敷奏封驳之事"。明朝还建立了比较完备的公文体系。明朝的公文划分为皇帝诏令文书、臣工上奏文书、官府行移文书、专用文书四大类。其中,皇帝诏令文书有诏、诰、制、敕、册、谕、书、符、令、檄 10 种;臣工上奏文书有题、奏、启、表、笺、讲章、书状、文册、揭帖、制对、露布、说 12 种;官府行移文书分为上行、下行、平行三类。这些都标志着在明朝我国的秘书工作已经有了很大的发展。

在清朝,朝廷的秘书工作机构设有内阁、军机处、奏事处、通政使司、六科以及六部中专门掌管文秘档案工作的机构等。其中,内阁在名义上是综理国政的中枢机构,但其权力已不及明朝时期,只是为皇帝办理一些公开发布的或者一般的下行文书工作。军机处是在雍正年间临时设立的一个机构,但因其地处内廷,有利于日处深宫的皇帝处理政务,后逐渐成为直接承命拟旨、经办一切重大政务的中枢机构,实际成为皇帝内廷的办公厅和全国政令的策源地。通政使司,则主要作为承担收发文书工作的"奏事处",专司稽查催办工作等。

从秘书发展的历史长河中我们可以看到,被称为"秘书"的并不是我们现代意义上的秘书,没有被称为"秘书"的却从事着秘书的工作。无论从哪一个角度看,秘书,都由来已久。

现代意义上的秘书,真正出现在中华民国时期。1911年10月10日,孙中山领导了辛亥革命,并于1912年1月1日在南京成立了中华民国临时政府。政府的秘书机构设置、秘书人员的选用和秘书人员的培养等方面,都吸收和借鉴了西方秘书工作的一些经验。总统府下设秘书处,秘书处下设总务处、军事组、外交组、电务组、官报组、收发组六个分支机构;参议院下设秘书厅;各部机关设政务厅。秘书处在秘书长的领导下工作。

在我国建党初期,在中共"一大"上,毛泽东同志既是代表又是秘书。从我党的史料中可以看到,"秘书"字样最早出现在1923年,毛泽东同志担任中央局的秘书,参加中央的领导工作,并负责文件的起草、处理、保管和会议记录等工作。

【小资料】

党的"三大"通过了《中国共产党中央执行委员会组织法》,规定了党中央秘书的职责:秘书负责本党内外文书和通信及开会记录之责任,并管理本党文件,本党的一切函件须由委员长及秘书签字。

抗日战争时期,党中央于1937年将红军长征期间撤掉的中央秘书处和文书科重新恢复,设立秘书处。1938年中央决定,在区委以上党委均设秘书部门,以便管理文书、会计等工作。

建国后,秘书工作进一步完善,相继颁发了一系列的文件来保证秘书工作的顺利进行。1951年7月,政务院召开了全国秘书长会议,做出了《关于各级机关秘书长和不设秘书长的办公厅主任的工作任务和秘书机构的决定》;1951年9月,政务院颁布了《公文处理暂行办法》;1955年1月颁布了《中国共产党中央和省(市)级机关文书处理工作和档案工作暂行条例》;1956年颁布了《国务院关于加强国家档案工作的制度》。这些制度都保证了我国秘书工作的顺利开展,也为日后我国秘书体系的进一步完善提供了很好的基础。

改革开放以后,随着各行业的大力发展,秘书职业也迅速发展起来,如今不仅政府机关有秘书机构,各企事业单位为了保证自身工作的顺利开展,也纷纷设立了秘书机构。随着社会的进步,秘书工作的内容也在逐步发生变化,但无论怎么变化,都改变不了秘书职业的发展,秘书职业已经完全融入整个社会的发展轨迹之中,社会的发展离不开秘书的贡献。现在,很多高校和中职院校都开设"文秘"专业,为社会培养专业的秘书人才,2011年秘书学专业被教育部正式列入《普通高等学校本科专业目录》,这是秘书学专业发展历程中的又一大进步。

二、秘书的内涵

我们在秘书的由来中已经看到了我国秘书的发展脉络。无论秘书的名称如何变化,秘书所从事的工作大体都是辅佐统治者或领导者,帮助其完成一些文书工作或信息工作。接下来,我们将进一步探讨秘书的内涵。

【微型案例】

"杂家"秘书的工作

立鑫公司的董事长兼总经理是一个"知识型"老板,他要求秘书是"杂家",既能参与决策、出谋献策,又会草拟计划、方案并组织实施;既要懂得行政管理、经济学方面的知识,还要具备计算机操作、外事洽谈、组织管理、企业发展研究等能力。总之,这不只是过去的秘书工作所界定的那些职责。

老板常会提出他自己感到疑惑的问题让秘书给出建议。公司的张秘书起初参加决策活动时心中没谱,难以拿出完整的看法。有了几回失败的经历后,张秘书就开始用心了解老总的议事风格,明察其关注的问题和事项,并搜集相关资料,尽可能掌握公司的管理现状及发展规划。这样,在参与决策时有了更多的主动性,看问题准了,提出的建议、设想一般都可行,受到老板的好评。

在一次"学海尔"的专题研究会上,总经理问张秘书学海尔从何入手、重点是什么。张秘书当即阐述了自己的主张:学海尔人的创业精神以及科学的管理方法,并建议要在"真学"、"学实"等方面下功夫。会后,张秘书在研究分析的基础上,拟出了"员工自我重塑"、"标准化管理"、"治业十八法"等专项实施方案和计划,获得领导批准实施后,张秘书参与督促施行,取得了明显的成效。

在系列管理活动的策划方面,张秘书根据公司的阶段性发展目标,适时筹划了"信息网络化管理"、"培训专兼并举"、"绩效追踪评估"、"效应性营销"等活动,经过试行,也都达到了预期的效果。老总们有口皆碑:"张秘书还真样样能干。"

随着时间的推移,张秘书担当的工作内容越来越多。外事活动经常要涉及一些未曾接触的人和事,张秘书运用掌握的公关知识和技巧去化解尴尬,结果让老总大为满意。张秘书对电脑操作系统不是很在行,但他很会注意在边学习边摸索的过程中督促有关人员搞好这方面的工作,因此也没误过事。

企业文化建设是老总关注的话题,因为它关系到公司形象及员工精神的塑造问题。张秘书注重在实践中了解本企业的文化理念及经营策略,力求通过对那些抽象概念的消化、吸收,将其能动地转化为本公司的特色文化。经过一段时间的潜心钻研,他提出了"早激励晚总结"、"技能赛马"、"每天一个新的自我"、"境界步步高"等企业文化建设的新形式,并借助自办的《立鑫境界报》大力宣传。经过卓有成效的优化施行,这些具有全新意义的企业文化活动极大地促进了公司管理工作的进步。

张秘书在总结自己的秘书工作时说,大型民营公司文秘工作的职能,确实有别于一般行政文秘职能,其主要特点是面广、量大、内容杂、日常工作的可变性十分突出;此外,每个工作模式、程式的优化和改进,基本上都是根据管理要求的变化来进行的,对秘书有很大的挑战性,但只要用心探讨和实践,秘书工作规律是可以掌握的。

资料来源:中国高等教育学会秘书学专业委员会组编:《秘书学导论》,人民出版社2007年版。

问题:从上述案例中,我们能看到秘书的主要工作是什么?

在国外,"秘书"一词源于拉丁文"secretatius",意思为"可信赖的职员"。英语中的"秘书"(secretary)与"秘密"(secret)有着紧密的联系。今天 Secretary 第一个字母 S 大写的时候,意为部长或大臣,这是政府部门的高级官员;第一个字母 S 小写的时候,就泛指受雇佣在办公室中从事处理信函、保管档案、安排业务等普通意义上的秘书工作的人员。Secretary of State 在英国是指(主管政府部门的)国务大臣,在美国则指国务卿。秘书的英语意义也诠释了秘书的特性。

在 1979 年版的《辞海》中对秘书的解释是:"职务的名称之一,是领导的助手。秘书工作是一项机要性的工作,它的任务是收发文件,办理文书、档案和领导交办的事项,各机关和企业、事业单位一般均设有秘书工作部门或秘书工作人员。"

《现代汉语词典》(第 6 版)对秘书的解释是:掌管文书并协助机关或部门负责人处理日常工作的人员。

我国人力资源和社会保障部颁布的《秘书国家职业标准》(2006 年版)中对秘书的定义是:秘书是从事办公室程序性工作、协助上司处理政务及日常事务并为决策及实施提供服务的人员。

在国内对秘书比较有代表性的几种解释是:第一种,认为秘书是一种职务、职称;第二种,认为秘书主要从事的是办文、办会、办事的工作;第三种,认为秘书是辅助领导做决策;第四种,认为秘书主要是领导的参谋与助手;第五种,认为秘书是一种社会职业。这几种说法都反映了秘书某个方面的特征,也反映了在不同时期对秘书的不同释义。

综上所述,我们对秘书的定义概括为:秘书是在领导授权范围内,为领导提供辅助性、事务性、参谋性和信息性服务工作的专业人员,主要从事办公室事务、办理文书、联系各方等工作,保证领导工作的正常运转,直接为领导工作服务,是领导事务与信息处理的助手。秘书是以辅助决策,综合协调,沟通信息,办文、办会、办事等为主要职能,是领导者、主事者的参谋和助手。当今社会的秘书,在本质上是领导人工作的助手,既不能缺位无所作为,也不能越权胡作非为。

该定义可从以下几个角度来理解:

(一)秘书是社会职业中的专业人员

"秘书"和其他社会职业中的人员是一样的,都是职业的一种称呼,如同教师、医生、律师、护士等。秘书是社会正常运转不可或缺的一个组成部分,不可低估其在社会中的地位。秘书的工作是以服务领导和企业为核心,是领导身边的得力助手。

(二)秘书服务的根本对象是领导者

秘书所做的一切工作都是为了辅助领导来完成任务,服务的目的性比较明显。秘书为了方便领导更好地完成工作,进行一系列围绕领导工作而展开的事务处理,比如接打电话、接待来宾、处理文件、安排会议等内容。如果离开了领导,秘书就失去了工作的主要方向,也就丧失了工作的意义和存在的价值。因此,没有领导工作就没有秘书的活动,没有领导者就没有秘书这个职业。领导者是秘书服务的根本对象,秘书在工作中也要以领导为中心。可以说秘书是为领导而存在的,这一点也决定了秘书的从属地位。因此,现实工作中只有领导挑选秘书的权力,而没有秘书挑选领导的机会。秘书必须以领导为中心,尽可能地适应领导的工作习惯和方式。作为职业秘书,如果你还不适应领导的工作习惯和方式,那么你要尽快调整好自己的心态,以保证工作的正常进行。

【微型案例】

工作以上司为中心

小诗是北京旭日化工设备公司总经理办公室的秘书,她的上司是公司负责研发的副总张扬。张总不仅是工作狂,而且非常霸道。他向小诗交代工作时,总是用一种似乎不耐烦的口吻说话:"打一下这个!"或者"复印三份!"从来不会说"请帮我打一下这个",或"劳驾帮我把这个复印三份"。小诗非常不习惯张总这种封建家长式的工作作风,每次接受工作之后,总会想起老电影里那些大军阀或土匪的形象,因此,她总要在心里骂一句:"我是秘书,又不是你的丫鬟!"她多次提出要求更换上司,但每次都遭到办公室主任的严厉批评。昨天下午,张总路过她的办公桌时,将一份文件往她桌上一扔:"复印一份!"她怀着一肚子怨气复印完之后,也把复印件往张总的办公桌上一扔。没料到文件撞翻了桌上的水杯,搞得满桌子到处淌水……后来,她就被炒鱿鱼了。

小诗的遭遇确实让人同情,谁让她摊上这么一位军阀型的上司呢?但是作为一个职业秘书,这个结果也可以说是她咎由自取。

资料来源:谭一平著:《我是职业秘书》,机械工业出版社 2008 年版。

问题:案例中小诗的主要问题是什么?如果是你,你会怎么做?

(三)秘书工作的基本方式是处理信息和事务

秘书在辅助领导工作的过程中,做的大量工作就是处理信息和一些事务性工作,比如文件的草拟、情况的通报、信息的传递、会议的筹备与整理、日常的事务处理等都需要秘书来完成,秘书工作的基本方式就是处理信息和事务。秘书的工作事无巨细,在秘书的眼里,事情没有大小之分,只要是工作,不管是什么工作,也不管是哪个领导布置的,都要认真完成。

【微型案例】

"影后"

那还是我刚上班不久,Shinely 说请我帮忙复印点资料,我过去从来没自己复印过东西。走进他们的文印室,许多机器外形大同小异,我心慌就没细看,直接就把一叠文件往一个果皮箱般大小的机器里送,结果文件变成一大堆"爆米花",后来我才知道那是废纸粉碎机,当时 Shinely 的脸气得像猪肝一样红。

看到她失望的眼神,我自己也对自己失望。当天,我把复印机的使用说明书找出来,一条一条仔细琢磨,弄不懂的就请李强帮我解释。过去,只要一看见什么"使用说明书"我就头疼,但我还是硬着头皮坚持下来了。自那以后,不仅复印机,其他办公设备的使用说明书我也逐个仔细琢磨了一遍。

出于提高工作效率的需要,以电话为首的办公自动化设备越来越多,除各式各样的电话机外,计算机、复印机、扫描仪、粉碎机……现在办公自动化设备不仅越来越多,而且它们本身也在升级换代,功能越来越多、越来越复杂。有些设备即使现在还没有配备,我也找来学习,以便将来备用。

许多公司新人常常抱怨企业中没有自己的位置,一开始只能做复印、打字等杂事,被戏称为"影帝"或"影后"。我觉得这没有什么,在你缺乏经验,特别是岗位经验时,会使用办公设备是新人分内的事,也应该是自己的长项。作为公司新人,会使用办公设备,就像军人会使用武器一样重要。

我到财务部一看,复印机卡纸了。我帮他们把被卡的纸取出来后,看了看机器,造成卡纸是缺乏清洁保养造成的。

我说:"你们可能要与复印机维修部门联系一下,对复印机进行一次全面的清洁保养,这样可以保证复印效果,减少卡纸现象的出现。另外,注意要选用最近的纸盒:离感光鼓越近的纸张,复印过程越短,卡纸的机会也就越少……"

资料来源:谭一平著:《女白领职场日记》,华夏工业出版社2005年版。

问题:从上述案例中,你学到了什么?

(四)秘书活动的根本性质是辅助性

秘书的所有工作都是围绕领导展开的,秘书服务的根本对象是领导者,这就决定了秘书工作的根本性质是辅助性。秘书的工作是相对领导而言的,是从属的、被动的,即使自己所提供的信息或者参谋意见在重大决策事件中起到了关键的作用,秘书的工作依旧是辅助性的,参与了整个工作,但依旧为领导服务,最终的决策权还是领导者,秘书只是辅助领导者完成了工作,是领导者的得力助手。所以身为秘书,要把自己定位好,做安守本职工作的职业秘书。

【微型案例】

打杂:脚踏实地,胸怀全局

小琳是北京万通机械股份有限公司总裁办的秘书。由于机械加工行业的利润率越来越低,所以,公司决定开发系列纳米产品,以形成新的利润增长点。这天,公司召开临时董事会,讨论投资纳米产品项目的问题。由于大多数董事过去都是从事机械加工的,对"纳米"不怎么了解,所以,尽管技术总监用原子、电子负荷等理论解释了好久,大家仍然感到云里雾里。眼看着会议陷入僵局,总裁有些坐不住了,这时,坐在他身后负责会议记录的小琳悄声问他,是否可以让自己解释一下什么是纳米。总裁马上点头,于是,小琳用非常通俗的语言解释了什么叫做纳米、纳米产品的功效……会议达到了预期的目的。会议结束时,总裁宣布让小琳负责公司整个纳米项目的协调工作。

资料来源:谭一平著:《我是职业秘书》,机械工业出版社2008年版。

问题:案例中的小琳是如何做好辅助工作的?

第二节 秘书的类别与层次

一、秘书的类别

秘书作为一种职业,其类别有很多种,区分也越来越细致。

(一)按秘书服务的对象划分

按秘书服务的对象来划分,可以分为两大类,分别是公务秘书和私人秘书。

公务秘书是指在国家机关、团体、部队、国有企事业单位中,由组织或人事部门选派的承担秘书工作的人员,在编制上属于该单位的干部。他们在工作制度和工作方式上,必须严格遵守国家的有关法律和执行国家机关公务人员的工作规范,其劳动报酬由国家和集体支付。目前我国党政机关的秘书均属于此类,但是这一类秘书需要通过公务员考试才能进入党政机关系统。

私人秘书是指由私人、私人企业、民办企业等出资聘任并为私人服务的秘书。私人秘书在遵守国家法律的前提下,向自己的聘任者负责。他们的工作制度和工作方式具有很大的灵活性和多样性,大多与在企业里工作的其他员工工作性质一致,薪酬由聘任者支付,其各项劳动者权益也受法律保护。现今出现的"钟点秘书"也是私人秘书的一种。除此之外,明星的私人助理也属于"私人秘书"。

【小资料】

"钟点秘书"成为职场新宠

时下,一种全新的女性职业悄然出现,它就是"钟点秘书"。所谓"钟点秘书",就是一些年轻白领女性,利用工作之余,为客户提供"钟点秘书服务",并按照钟点来收取酬金的一种工作形式。

"钟点秘书"为客户提供有偿服务的方式一般是:采用电话、电传、上网等"遥控式"服务;或是亲自到客户公司处理部分业务。其服务对象主要有三类:一是外地前来考察商务经营、项目投资的商人或政要人员,由于他们初来乍到,因此急需有经验和熟悉本地情况的秘书帮忙;二是前来开展短暂商务活动,或召开小型资讯发布会的国外客商;三是本地一些请不起专职秘书的小型企事业单位需要进行一些开业典礼、签约仪式等活动,亟须钟点秘书帮忙筹备。这些客户普遍认为:请"钟点秘书",第一,可免去专门租房请人办业务的大笔开销;第二,可根据开展的商务活动聘请有某方面专长的可用人才;第三,由于对方是临时雇佣关系,工作效率往往比固定的秘书更高。

据人才市场有关人员介绍,在人才市场受聘的"钟点秘书",聘方要求其有较强的公关才能和组织能力,精通外语,掌握计算机、生物工程、光电和通信等高科技知识,年龄一般在25~35岁之间。据了解,这些受聘的"钟点秘书",有的按工作时间计酬,有的按工作天数计酬,一般月收入都在6 000元以上。虽说是临时性的工作,但是"钟点秘书"的"权力"可不小,他们往往承担"一个经理、半个老板"的职能。据了解,高级"钟点秘书",按天计价每天的收入为2 000~3 000元人民币。目前,受聘最多的是同声翻译秘书,这也是每小时报酬最高的工种之一。

资料来源:宋湘绮著:《秘书实训》,清华大学出版社2008年版。略有删改。

(二)按秘书工作的性质划分

按秘书工作的性质划分,可以分为党政秘书、企业秘书、商务秘书等。

党政秘书是辅助党政机关领导人和领导集体工作的秘书,秘书的工作主要是保障机关各项工作的正常运转。这类秘书同样也需要参加公务员考试。

企业秘书是在公司企业中专门为企业领导服务的秘书。这类秘书在社会上占有很大的比重,秘书的工作是保证企业正常运作的基础,所从事的工作以日常事务性工作和指派性工作为主。

商务秘书的职责是,协助上司处理各类商业性事务,并且负责起草合同,联络客户,收发函电,参与商务考察、商务洽谈、商业谈判、商业决策,以自己的专业知识和实际经验为领导理清头绪、分析利弊、提供意见、落实计划、办理具体业务等。

(三)按秘书业务的内容划分

按秘书业务的内容划分,可以分为行政秘书、机要秘书、信访秘书、会议秘书、公关秘书等。

行政秘书辅助领导处理一些行政事务,行政秘书的工作以保障公司正常运营为主,工作内容比较多元化。工作涉及的方面有文档管理,危机管理,信件处理,上情下达、下情上传,保密工作,协助领导工作的顺利开展,完成上级管理层交付的临时工作以及保持工作环境整洁干净等。

机要秘书是指在党政军机关从事机密文电的翻译、文书处理及保管的秘书。机要秘书常包括译电员、机要保密员等。机要秘书主要负责单位内外部文件、材料的草拟、报审签发、复核、缮印、用印、分发等工作,负责上级来文的接收、送阅、保密工作,负责单位会议筹备、组织、记录、整理工作,负责公司内部宣传工作。

信访秘书是指各级党政机关、企事业单位以及社会团体中专门辅助领导处理人民群众来信、来访的秘书。信访秘书主要负责接待来访的群众,听取意见和要求;受理信件,筛选重要的信件或摘录重要的情况反馈给领导者。

会议秘书是领导人召开的各级各类会议中负责承办、组织和协调服务的秘书人员。很多企事业的会议秘书都是临时安排的,他们的主要任务就是成立会议组织,确定会议主持人;会议宣传和气氛渲染;会务礼仪、接待、保安、保密等工作培训;会议通知起草、发送;根据反馈信息确定会议日程;会议发言稿、议事规则等文件起草;制作议程和讲话稿PPT;负责灯光、音响、麦克风、电源、投影位置、背景音乐、桌台花饰、气氛环境处理、住宿、娱乐等;购买或借用会议用品。

公关秘书的职责是,能够协助领导处理好各种关系和各类矛盾,树立和维护好组织的良好形象。公关秘书一般有较强的社交能力和较好的性格修养。

二、秘书的层次

秘书除了有类别之分,还有层次之分。由于领导和管理者活动存在着不同的层次,因此为其服务的秘书也划分为不同的层次。在我国秘书界有一种说法:初级秘书是跑腿办事,中级秘书是动手摇笔杆子,高级秘书是动脑子出点子。这也形象地反映出人们对秘书人员所划分的职能层次。从秘书的职能层次上划分,在我国也可以将秘书划分为初级秘书、中级秘书和高级秘书这三种层次。

（一）初级秘书

初级秘书主要从事操作性的服务工作。初级秘书主要负责的工作有打印文件、谈话速记、迎来送往、电脑操作、文案管理、接听电话等。这些都是企事业单位日常事务中必不可少的工作。初级秘书的工作虽然简单，但也很繁忙，初级秘书的工作能把领导们从繁琐的日常事务中解脱出来，并避免或减少日常事务工作中出现的漏洞。初级秘书，是保证和维护企事业单位工作正常运转的基本条件。

【微型案例】

你成就了我

我大学毕业后在一家企业里做文员，顶头上司大刘是一个很得董事长器重的红人，因为他有思想，文笔又好，所以公司里的很多文案稿件都是出自他的笔下。

我初来乍到，做的只是打杂的工作，那些又脏又累、没名没利的活儿全归我干。而自从我来了之后，大刘就越来越会忙里偷闲，一些本该由他亲自去做的工作都推给了我。

作为知名企业，我们经常要参加省市组织的长跑、登山、演出等活动，所以需要一些采访和拍照。这样的工作花费时间长，又不算加班，所以大刘就安排我去做。有时候董事长开会之后，存下了很多录音、记录文件需要整理，这些事务比较繁琐，经常要干到凌晨，而大刘则自己溜回家去，让我一个人在办公室里加班。

那些和我一起来的大学生常常埋怨大刘这些"元老"刁钻、剥削我们的劳动、把我们的成果占为己有……很多人为此愤愤不平，有的人还一走了之。我虽然也对此感到不平，但是想想，自己是个新人，如果连这些小事都做不好，更别提以后在公司里建功立业了。

一次，省电视台的记者要采访董事长，时间安排在周日晚上21:00。董事长本想让大刘陪同，但大刘却借故推脱。他说，周一就要交的那份总结他还没赶完，必须在周日晚上开夜车。董事长没说什么，把陪同人员换成了我。其实，我知道大刘说了谎，因为他说的那份总结已经让我昨晚写完了。但这些真相我是不能告诉董事长的，因为身为菜鸟的我明白，打自己上司的小报告是职场大忌。

那天在接受电视台记者采访时，董事长兴致非常好，提出公司的发展每十年要归一次零，要进行第二次创业。

采访结束之后，我并没有倒头就睡，而是打起精神把访谈内容整理成了一篇文稿，命名为《十年归零从头越》。我想，这是一个难得的让我展示才华的机遇。

第二天我把这篇文章拿给了董事长，他看了以后稍作修改就安排发表在企业内刊上。后来，他很开心地对我说："小吴，你虽然年轻，但是很能干。要懂得利用别人偷懒的机会，把握时机展示自己呀！"这时我才知道，其实对于大刘的托辞，董事长早已知晓。

从那以后，董事长便经常叫我到他的办公室去，把他的一些想法或发言交给我整理，再后来就连年终总结也让我写。我渐渐成了公司的红人，而年底的奖金也翻了几倍。

很多时候，我们都不愿做繁琐小事，总觉得无法发挥自己的特长。殊不知，施展才华的机会恰恰蕴藏在这些小事之中。

资料来源：金常德主编：《秘书职业概论》，重庆大学出版社2010年版。

问题：作为一名初级秘书，案例中的小吴是如何做的？

（二）中级秘书

中级秘书主要从事辅助性的事务管理工作和部分操作性事务工作。中级秘书主要负责筹办各种会议，协调企事业单位各部门的职能活动，办理文件的草拟、修改、处理、保管及档案的管理与利用，协助领导发布各种指示并检查落实情况等。中级秘书在协助领导办文、办会、办事的过程中，要协助领导搞好各种内外关系，在领导的各项工作中积极发挥辅助职能。

【微型案例】

解围：给领导预备下台阶的梯子

小婕是北京天诚科技发展公司总经理办公室的秘书，这天上午她与同事小妤从外面办完事回来，刚进办公室，办公室主任就大骂小妤："你这个管档案的是怎么管理的？赶紧把××文件给我找出来！"见小妤想分辨，主任的火气更大了，根本不给她说话的机会："废物！饭桶！养你这种秘书有什么用！"

从小到大，小妤什么时候挨过这样的辱骂？她涕泗滂沱地冲进了洗手间。小婕在小妤之前负责过档案管理，所以，她一边找文件，一边问主任："发生了什么事？"原来，就在十多分钟之前，公司老总来电话，让人马上把上周与西安方面签的几份投资意向书送过去。当时办公室只有主任一个人在，他平时不管文件档案这类具体工作，所以找了一阵也没找到，因此老总在电话里大发雷霆："你这个主任究竟是怎么当的！连文件放在什么地方都不知道，你一天到晚到底在干什么！"

小婕赶紧把那几份文件找了出来递给主任。主任将文件送完回来后，脸色更加难看了，原来他到老总办公室后，老总的气虽然消了不少，但是仍然把主任数落了一通。当小婕把给他沏的茶递给他时，他没好气地说："这个水怎么那么烫？你这个秘书是怎么当的？"见主任又把气往自己身上撒，小婕感到莫名其妙。她知道这个时候不能惹主任，便躲得远远的。办公室主任为什么生小婕的气，就是因为他觉得自己需要帮助的时候，小婕在袖手旁观，甚至可以说是置之不理。

资料来源：谭一平著：《我是职业秘书》，机械工业出版社2008年版。

问题：从案例中看，我们应该如何做好中级秘书的工作？

（三）高级秘书

高级秘书是指秘书部门的负责人及首脑机关的专职秘书、助理等。他们是在高层领导人身边从事高级参谋和助手的工作。在高层政府机关、规模较大的企业和社会团体内部，配备有高级秘书。高级秘书与初级、中级秘书相比，参谋、协调等方面的工作内容更多，操作性工作内容相对较少。这就需要他们具备很高的综合素质，要精通秘书业务，具有综合指挥、协调的才干和独当一面的管理能力。

【微型案例】

高级秘书不容易

大华公司原是一家经济效益比较好的公司,进入今年第二季度以来,第一、第二分公司连续三个月亏损,这样就影响到了整个公司的经济效益。王总经理分别找了第一、第二分公司的刘、顾两位经理谈了好几次话,要求他们限期扭亏为盈,但总不见起色。一气之下,为杀一儆百,李总经理撤换了第一分公司刘经理的职务,启用身边的得力干将——总公司营销部黄经理——去第一分公司任职。又是三个月过去了,这两个分公司的经营状况仍未好转,没能扭亏为盈。李总经理此时急得如热锅上的蚂蚁,动辄发火。在总公司的一次业务会议上,他责问黄、顾两位经理,为什么越搞越糟。当黄、顾两位经理想找原因作解释时,李总经理很不耐烦,吼到:"我不管什么原因不原因,我要的是扭亏、扭亏!盈利、盈利!你们懂吗?"黄、顾两人一气之下也大声顶撞起李总经理。当下,李总经理决定罢免两人的职务,让办公室主任罗大林起草罢免文书。

问题:如果你是办公室主任,你会怎么做?

第三节 秘书的职业特征与职业发展趋势

一、秘书的职业特征

秘书既是一种行政职位,也是一个社会职业,它像其他职业一样拥有其自身的职业特征。

(一)秘书身份的职业化

我国目前的秘书已经从一种官职转化成为一种职业,秘书的身份也得到了社会的认可,并依法享有职业人的权利与义务。具有私人秘书、家庭秘书、钟点秘书、网络秘书等秘书身份的职业人士的出现,加快了秘书职业化的进程。最近几年社会上也出现了一些专门从事秘书性事务的服务机构,诸如秘书事务所。这些都增强了秘书身份的职业化。

【小资料】

秘书事务所主要从事工作档案台账整理制作、电子台账建设、电子杂志画册设计制作、文明创建宣传视频、先进典型文字素材编撰、网站信息化建设与素材维护、单位或企业内刊策划制作、公关调查、市场调查研究分析等。

【微型案例】

秘书是真正意义上的白领

白领最初的含义是指在企业中从事管理工作的管理阶层,是管理学意义上的概念。企业的管理行为中基本包括了计划、组织、指挥、控制等职能,而一个秘书在这些职能中的参与度及工作中的综合程度都超过了一个一般的员工。

秘书的管理对象涉及人、事,包括员工和部分上司的工作安排与辅助,如工作会谈、时间、日程,涉及计划、监督等工作职能。秘书要管理物,如办公环境控制、文具采购、档案保存等;秘书要管理资讯,如企业宣传与公关、市场情报的初级调研与分析;秘书要管理工作流程,如项目中的组织协调,所以有的企业称秘书为流程协调员。可见,秘书作为企业白领当之无愧。

资料来源:金常德著:《秘书职业概论》,重庆大学出版社2010年版。

问题:你如何看待秘书身份的职业化?

(二)秘书工作的专业化

现代企业招聘秘书更趋向于招聘秘书专业出身的工作人员。他们认为秘书专业出身的人员对秘书的工作更清楚,即使企业没有职前培训,专业出身的秘书也会很快上手,并把工作理顺,而且专业出身的秘书还拥有被认可的职业资格证书。因为现在开设秘书专业的学校都有秘书的一些专业实训,诸如秘书实务实训、文书处理与档案管理实训、公关与礼仪实训等综合性的训练,非常注重在实训中锻炼学生的动手能力和职业能力。所以,经过专业化培训出来的秘书会使得企业工作开展更加有效率并节约成本。

【微型案例】

会要是能重开一遍就好了

最近一段时间,销售部正在策划公司新产品的推销方案,从刘经理到员工都忙得不亦乐乎,秘书李丽当然也不例外。今天上午一上班,刘经理就召开了一个全部门的紧急会议,会议主题是讨论推销方案,刘经理让秘书李丽做好会议记录。李秘书心想没问题,每次开会会议记录都是她记的,驾轻就熟,小菜一碟。

在会上,刘经理开门见山地说:"前些日子制订的新产品推销方案交到总经理办公室,经过经理办公会议讨论后,觉得方案有很多不妥之处,创意也不够。所以总经理要求我们重新制订方案,一定要赶在销售旺季推出,并保证一炮打响。现在,距离总经理规定的日期没几天了,请大家开动脑筋,集思广益,积极发言,今天一定要讨论出一个令人满意的方案,保证这次新产品销售获得成功。总经理说了,如果这次新产品销售成功,公司给我们销售部全体成员一人发一个大红包。"

刘经理话音未落,大家就迫不及待地发言。也许是受大红包的鼓舞,今天的会议讨论特别热烈。大家都争着献计献策,从方案的可行性、成功率到关键环节的把握,建设性的意见层出不穷,提出的创意也是五花八门。

李丽可忙坏了,她负责记录,没想到今天同事们这么能说。她为了提高记录的速度,把同音字、汉语拼音字母、数学符号等秘书的速记本领都用上了,但还是不能准确地记录每一个人的精彩发言,有的部分只好跳过去,有的部分只记了个大概。

会议开得很成功,刘经理和大家都深受启发。会后,刘经理让李丽把会议记录整理好拿给他,作为制订新推销方案的重要参考。李丽看着自己记得乱七八糟的会议记录,欲哭无泪,心想要是会议能重开一遍就好了。

资料来源:孟庆荣主编:《秘书工作案例及分析》,清华大学出版社 2007 年版。

问题:从案例中你能得到什么启示?

(三)秘书服务的多元化

随着社会的不断发展,社会的各个层次都有秘书的需求,从而使得秘书工作的服务对象、服务内容等出现新的变化,秘书服务的层面也出现多元化的趋势。我国由于经济结构的变化,使得社会需要多种经济结构的企事业单位,这样就使得秘书出现商务助理、涉外秘书、法律秘书、文员、前台等多种形式。如今的秘书不仅要为党政机关的各部门、各领导服务,而且也有一大批秘书为企业、事业单位、私人老板等服务。因此,现代社会的秘书已经由"专才"向"通才"转变,秘书需要成为知识与能力的"杂家"。

【微型案例】

比尔·盖茨的女秘书露宝

创业之初的微软公司没有正式的办公室,后来因为新人不断加入,盖茨才租了含有四个房间的办公室,里边还是空荡荡的,什么家具也没有。但是为了接待即将来访的惠普公司人员,盖茨派人去购置办公设备,并安装了终端设备,微软才算是有了正规的办公室。

微软公司当时基本上都是年轻人,搞业务、搞推销都是一把好手,可是做起内务和管理方面的杂事,没有人能有耐心。第一任秘书是个年轻的女大学生,除了自己分内的工作,对任何事情都是一副不闻不问的冷漠劲儿。盖茨深感对公司这些风风火火的年轻人来讲,应该有一位能把后勤工作都揽下的总管式女秘书,不能总让这方面的事情分他的心,他有更重要的工作需要倾尽心力。他要求总经理伍德立即解雇现任秘书,并限时按要求找到那种类型的秘书。

不久,盖茨在自己的办公室召见了伍德,问他需要的女秘书找到没有。伍德一连交上几个年轻女性的应聘资料,盖茨看后都连连摇头。他看中女秘书的干练、稳重、能干,对花瓶式的当摆设的年轻女性没兴趣。"难道就没有比她们更合适的人选了?"盖茨失望地责问伍德。伍德犹犹豫豫地拿出一份资料递到盖茨面前,"这位女士做过文秘、档案管理和会计员等不少后勤工作,只是她年纪太大,又有家庭拖累,恐怕……"

不等伍德说完,盖茨已经一目十行地看完了这份应聘资料,说道:"只要她能胜任公司的各种杂务而且不厌其烦就行。"

就这样，盖茨的第二任女秘书，42岁的露宝上任了。她是四个孩子的母亲，她出来应聘时并没有寄予太大的希望，在长年操持家务后她希望重新走向社会，重新追寻自我价值。露宝觉得这个公司的气氛有点古怪，与别的公司不同。一般的公司请秘书一定要年轻漂亮、身材苗条的女性，而自己这么大的年龄居然得以录用，真是令人不可思议。

几天之后的早上，露宝坐在自己的位置上，看到一个男孩子直闯董事长盖茨的办公室，经过她面前时只是"嗨！"地打声招呼，像孩子对待母亲似的那么自然。然后他摆弄起办公室的电脑。因为先前伍德曾特别提醒她，严禁任何人进入盖茨的办公室操作电脑，她立刻告知伍德说有小孩闯进了董事长的办公室。伍德表情漠然地说：

"他不是小孩，他是我们的董事长。"

"什么，他就是比尔·盖茨？"

露宝回到自己的办公室，过了几分钟，还不死心，又跑去问伍德：

"对不起，请问盖茨几岁了？"

"21岁。"

露宝回家把这段新闻告诉丈夫，丈夫警告她，要她特别留意到月底时微软公司是否能发出工资。而露宝没有理会丈夫的忠告，她喃喃自语地陷入沉思，一个给人如此稚嫩印象的董事长办实业，遇到的困难恐怕会很多吧！

关心盖茨在办公室的起居饮食，成为露宝日常工作中的一项内容，这使盖茨感到了一种母性的关怀和温暖，减少了远离家庭而带来的种种不适感。而盖茨也像对母亲一样对待他的这位雇员，压根就没考虑过再聘别人。

露宝在工作上也是一把好手。盖茨是谈判的高手，不过第一次会见客户时，也会使人产生小小误会。客户见到盖茨时，总不免怀疑眼前的这个小个子是不是微软公司的董事长，可能微软公司真正的董事长正在干其他的事吧。他们伺机打电话到微软公司核实，露宝接到这样的电话，总是和蔼可亲地回答："请您留意，他是一个看上去十六七岁、长一头金发、戴眼镜的男孩子，如果见到的是这样的形象，准没错，自古英雄出少年嘛。"露宝的话化解了对方心中的疑惑。

露宝把微软公司看成一个大家庭，她对公司的每个员工和公司的工作都有很深的感情。很自然，她成了微软公司的后勤总管，负责发放工资、记账、接订单、采购、打印文件等。

露宝成了公司的灵魂，给公司带来了凝聚力，盖茨和其他员工对露宝有很强的依赖心理。当微软公司决定迁往西雅图，而露宝不能前往时，盖茨对她依依不舍，留恋不已。盖茨、艾伦和伍德联名写了一封推荐信，信中给予露宝的工作能力以很高的评价，露宝凭着这封推荐信，重找一份工作不成问题。临别时盖茨握住露宝的手动情地说："微软公司留着空位置，随时欢迎你。你快点过来吧！"

是的，盖茨从露宝那里得到了信赖，露宝则从盖茨那里得到了尊重。他们相辅相成、唇齿相依，成为微软公司一道独特的风景。

资料来源：中国经济网，http://www.ce.cn/finance/financing/salon/200605/15/t20060515_6964518.shtml，稍有整理。

问题：从露宝做盖茨的秘书这个案例中，你得到了什么启示？

二、秘书职业发展的现状

随着我国社会经济的不断发展,秘书作为一种社会职业,在日益普遍化、大众化的同时,社会上也存在对秘书这个职业的认识和理解的误区,认为秘书工作很容易,人人都能做,不存在技术含量,只是一些琐碎的事务处理,不需要专门去学习,这些都造成了秘书职业发展的不利现状。

(一)秘书制度不完善

虽然秘书在我国有悠久的历史,但是目前在国内大部分的企事业单位中并没有相应的制度来保障与维护秘书的权利和责任,使得秘书工作效率低下,工作积极性也不高,甚至让秘书本人以及领导们都认为秘书是人人都能干的"打杂"的工作,没有技术含量,只要能照顾好领导的秘书就是好秘书。因此,我们应学习国外完善的秘书制度,制定适合本国秘书的相关制度,科学地明确秘书地位和职权范围,帮助其制定个人的职业发展规划,这不仅是我国秘书工作与世界接轨的主要措施,还是促进我国秘书职业发展的有利条件。

(二)秘书工作不规范

现在的秘书工作很多是领导指派的,如果没有领导指派工作给秘书,大部分的秘书都不知道自己在公司应该具体从事哪一方面的专业性的工作。因此,只有规范了秘书工作,才能体现秘书工作的严肃性和重要性,才能使秘书工作做到井井有条,从而保证秘书工作的高质量、高水平。

(三)专业秘书缺乏

据调查显示,全国企事业单位中,秘书专业出身的秘书人员是很少的,大部分是半路出家的秘书人员,他们大多来自中文专业、经营管理专业和法律专业等,没有经过秘书专业的系统规范的培训,专业知识缺乏,在工作中缺乏秘书职业意识和专业素质,并有凭感觉做事的情况出现,因此很难开展秘书工作,推动秘书职业的发展。

三、秘书职业发展趋势

(一)秘书职能强化趋势

我国传统的秘书工作主要以办文、办会、办事为工作任务,以上传下达、综合协调、督促检查和调研信息为基本职能,这种工作格局是与以往社会发展状况和社会政治经济水平相适应的。而如今现代科学技术的发展导致信息时代的到来,领导者在进行管理手段和领导方式的不断变革时,秘书工作也不可避免地要发生变化。秘书工作的领域随之得到扩展,职能作用进一步强化。秘书工作在为领导机关提供更加周到、优质服务的同时,更多地向智囊化参谋型的方向发展。秘书工作有从技能型工作向智能型工作转化、从常规内向思维向外向开放思维转化、从事务性服务向信息化服务转化、从被动辅佐职能向主动配合职能转化的发展趋势。

(二)办公手段现代化趋势

随着信息化、数字化、网络化时代以及知识经济的到来,对秘书工作形成了一股强大的冲击波。秘书在起草文件、搜集整理信息时,利用电脑,工作效率将会提高几倍甚至几十倍。过去秘书搜集信息资料,要从各个渠道、以不同方式去获取,然后编成文字或报表,层层报送,费时费力,还往往出差错。而如今,秘书只需进入网络,进入公司的现代办公系统操作即可,整个过程不需要一张纸,不跑一步路,不需打一个电话,不仅大大节省了秘书工作中的重复劳动,也节约了成本,提高了工作效率。目前,越来越多的秘书人员使用录音笔、录像机、复印机、打印机、投影仪、传真机、速录机等先进设备进行办公,这对秘书提出了更高、更新的要求,要求秘书必须掌握现代办公设备的使用,并能进行简单的日常维护。

【微型案例】

卡纸的传真机

兴业贸易有限公司成立至今已经有七八年的时间,经过全体公司员工的坚持不懈的努力和执著的追求,公司已经逐渐由一家仅有十几个人的小公司发展成为当地颇有名气的规模较大的贸易公司。

王丽是公司营销部的秘书。这一天,部门申请的新电话传真一体机送到了,小王很高兴,兴冲冲地把传真机搬过来,按照说明书组装起来。刚组装好就接到一个电话,这是在北京开会的营销部经理打来的电话,他在北京与一家公司商谈贸易合作协议,对方要公司的一些介绍性的材料,可是他并没有带在身边,想让小王赶紧传真给对方公司。

小王立即找来公司的一些宣传性材料,卸下装订针,然后一张张放好,准备传真,谁想传到一半传真机卡纸了,小王一着急就赶紧把卡住的纸张往外拉,一拉可好,纸被扯成了两半,怎么弄也弄不好了。那边经理又打电话过来催材料,可是这边怎么也搞不定,急得小王团团转,最后只得请教懂办公设备的同事来维修才弄好。

问题: 从上述案例中,你得到什么启示?

(三)任职资格化趋势

随着社会的发展和秘书人才需求量的增大,秘书的认证资格也越来越规范。1998 年 6 月,国家人力资源和社会保障部发布了《秘书职业资格鉴定试点工作方案》,在北京、上海、广东等省市率先开展了秘书职业资格鉴定试点工作;2000 年 3 月,又颁布了《招用技术工种从业人员规定》,决定从 2000 年 7 月 1 日起,秘书等职业必须持职业资格证书上岗。秘书作为一种职业正式进入了国家职业分类大典。秘书职业资格认证也正式开始,到目前为止已经有十多年的发展历程,并日趋完善。对初、中、高级秘书不同知识要求和技能要求标准的出台,也必将促进秘书教育体系的完善。在知识和技能要求中,无论哪一级秘书均突出了实用性原则和职能素质全面性原则,并且将其具体化,使在岗的秘书和在学校学习的未来秘书们有了明确的奋斗目标和方向。这是我国秘书职业制度与国际接轨的坚实一步,提高了我国秘书的国际地位。

小 结

【关键术语】

秘书　　秘书内涵　　秘书类别　　秘书层次　　秘书职业特征
秘书职业发展趋势

【本章小结】

1. 秘书:秘书是在领导授权范围内,为领导提供辅助性、事务性、参谋性和信息性服务工作的专业人员,主要从事办公室事务、办理文书、联系各方等工作,保证领导工作的正常运转,直接为领导工作服务,是领导事务与信息处理的助手。
2. 秘书服务的对象划分,可以分为公务秘书和私人秘书两大类。
3. 秘书工作的性质划分,可以分为党政秘书、企业秘书、商务秘书等。
4. 秘书业务的内容划分,可以分为行政秘书、机要秘书、信访秘书、会议秘书、公关秘书等。
5. 秘书的层次:分为初级秘书、中级秘书和高级秘书。
6. 秘书的职业特征:(1)秘书身份的职业化;(2)秘书工作的专业化;(3)秘书服务的多元化。
7. 秘书职业发展的现状:(1)秘书制度不完善;(2)秘书工作不规范;(3)专业秘书缺乏。
8. 秘书职业发展趋势:(1)秘书职能强化趋势;(2)办公手段现代化趋势;(3)任职资格化趋势。

【知识结构图】

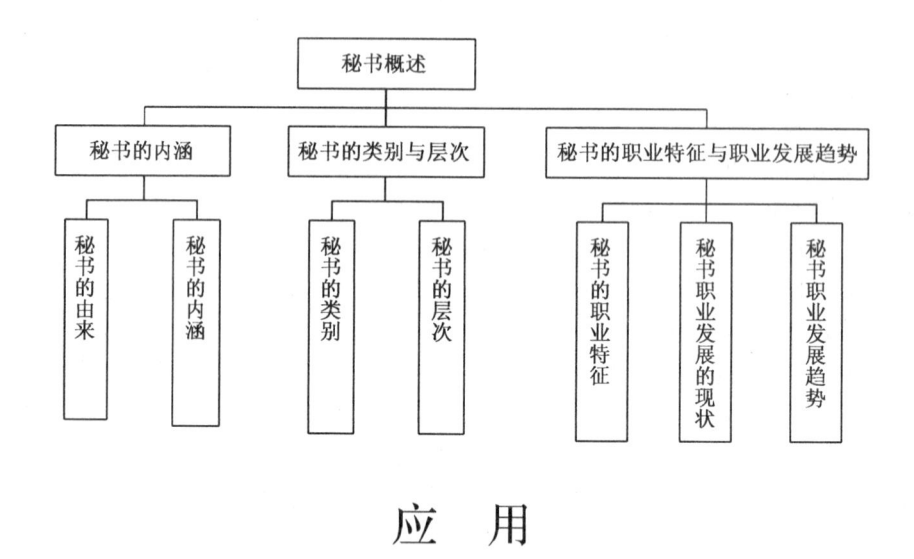

```
                        秘书概述
           ┌───────────────┼───────────────┐
        秘书的内涵      秘书的类别与层次    秘书的职业特征与职业发展趋势
        ┌────┬────┐      ┌────┬────┐      ┌────┬────┬────┐
       秘书   秘书     秘书   秘书      秘书    秘书    秘书
       的     的       的     的        的职    职业    职业
       由     内       类     层        业特    发展    发展
       来     涵       别     次        征      的现    趋势
                                                状
```

应　用

【案例研究】

案例一:

遭遇领导不冷静之时

王林是上海市宏达贸易有限公司的总经理秘书。昨天上午 10:00 左右她正在整理文件,老总来电话让她去他的办公室。一进门,老总就说:"小王,我刚才起草了一封给北京兴业贸易有限公司的一封信,你马上把它打印出来,并传真给对方公司。"

王林接过草稿纸一看,原来是总经理与对方公司的一封绝交信。王林对本公司与对方公司的一些往来情况也是有所了解的,她知道对方公司的总经理在某些事情的做法上欠妥当,但是自己公司的总经理也没必要大动肝火,写绝交信给对方。于是,她对总经理说:"经理,您不要意气用事吧!"经理一听王林这么说,就更是气不打一处来:"你知道什么?让你怎么做就怎么做!"王林受了气,回来之后赶紧按照领导的要求打印好,并直接传真给了对方。今天,总经理见到王林,赶紧问王林昨天的那封信有没有传真过去,王林以为经理担心自己没有传真过去,马上告诉经理昨天就已经传真过去了。可是总经理并没有表扬她,反而从他的脸上能看到一丝失望。

问题:
1. 请结合案例分析,王林的做法有什么不妥的地方吗?
2. 如果你是王林,你会怎么做呢?

案例二:

青春饭

星期天早晨,难得睡个懒觉,可一大早孔琴就打来电话:"于雪,对不起,我想跟你借几本秘书方面的书,怕你上午出去,所以就这么早给你打电话。"

"你借秘书方面的书干什么?"

"我也想当秘书,"孔琴说,"我不喜欢做销售了。我准备炒老板的鱿鱼,参加一个公司的文秘招聘考试。你帮我找几本书,中午我请客。另外,孟恬刚失恋,把她也叫上。"

我只好起床。孔琴是我从小学到中学的同学,现在一家化妆品公司做销售代表,说起话来有点20世纪30年代电影里的那种女人的味道。

中午,我们三人在常去的餐厅见面。

"于雪,你不知道,我们做销售的有多苦!"

一见面,孔琴就开始抱怨起来:"现在化妆品品牌那么多,市场竞争那么激烈,顾客又是那么挑剔,对顾客话说得稍微重一点,香港老板就训人。完不成销售定额,就没有奖金,有时甚至连基本工资都被扣光了。所以,老板不炒我的鱿鱼,我也想炒老板的鱿鱼。现在有家不错的公司招文秘,我想去试试。"

说着,她掏出一张《青年报》,指着一块版面很大的招聘启事给我看,那的确是一家非常有名的私营电脑企业,招聘文秘两名,条件是大专以上学历、二十五岁以下、身高一米六五以上、会英语、气质优雅……

"于雪,我也想找家公司去做秘书!"可能是正值失恋,一向心直口快的孟恬,坐了许久才开口。

"孟恬,你的记者不是做得好好的吗?"我有些吃惊地问,"怎么也想跳槽?"

孟恬去年从师范大学中文系毕业后,进了一家报社当记者,当然,这家报社的知名度和孟恬作为记者的知名度差不多。

"我算是什么正经八百的记者?!整天就是拉广告、找赞助。"说着说着,孟恬的嗓门就高了。

"于雪,我看你似乎不太热心,是不是怕我们抢了你秘书的饭碗?"孔琴咯咯地笑着说,"你看我俩的条件,要文凭有文凭,要脸蛋有脸蛋,不是个像样的老板,我们还真不愿伺候呢!"

我和孟恬也笑了。

"于雪,我昨晚还查了书,发现我这种属双子座的人,特别适合当秘书。双子座的人天生就是做秘书的料,他们都多才多艺,足智多谋,反应灵敏,八面玲珑,善于交际,懂得随机应变,充满生命活力,擅长沟通,适应力强,风趣幽默,喜欢忙碌变化,主动、活泼、健谈,具有写作和语言方面的天赋,对时尚有着敏锐的感受力,能长久维持年轻的心态和外貌……"孔琴兴奋地说着,瞳孔里放射着光芒。

作为朋友,我当然希望她们都能找一份称心如意的工作,但是……我不知这话该怎么说。

"孔琴、孟恬,你们知道我们这些当秘书的整天做些什么事情吗?"

"不就是一天到晚陪老板出去谈判吗?今天上海、明天广州,车接车送,好吃好喝,多浪漫!多刺激!"孔琴说。

"孔琴,你那是看电影,我们的工作一点都不浪漫。"

我告诉她们,我们的一天基本上是这样的:早晨上班后,第一件事就是给上司沏茶送报纸,"早上好!"寒暄之后,根据工作日程表,向上司请示当天的工作安排:"今天上午9:30某某公司的老总来看您;下午14:30您去某某公司与他们的老总见面;今天这么安排,您看可以吗?"上司确认后,我就回到自己的办公室做自己的事,如接电话、整理来信来函、收集信息、文件归档等,这些工作都相当冗杂。这期间,上司可能会打电话或写个纸条给你,让你去处理一件临时性的或是突发性的工作。我的一个小师妹到一家著名的美国跨国公司工作了三个月,说是当秘书,其实就是整整抄了三个月的信封,前天辞职,找了一家香港公司做销售去了。

"秘书工作真的这么枯燥单调?"孔琴似乎不太相信。

"那倒不完全见得。"我说。

在那些"公司老板一声吼,全体员工抖三抖"的公司,老板主要靠自己的人格力量进行企业管理,老板并不真正需要秘书给他做参谋或助手。老板挑选秘书是给自己看的,更是给客人看的,所以,他们更看中秘书的长相和性格,秘书与老板办公室里的花瓶差不多。因此,有一些秘书确实是整天陪着老板天南海北,享受无限风光。但是,随着市场竞争越来越激烈,企业的管理越来越制度化,老板决策越来越程序化,老板对秘书的要求也将越来越职业化。

"你的意思是秘书也不好当了?"孔琴以为我是在吓唬她。

目前,我国的秘书作为一种正式的社会职业,像教师、护士一样,也开始有了职业资格考试制度,而在一些发达国家,早已推行了从业许可认证制度。例如在美国,"国际职业秘书协会"章程规定,作为秘书必须具备以下条件:

(1)像心理学家一样善于观察和理解他人;

(2)像政治家一样有灵敏的头脑;

(3)像外交官一样有潇洒的风度;

(4)有调查各种棘手问题的丰富经验;

(5)有良好的速记能力和文字功夫;

(6)熟谙各种商业往来中的法律关系;

(7) 能熟练地使用各种自动化办公机器;
(8) 具备足够的金融和税务方面的知识;
(9) 能熟练地对各类文件资料进行整理归类。

"孟恬、孔琴,作为朋友,我真的非常希望你们能心想事成。但是,我必须提醒你们,秘书工作本身并不浪漫,而要成为一个让老板放心、看着舒服的秘书,更不是一件容易的事,所以,你们一定要有足够的心理准备。"

她们点点头,相信我说的是真心话。

"于雪,讲老实话,我并不想当一辈子秘书。我只是想趁自己还年轻,吃这碗青春饭。我是学中文出身的,到公司去干,也只能做秘书;所以,我想先干一两年,积累点经验,熟悉些情况,利用当秘书的条件,再找个适合自己的位置。"

孟恬的话让我心里感到有些不好受。把秘书职业当做一碗青春饭,虽然说不上是亵渎,却也是一种认识上的误区。问题是,这又是一种无法否认的现实。

前些天,机电专业本科毕业的珍妮,靠自学考试拿到了助理会计师证后,感慨万千地对我说:"谁都知道,做秘书仅仅是一个过渡。随着年龄的渐长,谁也不甘心做一辈子秘书,都会去寻找一些属于自我的东西。不得不承认,秘书的确是一种青春的职业,无论你怎样喜欢这份工作,随着时光的流逝,它终究只是你我职场生涯的一部分,而不是全部。当然,它绝不是过眼烟云。如果一个人年轻的时候,有一段做秘书工作的经历,无论从职场角度,还是从个人自我修养角度看,都是一种难得的历练。"

我不承认秘书这种职业只是一碗青春饭,但是我也不知道该怎么去说服她们。

资料来源:谭一平著:《女秘书日记》,江苏文艺出版社2011年版。

问题:
1. 孔琴和孟恬为什么都要转行做秘书?
2. 你如何评价孔琴和孟恬对秘书的看法?
3. 请结合案例谈一谈你对秘书职业的理解。

【实验实训】

1. 以班级为单位观看秘书行为规范的录像。
2. 在课堂上进行讨论,谈谈你对秘书的初步认识。

【复习思考题】

1. 秘书的定义是什么?
2. 秘书的类别是如何划分的?
3. 如何区别初级秘书、中级秘书和高级秘书?
4. 秘书的职业特征是什么?
5. 目前秘书职业发展的现状是什么?
6. 未来秘书职业发展的趋势是什么?

第二章

秘书工作的职能与作用

学习目标

通过本章学习,你应能够:

了解秘书工作职能的特点与相互关系;

掌握秘书各职能的特征、原则和分类;

理解秘书工作的作用。

【引入案例】

刚刚散会

今天上午是小石在前台值班。由于不熟悉情况,差点出现失误。

9:00刚过,有客人来找姜总。

"请问您是……"小石很热情地招呼客人。客人看上去已年过花甲,没有预约,也不自我介绍。

"我要找姜总说点事。"客人径直往里走。

"对不起,请问您是……"小石来到客人跟前,仍然笑吟吟地问客人姓名。

"小姑娘,你是新来的吧?"见小石挡着自己的路,客人有些不高兴了,"我姓焦,如果姜为民不在,找孙振东也行!"

姜为民就是姜总,孙振东就是孙总。小石被客人这么说话的口气给吓住了。她连忙说:"对不起,请稍等!"接着便跑进来要我出去帮她看看。

"焦总,原来是您!好久不见了,身体还好吧?"

见到焦总,我马上跑过去向他问安。焦总是公司的元老、我们公司中方派出的第一任董事,去年年初办的退休手续。

焦总态度也缓和了些。他说他有些想法要跟姜总谈谈。"前天晚上我给姜总打电话,他说他这几天不出差,所以我今天就过来了。"显然,他怕我找借口不给安排。

焦总又指着小石说:"这新来的小姑娘挺认真的嘛。"他的意思很明白,是批评小石有眼不识泰山。

下午 14:00 多,安徽国雄公司的关总来电话。

"你是小于吗? 我是安徽的关勇,我想跟孙总通话。事情是这样的,我们委托你们公司进口的那套生产设备,现在压在上海港口,卸不下来。给你们进出口部的人打过几次电话,他们似乎不太积极,所以,我想与孙总通个话,请他给进出口部打个招呼。我们这里的开工典礼都筹备好了,要是设备这个星期运不到,市领导看不到东西,白跑一趟,那就要我们的命了。"

这事昨天金经理已经向孙总作了汇报。这是无可奈何的事,再急也没用,在合同中有我们的免责条款。

"关总,您别急,"我说,"孙总刚刚散会,我马上就去找他,你稍等,请别挂电话。"

我到孙总的办公室向他说了关总的情况。

孙总说:"刚才进出口部的人也给我打了电话,说天气预报讲台风最迟明天就会过去。你说这个电话我还接吗?"

我第一次见到孙总犹豫不决。我能理解:接吧,也帮不上忙,解决不了问题,解释也是多余;不接吧,毕竟是多年的客户和朋友,而且还是安徽老乡。

"小于,还是你帮我处理一下吧。"孙总犹豫了一阵后说。

我回到自己的座位,拿起电话对关总说:"关总,实在对不起,几个办公室都找了,没见着孙总;等我见了他,我一定会把您的情况向他汇报。"

"谢谢,请你一定帮忙。"那边关总把电话挂了。

为了保证公司领导能集中精力静下心来考虑一些大事要事,或者协助上司处理一些他们不想处理的事,秘书必须要给上司"过滤"一些来电来访。有时候,有些部门对一些既不能答复又不能回绝的电话或客人,也会推到秘书部门来。"挡驾"也是我们秘书的一项日常工作,而且是一项非常重要的日常工作。一个优秀的职业秘书应该对自己的上司比较熟悉;如果了解他的人际交往范围、思维方式、工作方法和价值观念,在一般的情况下就能判断自己是不是应该"挡驾"和用什么方法"挡驾"。

"于雪,今天下午孙总没开会,你为什么在电话里说孙总'刚刚散会?'"

"这就好像打仗一样,一有情况,我就得赶紧给自己找一个制高点,从而做到进可以攻、退可以守。"我开玩笑说。

"进可攻、退可守,是什么意思?"小石问。

"因为这种电话来得突然,我吃不准孙总到底是不是愿意接,所以,我说'刚刚散会',就是给自己留下一个可以回旋的余地。我把对方的情况向孙总汇报,如果孙总愿意接电话,我就可以向对方说,我刚找到孙总,把电话转给孙总;如果孙总不愿意接,我就说还没找到孙总。"

"那说'孙总正在开会'不一样吗? 现在大家都用这个借口。孙总愿意接,他就出来接;孙总不愿意,你就说孙总开的这个会很重要,走不开。"

"小石,你从对方的角度来考虑试试? 如果你打电话找对方的老总,对方说自己的老总开的会很重要,他抽不开身,不能接你的电话,你会怎么想? 你肯定会有些不痛快,心里会想:第一,你们的会就一定那么重要吗? 我这边火烧眉毛了,你们还能无动于衷吗?'用户第一,客户至上'的口号到哪里去了? 第二,你们的会再重要,中断几分钟,接个电话,天就会塌下来吗? 如果是这样,就有可能把双方的关系弄僵。"

"这就是说,秘书和上司,像唱戏似的,一个唱红脸、一个唱白脸,是吧?"小石问道。

"小石,你完全理解错了。"我说,"秘书在这里,既不是唱红脸,也不是唱白脸;秘书虽然撒了谎,但绝不是为了欺骗。给上司'挡驾',一是因为上司太忙,二是上司可能有苦衷。所以,'挡驾'不是为了断绝外交关系,而是为了取得对方的谅解。如果老是抱着唱红脸的想法,会把所有的人都得罪光的,你这个秘书也就没办法做了。"

"看来当秘书还得学会撒谎。"小石似乎深有体会。

看来她当秘书时间不长,还不能品出其中三昧。这不能叫做撒谎,应该叫婉转拒绝的艺术,因为在保护他人面子的同时,也保护了自己的形象。

资料来源:谭一平著:《女秘书日记》,江苏文艺出版社2011年版。

问题:从案例中你能看出秘书工作的职能有哪些?

第一节 秘书工作的职能

秘书工作是一种服务工作,服务是秘书工作的本质与目的。除开服务这一特点,秘书工作还有两大重要特征:辅助性和综合性。下面就从这两大特征出发,讨论秘书工作的四大主要职能,即秘书工作职能、综合服务职能、辅助管理职能、辅助决策职能。

一、秘书工作职能

秘书是为领导服务的,其工作职能必须紧紧围绕着领导的工作活动展开。简单来说,就是在领导履行职责、行使职权时,所需要的各项辅助性的和服务领域内的相关工作,都属于秘书工作的职能范畴。

(一)秘书工作职能的特点与关系

1. 服务性

秘书是为领导服务的,秘书工作从属于其服务对象——领导——的职责和职权范围。简而言之,秘书是围着领导转的,秘书工作是围着领导工作转的。

2. 辅助性

秘书是协助领导开展工作的。秘书工作是在领导的管理职权范围内发挥作用的。秘书通过自身工作的开展对领导工作的开展铺平道路、扫清阻碍,以期为领导创造出最佳的工作环境和决策环境。

3. 确定性与选择性相结合

秘书工作,可分为办文、办会、办事三大类。秘书也正是通过其中所涉及的会议、文件、事务管理等工作来行使自身职权,以达到服务领导的目的。然而,因为所属行业、所处位置、所服务对象之间的差异,各自不同的侧重点使得不同的秘书岗位产生各不相同的工作要求。

(二)秘书工作职能之间的关系

1. 在地位上

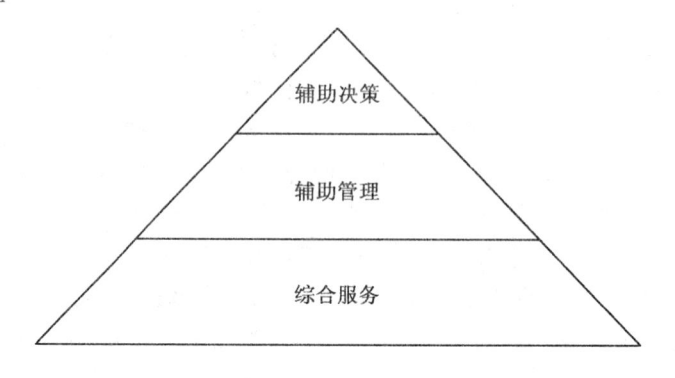

综合服务是一切秘书工作的起点,是辅助管理和辅助决策的出发点,处于秘书工作的初级阶段,位于金字塔的最底端。辅助管理是在综合服务的基础上提炼出来的,是综合服务的拔高和升级,是秘书工作的中间环节,位于金字塔的中间位置。辅助决策是秘书工作的最高层次,是综合服务和辅助管理的最终目标,是最能体现秘书个人思想与能力的部分,位于金字塔结构的顶端。

2. 在内容上

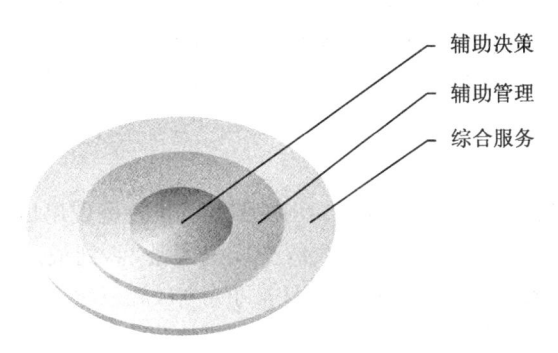

综合服务的涉及面最广,内容也是最多的,可以说所有的秘书工作都包含其中。而辅助管理,只涉及综合服务中相对更为重要的内容,位于综合服务的中心位置。辅助决策,作为一种精英行为,是秘书对领导辅助的最高阶段,是综合服务和辅助管理的核心,所涉及的内容必然是问题最集中、矛盾最突出、解决最困难的部分。

二、综合服务职能

综合服务职能,是秘书工作最经常性的职能。秘书日常工作中大约有 90% 的工作量属于这一工作职能的范畴。综合服务工作,是秘书每天都要处理的事务。

(一)综合服务的特征

1. 服务性

秘书是直接为领导工作服务的,是围绕着领导的工作需要而展开的。其中开展日常事务管理的主要目的,就是为领导创造一个良好的工作环境与决策环境,具有领导工作需要的选择性。凡是有利于提高领导工作效率的,就应该尽力做好;凡是可能产生不利影响的,就应该尽快改进。

2. 繁琐性

秘书工作上到辅助决策,下到端茶倒水、扫地擦桌以及文件收发、上传下达,可以说是无所不包。有人说秘书就是一个大管家,事无巨细,样样都要操心。坐在这个位子上,就有操不完的心、做不完的事,一刻不得清闲。所有的信息都在这里汇集,所有的决定都从这里分发出去。

3. 随机性

秘书工作的突击性,主要源自秘书工作的一个与生俱来的特征——随机性。秘书是为领导服务的,秘书工作是从属于领导工作的。秘书在工作安排上,很大程度上要迁就领导的安排。所谓随机性,主要是指领导临时交办、更改或是突然发生的一类工作往往在原有日程安排之外,是临时指派的,需要立即完成。

(二)综合服务的原则

1. 化被动为主动

被动,就是"三从",即领导说话要听从、领导意见要服从、领导办事要跟从。听从领导安排、服从领导指示。主动,就是要多站在领导的立场,站在全局的高度想问题,为领导及时提供相关的参考建议。在具体的工作中,要注意两者相结合,化被动为主动,既要有重视领导意见的服从性,又要有主动开展工作的积极性。

2. 有原则地灵活行事

原则是基础,灵活是手段。必须在坚持原则的基础上灵活行事,才能保证成功的最大化。秘书做事,首先要讲原则。原则是日常事务管理的基本保证。缺乏原则性,就没有依据、没有立场,就会在各种错综复杂的关系中迷失方向,从而无法保证事情顺利完成。其次要讲灵活。灵活是处理日常事务必备的手段。缺乏灵活性,就无法在矛盾与冲突中顺利地开展工作。

3. 变繁杂为规范

日常事务由于涉及面广,持续时间长,在内容上必然会呈现出庞杂的特征。此时,如果缺乏规范化的管理,庞杂就会变成杂乱无章,变成一团乱麻,到最后变成一堆无用的废物。而规范,正是解决杂乱无章的最佳途径。在日常事务中,规范化管理简单来说就是三个词:分门别类、井然有序、一目了然。

(三)综合服务的分类

1. 办文服务

办文服务,是针对文件而开展的一系列文字工作,如文件的撰写、运行、整理及保管利用。办文服务是秘书为领导的管理工作服务的重要手段和业务内容,是辅助领导工作的主要方式,也是秘书发挥自身主观能动性的一个重要平台。

2. 办会服务

办会服务,是针对会议活动而开展的一系列会务工作,如协助领导者筹备会议、操办会务、为会议有序进行和取得预期效果提供服务。会议作为一个公开议事的重要平台,是沟通协商、作出决议、布置工作、强化管理的重要形式之一。办会服务,对于秘书而言,是一项综合性的考验。

3. 办事服务

除了办文、办会这两类带有一定专业性的工作之外,秘书的综合服务职能还有一个重要的内容:办事服务。办事服务,就是秘书为领导操办的其他事务,主要是指打理办公室内的各项日常事务,如整理领导办公室,处理公务电话,收发、传递各种文件,安排领导日程表等。

4. 办公环境管理

办公环境管理,主要是指对办公环境的布置摆放和清洁整理,以及办公用品的购置发放等一系列工作。整洁适用的办公环境,可以改善人的心情,从而更投入地工作。加强办公环境管理,就是为了给领导的工作营造一个更好的物质环境。

【微型案例】

某外企秘书的一天

文文毕业于北京某大学中文系,在北京某外企公司的总经理办公室已经工作三年了,顶头上司是公司副总、美籍华人，负责公司销售。现在让我们来看看文文一天的工作吧：

8:40 到达自己的办公室

8:45 打扫上司的办公室、接待室等房间，查点备用物品

9:00 上司到办公室

9:15 为上司冲咖啡，确认当天的日程安排，通知总经理办公室主任在接待室接待预约好的客人

9:30 若有传真或电子邮件，根据上司的指示回复

9:45 邮件到达后，进行分拣，将紧急的信件和包裹分发给收件人

10:00 接听电话，将前一天来访客人的数据输入电脑中的"顾客名录"，整理报纸杂志，剪报、扫描等

10:30 接待客人，给客人沏茶等

11:40 上司外出，将上司交代的文件打印完

12:00 午休

13:00 回到办公室，上网查资料、接听电话等

13:10 上司回到公司，给上司冲咖啡，报告电话留言，领回上司上次出差时的单据，核算出差费用

14:00 根据总经理办公室主任的指示，打印并复印文件

14:30 招待客人，给客人沏茶等

15:25 回到办公桌前继续起草报告（计划明天写完）

15:30 为公司司务会准备咖啡

16:00 帮总经理办公室主任把信写好并寄出；司务会结束后清理会场，打印出第二天上司的工作日程表，交给上司

17:30 上司出门办事，整理未完成的文件

18:00 下班

资料来源：谭一平著：《职业秘书实务》，东方出版社2006年版。

问题：从文文这一天的工作，谈谈你对秘书综合服务职能的看法。

三、辅助管理职能

众所周知，秘书是一项辅助性的职业。辅助管理，是新时期管理活动赋予秘书的一项基本职能，也是秘书职能的本质特征。辅助管理作为秘书工作中重要的一环，贯穿于管理活动的全过程。

【微型案例】

公司董事会

今天召开一年两次的公司董事会。董事长田中先生也从大阪赶来。公司董事会主要是讨论公司的半年决算、下半年的重点投资项目和一些高层人事变动问题。

会议从上午10:00开始,整个秘书科的人都为会议做准备,大家将会议室整理过后,准备茶、咖啡、铅笔、记录纸等。最后,经理问负责会议设备调试的珍妮,设备怎么样,珍妮说投影仪、麦克风、音箱等刚在前天的新产品发布会上用过,不会有什么问题。

经理一听,马上严肃地说:"准备会议,最怕的是掉以轻心,以为上次开会就是这么开的,没有什么问题,这次大概也不会出什么问题……所以,在开会之前,根本没有想到要去检查一下投影仪是否完好,也没有去调试麦克风等会议用的关键设备。如果老是这样采取凑合的态度,非捅出娄子不可!要是捅出娄子,董事长、总经理和其他上司都在场,这个板子打下来,谁受得了?!"

珍妮满脸通红。

上午头儿对我们的工作进行了临时分工:孟姐和珍妮参加会议,负责会议记录;艾丽丝和小石负责添茶送水等会务工作;玛丽负责前台值班,我负责接听电话,托尼负责参加董事会会议代表的午餐。

头儿进会议室之前特意交代,公司所有领导的电话要全部记录下来,由珍妮或小石将记录纸条送进去。与平时公司举行的其他会议不同,公司董事会的气氛有些严肃和紧张。

资料来源:谭一平著:《女秘书日记》,江苏文艺出版社2011年版。

问题:案例中秘书工作的辅助管理职能主要体现在哪些方面?

(一)辅助管理的特征

1. 事务的复杂性

在辅助管理中,秘书所面对的事务,通常不会是单一的事务,它们或是涉及全局的重要工作,或是比较复杂棘手的事务性工作,或是影响比较大的重要事件,有些甚至还可能是历史遗留问题。这些工作在落实问题上,往往存在一定的难度。

2. 处理的原则性

由于面对工作的复杂性,在处理过程中,不可避免地会遇到各种矛盾。辅助管理时,必须排除一切干扰,坚持原则,用客观公正的态度去衡量所看到的一切。坚持原则、公平公正,才是解决问题的最佳方法。

3. 办理的时限性

没有一件事是可以用无限制的时间去完成的。时间是促进任务完成的约束条件,也是衡量任务完成与否的重要尺度。辅助管理,一方面查的是完成情况,另一方面查的是完成期限。

4. 身份的权威性

秘书在进行辅助管理的过程中,所代表的是单位和领导,而不是秘书人员本身。秘书是在领导的授权下开展活动的,其身份具有相当高的权威性。在辅助管理的过程中,秘书充当的是领导的眼睛和耳朵。

(二)辅助管理的原则

1. 实事求是原则

即在辅助管理的过程中,要时时注意全面、准确地反映情况并落实。既要讲成绩和经验,也要讲困难和问题;既要看客观环境,又要看主观态度。不能凭一己好恶,轻易地做出判断;而要实事求是,用事实说话。只有这样,检查督办才能产生应有的效果。

2. 力求时效原则

对于商人而言,时间就是金钱;对于医生而言,时间就是生命;对于新闻人而言,时间就是一切。这里所说的力求时效,不仅是出于对提高工作效率的考虑,更是对工作有效性的考虑。因为很多工作都是有时效性的,过期的后果往往就是作废。所以,让实际的完成时间小于或等于预定时间,是辅助管理工作完成好坏的一个重要衡量尺度。

3. 主动协助原则

在辅助管理中,秘书充当的不仅是一个初级管理者,还是一个沟通协调者、一个检查督办者。无论是督办还是承办,其目的都是为了促进领导决策和工作的落实。对此,秘书必须要克服"你承办、我督办"的思维定式,在辅助管理的过程中主动服务,分析原因、寻找办法、疏通协调。

4. 举一反三原则

辅助管理的目的,不仅是为了解决当下的某个问题,更是为了能以此为鉴,从中总结出相关的经验与教训,采取举一反三、以点带面的方式作推广,为今后工作的顺利开展铺平道路。

(三)辅助管理的分类

1. 沟通协调

沟通协调,简单来说,就是与人打交道。通过与人打交道,进行信息的有效传递,对阻碍进行疏通。有人的地方,就有争斗;而沟通协调,正是和平解决争端的最佳手段。

2. 检查督办

检查督办,说到底就是一个落实的问题。再好的政策,如果不落实,就只能是一纸空谈。为了避免这种情况产生,就必须要严抓检查督办。领导做出的决定,最后能不能产生效益,能不能起作用,关键就在于实施。检查督办,抓的就是实施问题。

3. 应急处理

秘书部门,是一个著名的"不管部",即没有明确分工,领导交办、临时突发性的工作都会由秘书部门承办。这里所谓的应急处理,指的就是处理这些"分外"工作。

【微型案例】

"半拉子"先生

秘书小勇,是一个做事很有冲劲的小伙子,手脚麻利,人也勤快。整个办公室就属他跑得最欢、动得最勤。起初大家都很喜欢他。可是,时间一长,大家发现他有个小毛病,做事有些顾头不顾尾。前不久,办公室主任让小勇通知召开会议。小勇看都没看就直接把会议通知挂到了公司内网上,然后就继续忙他的事去了。

下午开会,总经理发现负责业务的马经理没来,脸色一沉。办公室主任赶紧让小勇去催。原来,马经理上午出去见客户了,一直没回来。在会议结束前一刻,马经理才心急火燎地冲了进来。总经理面露不快,让马经理汇报下这个季度的销售情况。空手而来的马经理说不晓得要汇报,还没准备材料。平素一直看不惯马经理张扬与高调行事风格的总经理,认为这是马经理故意不给自己面子的托辞。于是,当着众经理的面,总经理不顾马经理的辩驳,以工作不认真为由,狠狠地把他批评了一顿。在众人的窃窃私语中,马经理脸上一阵青一阵红的。一出会场,马经理立刻把憋了一肚子的火全撒在了小勇的身上。

问题: 在上述案例中,小勇做错了什么?他的问题到底出在哪里?

四、辅助决策职能

辅助决策,是指秘书在决策过程中,在知识(包括理论)、能力(包括技术)、经验和精力等方面给予决策主体全面的补偿,以提高决策的科学性和时效性。它主要是指秘书在日常工作中,通过对信息的收集、整理,从而在领导决策之前提供必要的参考、建议。

(一)辅助决策的特征

1. 预测性

即借助手中所掌握的各项信息,从这些信息中归纳、整理出对未来有指导性的建议。预测性,是辅助决策最重要的特点。缺乏对未来的预测性和对未来的指导性,辅助决策就失去了应有的意义和价值。

2. 多样性

辅助决策自身的特点决定,秘书在进行辅助决策时,所给出的方法与建议不可能只有一种,而是要根据相应的情况,草拟出多种方案以供领导选择,为领导作出最终判断提供参考。

3. 隐蔽性

对于秘书而言,实施辅助决策职能,并不是直接进行的,通常是以其他的秘书工作为载体来完成的。如草拟文稿、处理信息、提供各种工作预案、提供处理建议等,都是辅助决策职能的一种体现。

(二)辅助决策的原则

1. 超前原则

辅助决策是在正式决策之前进行的,在事件发生之前就必须做出辅助性方案。时间上的超前性,是辅助决策有效性的保证。如果在时间上不能做到超前,那么这样的辅助决策对于领导而言,就不是有意义、有价值的。

2. 定位原则

所谓辅助决策,是对领导决策的一种辅助与补充。对此,在辅助决策时,一定要注意定位的准确。即秘书在思考草拟阶段,一定要站在全局的高度、领导的角度来观察问题、考虑问题。同时,还要注意与单位的发展目标、领导的思维偏好等因素相结合。

3. 谏诤原则

领导也是人,不是神,也有犯错的时候。身为秘书,在发现领导作出明显失当的判断时,应主动提醒领导三思而后行,或向领导提出谏诤之言。

(三)辅助决策的分类

1. 信息收集

在领导进行决策之前,首先要把各方面的意见汇集、整理,形成一个全面的信息链,提供给领导,供领导参考。

在决策执行的过程中,要及时将执行的情况和遇到的问题进行收集整理,将结果反馈上来,一方面为领导检查决策正确与否提供重要依据,另一方面为今后决策提供信息上的参考与借鉴。

2. 决策草拟

在信息收集的基础上,秘书结合自身的思考与分析,草拟出相关的方案,供领导选择与借鉴。决策草拟阶段，对秘书的综合能力是巨大的考验。

(四)辅助决策的过程

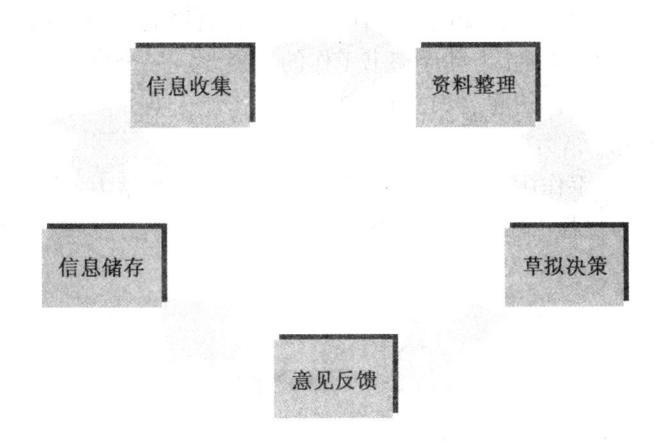

```
信息收集        资料整理

信息储存        草拟决策

     意见反馈
```

第二节　秘书工作的作用

一、手的延伸——助手作用

秘书在领导身边工作，直接为领导服务，对领导的工作产生直接的影响。在日常工作中，秘书工作的助手作用主要体现在日常事务的管理上。秘书通过对日常事务的管理，让领导者从繁琐的事务性工作当中解放出来，让领导者能将时间和精力投放到方向性、策略性的管理层面。于是，有人把秘书的助手作用形象地比喻为领导"手的延伸"。

(一)助手作用的内容

秘书工作的助手作用主要体现在以下几个方面：

(1)文书处理，主要是指公文类文书的印制、分发、回收以及归档等工作环节。秘书人员高质、高效地办理领导交办的文书类工作。

(2)文件筛选，即按轻重缓急将各方面的来文进行筛选分类以及初次加工。

(3)文字把关，即严格审核各类反映领导意图的文件、资料。

(4)事务处理，主要是指做好办公室日常事务管理。主要包括办公环境的布置与整理，来电、来客、来访的接待与处理，办公费用的使用、整理与报销等方面。

(5)检查督办，即对已布置下去的工作进行督促落实、追踪反馈。

(二)助手作用的特点

1. 常规性

秘书的助手作用，涉及的大多是一些常规的工作、简单的事务。对于它们的处理，往往有一套固定的工作流程和工作要求，在操作上主要采取一种按部就班的固有模式，可供个人创造性发挥的空间有限。

2. 繁琐性

秘书部门，作为一个单位的枢纽，位于单位的中心位置，每天所要面对和处理的事务在数量上是十分巨大的，从上到下、从里到外各种各样的事务都要经过秘书的手，才能完成上传下达、内外沟通的目的。

(三)助手作用的意义

1. 是秘书工作的起点和基础

助手作用,所涵盖的内容是秘书工作中最基础、最琐碎的部分。而对这部分工作的处理,也往往属于粗加工、预处理,为其他秘书工作的发展奠定一个良好的基础。可以说,发挥好助手作用是做好秘书工作的起点和基础,是秘书工作能力的体现。

2. 有助于领导集中精力

充分发挥秘书的助手作用,可以为领导节约大量的时间和精力,让领导从日常琐事中解放出来,从而集中精力主抓大事。秘书工作的助手作用能否充分发挥,直接影响到领导工作的正常运转。

【微型案例】

小陈的钟点秘书生活

某房地产公司的总经理秘书小陈,去年从名牌大学毕业后,不到半年就以精干、利索、敏锐、快捷而在行界闻名。附近几家外地的客商纷纷邀请她提供"钟点秘书服务"。在征求老板同意后,小陈开始利用业余时间为他们提供"钟点秘书服务":或为客商提供最新的商务资讯,操办商务活动;或陪同客商进行商务谈判,负责记录、解释、整理;或为客商预订客房、订购车船机票等。小陈的工作量比以前增加了差不多一倍,然而辛苦工作换来了可观的回报,除了每月交给公司15%的管理费外,其余的85%都流入了小陈的口袋。年纪轻轻的小陈,最近刚搬进精英小区,成为了有车有房的中层阶级。

资料来源:宋湘绮主编:《秘书实训》,清华大学出版社2008年版。

问题:钟点秘书是秘书工作哪些方面的延伸化、独立化?谈谈你对钟点秘书的看法。

二、脸的延伸——公关窗口作用

秘书机构素有"关口"、"窗口"之称。秘书工作是组织与各方面联络、接洽的门面和窗口,反映了这个组织工作作风和领导水平的高低优劣,对于树立组织的良好形象影响很大。秘书人员要增强公关意识,如组织形象意识、沟通协作意识、公众至上意识、环境预警意识等,做好各项工作,为加强本组织与外界的沟通、树立良好的组织形象发挥自身的作用。

(一)公关窗口作用的特点

1. 个性与共性相结合

个人形象,本是一个个性化的展示平台。然而,作为秘书,其个人形象并不仅仅代表他本人,而要代表整个部门、整个单位,所以,在展示个人形象时,必须要与部门、单位的整体要求、整体风格相结合。

2. 自由性与职业性相结合

个人形象的塑造,本是个人分内的事。每个人都有权选择自己喜欢的造型。然而,秘书人员在选择时,必须要兼顾职业性这一特点,以保证形象的职业性。如夸张的造型、新潮的词汇、我行我素的作风等,都不是职业化的表现。

(二)公关窗口作用的内容

秘书机构作为一个"窗口"部门,主要指以下两个方面:

(1)接待窗口。接待工作,是秘书工作中一个必不可少的部分。主要分为来电处理、来访接待、业务接待、会务接待。

(2)外联窗口。除了接待工作,秘书还需要对外进行联络、洽谈、谈判等一系列工作。

在这些工作中,秘书充当着对外展示和对外联系的作用。其职业形象的好坏、工作作风的好坏直接影响到外界对于本部门、本单位的印象。

(三)公关窗口作用的意义

1. 自身职业素质的直接体现

职业形象是自身职业素质的直观体现。从一个人的衣着、举止、谈吐,可以看出一个人内在的涵养与素质。而这些外在表现的职业化与否,正是判断秘书个人职业素质的最起码的标准。一个不注意个人形象的秘书,只会让人对他的职业能力产生置疑,增添更多的不信任感。所以说,一个优秀的秘书,不仅要有内才,还要有外秀,两者缺一不可。

2. 单位的形象代言人

作为秘书,必须养成随时随地保持自己良好职业形象的习惯。因为无论是你接电话的语气,还是与人交谈时的坐姿,无不代表着单位的整体形象。秘书的个人形象,已经远远超出了其本身的审美情趣,而是单位整体形象的客观要求。可以说,每一个秘书都是所在单位的形象代言人。

【微型案例】

吃饭吧唧嘴的后果

小辉在一家外资咨询公司做顾问。他在工作业务、交际能力、与人沟通等方面都做得相当不错,而且他很聪明,接受能力非常强,在公司工作期间,一直是公司里的业务骨干。与他的业务能力同样出名的是他吃饭吧唧嘴的"恶习"。在集体餐厅统一用餐时,相隔10米都能听到他吧唧嘴的声音。女同事们基本不愿与他同桌用餐。可是,他从来没有意识到这个问题。

后来,公司换了新老板。老板对小辉的这一个人习惯很没好感。在公共场合不止一次地提醒说,员工的个人行为如果影响到公司其他员工,就应该有意识地改掉。

一次老板和小辉一起接待一个有身份的客户,在等待客人的途中,老板提醒他说:"你现在不是代表你个人,而是代表公司,待人接物一定要注意细节。"结果在饭桌上,小辉还是一切照旧。客户开玩笑说:"你们小辉给我们的印象不错,我们也希望大家能一起合作。不过我是第一次和小辉吃饭,这小辉吃饭时还会伴奏呀……"小辉的表现再加上客户的玩笑使得老板非常尴尬。

回去后不久,小辉就收到了一份解聘通知书。

资料来源:《北京娱乐信报》,2007年8月14日。

问题:从小辉身上,我们可以得到什么教训?

三、耳的延伸——信息枢纽作用

在现代社会中,信息是人类生存和发展的重要资源之一,也是决策的基础和一切管理工作的依据。提供信息成为秘书人员的重要职责。秘书人员在工作中需要进行调查研究,多渠道地收集信息,同时还要善于对信息进行鉴别和提炼,去伪存真,去粗取精,及时将有参考价值的信息提供给领导者,为领导决策和指导工作提供参考资料。这一作用,实际上是领导者的"耳的延伸"。

(一)信息收集作用的特点

所谓秘书的信息枢纽作用,信息的传递是表象,究其本质则是信息的收集。做好信息收集工作,才算是真正发挥了信息枢纽作用。

1. 及时性

即要收集最新的信息。及时性,是信息收集的首要要求。信息有两大特点:一是可重复使用,二是时效性。信息和食物一样,都是有保质期的,只有在保质期内才是有效的、有用的,是人人都想要的"香饽饽"。可是一旦过了保质期,信息就不再具有原来的价值了。所以说,信息只有第一时间被利用,才是有效的。过期的信息,还不如一张废纸有价值。

2. 保真性

即要收集真实的信息。实事求是,是信息收集的重要原则。我们所面对的信息,数量巨大、良莠不齐。在对信息进行分拣的时候,秘书人员需要注意辨明真伪、分清虚实。虚假的信息会给出错误的提示,错误的提示会误导领导的决策,不当的决策会造成难以挽回的后果。只有依据真实的信息,才能做出正确决策。所以,保证信息的真实性,是十分必要的。

3. 适用性

即要收集对口的信息。在这个信息化的社会中,信息量的巨大是前人难以想象的,如果对它们进行一一分析,将会耗费大量不必要的人力、物力、财力,造成各项资源的极大浪费与时间的延误。为了提高信息处理效率与效益,秘书人员需要以特定项目为适用范围,对所掌握的信息进行筛选分类。

(二)信息枢纽的内容

秘书机构,是领导进行管理的中介环节和中枢机构。处在组织中心位置的秘书机构,是上情下达、下情上报、沟通左右、联系内外的枢纽环节。究其内容,主要包括:

(1)上情下达,即领导的各项决策与指令等要通过秘书人员传达下去,内部决定的各项计划、部署,要通过秘书人员传达到执行部门。

(2)下情上报,即下属在工作中的新进展、新动态,所遇到的问题、提出的要求、得到的经验教训,以及群众重要的来信来访,都要通过秘书人员递送至领导阅示、处理。

(3)沟通左右,即秘书人员常常在领导的授权之下,运用各项有效的方式与手段,在单位部门或内部人员之间进行沟通协调。

(4)联系内外,即利用自身作为信息的收集者、分布者的信息优势,借助一定的人际关系,搭建出一个内外互联的信息平台,方便内外之间的信息互通。

(三)信息枢纽的意义

秘书的信息枢纽作用,简单来说,就是信息的集散。

1. 信息枢纽是辅助领导科学决策的累积和准备

所有的决策,都需要有一个决策环境。对于秘书而言,辅助领导决策的第一步,就是要为领导创造一个最佳的决策环境。为此,平时加强信息的收集与整理,快速、准确地将信息系统化,进一步挖掘出信息背后的价值与意义,为领导的科学决策提供信息上的参考,为领导的判断与选择提供信息依据。

2. 信息枢纽是秘书人员草拟文书的信息来源

秘书在草拟文书时,领导一般只提供大纲或提纲,甚至只是一份授意。如何将这些简短的大纲转化为正式的公文?有人说,秘书就是部门的一支笔,写作是他们的强项。有道是"巧妇难为无米之炊",写作能力再强,也需要先准备好"米"。秘书在平时工作中所收集到的各类信息,就是他们的"米",就是他们搭建公文这座大厦的砖瓦。一个不善于收集信息的秘书,永远只能写出干巴巴的官样文章,永远写不出既生动又有内涵的好公文。

3. 单位联系上下、协调左右、沟通内外的枢纽

信息作为一项无形资产,广泛存在于社会的各个角落。它的分散性、无序性,使得它的收集成为一个繁复的过程。为了更好地收集信息、更广泛地获取信息,秘书会动用其所能使用的全部信息渠道,比如人际网、报纸、网络等。

【微型案例】

来访登记中的门道

"小石,整理来访客人名单,不能按客人的姓氏笔画排列,而要按他所在公司的笔画顺序排列。"秘书科长孟姐让秘书小石将已经排好顺序的客人名单重排。

"为什么?"

"是这样的,这些来访的客人,是代表他们所在公司来我们公司洽谈业务的。他们个人有可能在将来的某一天,会离开他们现在所在的公司;但是,他们的公司则有可能是我们公司永久的客户,所以我们的重点应该是记住他们的公司。因此,在整理来客名录时,应该以客人所在公司的笔画来排列顺序。比如,昨天第一个来访的客人是:北京通达科贸公司的副总经理刘钢。将来只要一看到刘钢的姓名,首先应该想到是北京通达公司。通达公司是1995年注册成立的,注册资金为1 000万元人民币,主要业务是代理销售我们东岩公司的产品,平均每年的销售额在400万元人民币左右,他们的董事长兼总经理叫李明,是我们姜总在北大荒下乡时的战友……"

小石轻轻地叹了口气,她没想到来客登记簿上"刘钢"这么简单的两个字,在孟姐的头脑里竟包含了这么多信息。她本以为,只要把刘钢的姓名和电话号码往计算机里一存,就算是完成了"信息收集"工作。

资料来源:谭一平著:《一个外企女秘书的日记》,学苑出版社2008年版。

问题:从孟姐的建议中,我们可以看出什么门道?

四、嘴的延伸——沟通协调作用

在具体的工作中,由于每个人的技术、习惯等情况各不相同,所以他们在工作中必然会

存在大量的争端与问题。这就需要有人来进行沟通,从中协调一下。沟通协调首先是领导人的职责范围,但秘书部门处于组织的中心枢纽地位,具有较之领导更为便利的中介优势,所以大量的沟通协调工作往往是由秘书和秘书部门来完成的。秘书工作也因此具有沟通协调作用。

(一)沟通协调的特点

1. 从属性

沟通协调,本是领导的职责。秘书的沟通协调工作,更多情况下,是替领导进行的。秘书进行沟通协调工作,其目的是为了帮助领导扫清工作上的阻碍,是为了更好地开展工作、贯彻领导旨意。

2. 广泛性

由秘书工作内容决定。作为领导的助手,秘书的沟通协调对象广泛分布在单位内外的各个层面。这使得秘书的沟通协调工作呈现出一种分散性的特点。

(二)沟通协调的原则

1. 政策指导原则

所谓政策,包括国家大政方针、省市实施细则、公司的规章制度、发展目标、项目方案、人员分工等一系列内容。政策指导,就是在一定的目标指导下进行,为达到特定目的而开展工作。

2. 客观公正原则

客观公正,即不掺杂私人感情因素,不受局部利益影响,公平公正是进行沟通协调的重要前提。建立自身的公信,是开展协调的前提,是获取双方信任的基础。

3. 平等协商原则

虽然秘书在沟通协调时,常常是代表领导出面进行的,但身为秘书,必须明白自己与沟通协调的对象是一种平等关系,而非领导与被领导的关系。这要求秘书在开展沟通协调活动时,必须树立"服务对象第一"的意识,以平等的态度进行沟通协商。

4. 倾听原则

倾听,是沟通协调过程中的一个重要手段。注意倾听,一方面,可以让秘书更全面、更准确地了解各方面的情况,为沟通协调奠定良好的信息基础;另一方面,还可以让对方产生一种信赖感,面对沟通协调工作采取更为合作的态度,从而促进问题的和平解决。

(三)沟通协调的意义

1. 有助于人员的和谐相处

拥有良好的沟通,才能拥有良好的人际关系,从而达到人员间的和谐共处。经过有效的协调,才能消除矛盾、避免对抗,促进人员间的真诚合作。做好沟通与协调,才能真正拥有更为和谐的人际关系,创造出更为和睦的人际环境。

2. 有助于工作的顺利开展

沟通协调,是解决矛盾和争端的重要方式。而矛盾与争端的解决,消除了彼此心目中的芥蒂,使之可以更加亲密地合作,做到"心往一处想,劲往一处使",从而推动工作更为顺利地开展。

3. 有助于集体的整体发展

通过沟通协调,人心统一,形成一股整体的合力,让整个集体处于一种紧密团结的良好状态,成为一个有凝聚力、有生命力的集体。这样的集体,是有战斗力的集体,是具有良好发展前景的集体。

（四）沟通协调的过程

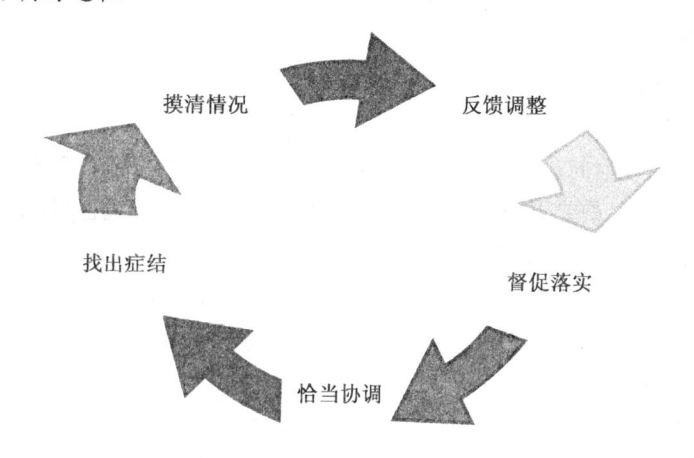

摸清情况 → 反馈调整 → 督促落实 → 恰当协调 → 找出症结 → 摸清情况

【微型案例】

沟通的技巧

美国知名主持人林克莱特曾问一名小朋友："你长大后想要当什么呀？"

小朋友天真地回答："我要当飞行员。"

林克莱特接着问："如果有一天，你的飞机飞到太平洋上空时所有的引擎都熄火了，你会怎么办？"

小朋友想了想说："我会先告诉坐在飞机上的人绑好安全带，然后我挂上我的降落伞跳出去。"

当现场的观众笑得东倒西歪时，林克莱特继续注视这个孩子，想看他是不是一个自作聪明的家伙。没想到，孩子的两行热泪夺眶而出，林克莱特这才发觉这孩子的悲悯之情远非笔墨所能形容。于是，林克莱特问他："为什么要这么做？"

小孩的答案透露出一个孩子真挚的想法："我要去拿燃料，我还要回来！"

刚刚还笑得东倒西歪的众人，忽然沉默了。

资料来源：徐绍述著："故事中的管理艺术"，《秘书工作》，2012年第4期。

问题：结合这个故事，分析"沟通的关键在于倾听"。

五、脑的延伸——参谋咨询作用

有人说，秘书是一项很被动的工作。事实上，秘书除了被动地完成领导交办的各项工作任务之外，还需要积极主动地为领导的决策提供必要的参考与建议。秘书部门和秘书人员经常调查情况，研究政策，向领导提供信息、资料、文件等决策依据；此外，秘书还出谋划策，提出工作建议和决策方案，辅助领导进行决策，制订工作计划等，起到参谋作用，由此可将秘书比喻为领导的"脑的延伸"。这是领导对秘书高度信任的表现，也是对秘书工作提出的高要求。

(一)参谋咨询的特点与原则

参谋咨询与辅助决策在内容上有相互重叠之处,其特点与原则可参考第一节"辅助决策"中所列出的内容,在此不再详述。

(二)参谋咨询的意义

1. 充分发挥秘书的能动作用

参谋咨询,主要考验的是秘书个人的综合素质与思维能力。参谋咨询,是充分发挥秘书自身主观能动性的一个重要渠道,是秘书工作中最接近领导管理层面的那一部分。

2. 充分体现了秘书的反作用力

参谋咨询,其实就是秘书人员将自己的想法表达出来,供领导参考。秘书在这个表达自身见解的过程中,往往会对领导产生潜移默化的影响作用。而这个过程本身,也体现出秘书对领导的影响力、反作用力。

3. 是秘书等级的划分标准

能否充分发挥秘书工作的参谋咨询作用,是判断一个秘书素质高低的重要尺度。一个刚入行的初级秘书是无法担当起参谋咨询任务的,而中级秘书也只能在一些简单的、非重要的事件中发挥参谋作用。只有高级秘书,才有对具有全局意义的重要事件进行谋划的能力。

【微型案例】

出谋划策的学问

小王和小黄是大学同学,毕业后,两人进入同一家公司工作。一年后,经理遇到问题时,总爱找小王商量。这让小黄感到纳闷,小王并不比自己高明,为什么经理总爱找他商量呢?

有一天,他们在一次聚会上聊到了这件事。小黄虚心地向小王请教。

小王笑了,说:"问题其实很简单,经理每次问你的时候,你提意见多,提建议少。把问题摆上桌子,可是问题的解决方法却没有一个。这就等于把所有的问题全推给了领导。如果我是领导,我也不会再找你商量的。"

小黄一听,点头说:"你说得没错,我是有这个毛病。我总是想,提意见是我们的事,拿主意是头头们的事。"

小王截住小黄的话说:"领导也是人,又不是神,也有拿不定主意的时候。其实他们也很希望我们提一些建设性的意见。这一年来,我就是这么做的。不管遇到什么事,我都事先想一想,整理出几条处理建议,供领导参考。时间长了,领导慢慢就开始采用我的建议,重视我的建议了。"

"原来如此啊,"小黄恍然大悟道,"要是遇到一些左右为难的事,怎么办呢?"

小王继续说道:"当然,我也不是事事都有主意。如果想不出好的方法,至少要说点对解决问题有所帮助的话,帮助领导打开思路,也算是尽了自己的工作本分。"

问题:结合案例分析,秘书在为领导出谋划策时,应当注意些什么?

小　结

【关键术语】

综合服务　　辅助管理　　辅助决策　　助手　　公关　　信息　　沟通　　参谋

【本章小结】

1. 秘书工作的职能：秘书工作职能、综合服务职能、辅助管理职能、辅助决策职能。

2. 综合服务职能的特征：服务性、繁琐性、随机性。原则：化被动为主动、有原则地灵活行事、变繁杂为规范。内容：办文服务、办会服务、办事服务、办公环境管理。

3. 辅助管理职能的特征：事务的复杂性、处理的原则性、办理的时限性、身份的权威性。原则：实事求是、力求时效、主动协助、举一反三。内容：沟通协调、检查督办、应急处理。

4. 辅助决策职能的特征：预测性、多样性、隐蔽性。原则：超前原则、定位原则、谏诤原则。内容：信息收集、决策草拟。

5. 秘书工作的作用：助手作用、公关窗口作用、信息枢纽作用、沟通协调作用、参谋咨询作用。

6. 助手作用的内容：文书处理、文件筛选、文字把关、事务处理、检查督办。特点：常规性、繁琐性。意义：是秘书工作的起点和基础、有助于领导集中精力。

7. 公关窗口作用的特点：个性与共性相结合、自由性与职业性相结合。内容：接待窗口、外联窗口。意义：自身职业素质的直接体现、单位的形象代言人。

8. 信息枢纽作用的特点：及时性、保真性、适用性。内容：上情下达、下情上报、沟通左右、联系内外。意义：是辅助领导科学决策的累积和准备、是草拟文书的信息来源、是信息流通的枢纽。

9. 沟通协调作用的特点：从属性、广泛性。原则：政策指导、客观公正、平等协商、倾听原则。意义：有助于人员的和谐相处、有助于工作的顺利开展、有助于集体的整体发展。

10. 参谋咨询作用的意义：充分发挥秘书的能动作用、充分体现了秘书的反作用力、是秘书等级的划分标准。

【知识结构图】

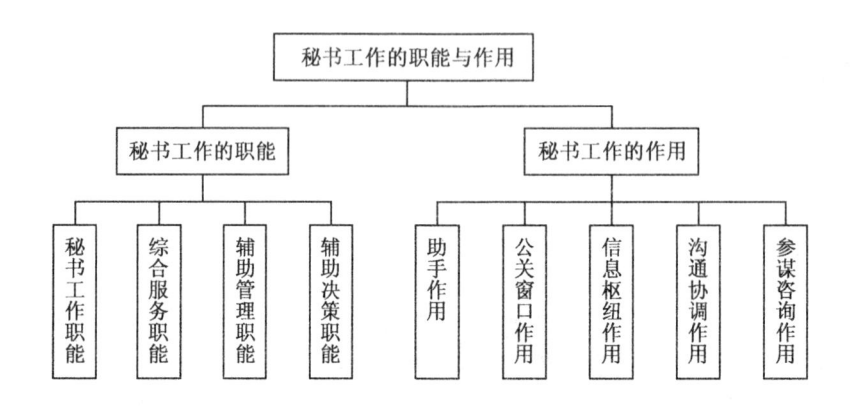

```
                    秘书工作的职能与作用
                    ┌──────────┴──────────┐
              秘书工作的职能              秘书工作的作用
         ┌────┬────┬────┬────┐      ┌────┬────┬────┬────┬────┐
         秘书  综合  辅助  辅助      助手  公关  信息  沟通  参谋
         工作  服务  管理  决策      作用  窗口  枢纽  协调  咨询
         职能  职能  职能  职能            作用  作用  作用  作用
```

应　用

【案例研究】

案例一：

广东风华高新科技股份有限公司
董事会秘书工作条例(节选)

第三章　董事会秘书的职责

(一)负责公司和相关当事人与深圳证券交易所及其他证券监管机构之间的及时沟通和联络,保证深圳证券交易所可以随时与其取得工作联系。

(二)负责处理公司信息披露事务,督促公司制定并执行信息披露管理制度和重大信息的内部报告制度,促使公司和相关当事人依法发行信息披露义务,并按规定向深圳证券交易所办理定期报告和临时报告的披露工作。

(三)协调公司与投资者关系,接待投资者来访,回答投资者咨询,向投资者提供公司已披露的资料。

(四)按照法定程序筹备董事会会议和股东大会,准备和提交拟审议的董事会和股东大会的文件。

(五)参加董事会议,制作会议记录并签字。

(六)负责与公司信息披露有关的保密工作,制定保密措施,促使公司董事会全体成员及相关知情人在有关信息正式披露前保守秘密,并在内幕信息泄露时,及时采取补救措施并向深圳证券交易所报告。

(七)负责保管公司股东名册、董事名册、大股东及董事、监事、高级管理人员持有公司股票的资料,以及董事会、股东大会的会议文件和会议记录等。

(八)协助董事、监事和高级管理人员了解信息披露相关法律、法规、规章、上市规则、深圳证券交易所其他规定和章程以及上市协议对其设定的责任。

(九)促使董事会依法行使职权;在董事会拟作出的决议违反法律、法规、规章、上市规则、证交所其他规定和章程时,应当提醒与会董事,并提请列席会议的监事就此发表意见;如果董事会坚持作出上述决议,董事会秘书应将有关监事及其个人的意见记载于会议记录上,并立即向深圳证券交易所报告。

(十)深圳证券交易所要求履行的其他职责。

资料来源:http://doc.mbalib.com/view/27dbdfa238b112e4e5949456ce2fa84d.html。

问题:

1. 请结合上述秘书职责,分析秘书人员应当如何在本职工作中履行秘书职能。
2. 通过本章的学习,结合上述内容,你认为还有哪些秘书职能没在上述职责中体现出来?

案例二:

一次调车风波

一天早晨,某山区F县罗县长要到行署参加一个会议,但他平时乘坐的汽车因机械故障无法开动。罗县长立即找县政府办公室调另一辆车。县政府杨副主任情急之下将常务副县长方某乘坐的轿车临时调给罗县长使用,他想:方副县长最近也不外出,先给县长用几天吧。没想到,这次调车竟捅了马蜂窝。杨副主任送走县长,刚回到办公室,正与冯主任研究当天的工作,就听到楼下院子里传来一阵斥责声:"为什么用我的车!是谁决定的?"

杨副主任一听,是方副县长的声音:"这车我不坐,我不去了!"方副县长在大声嚷嚷。

冯、杨二位主任正欲下楼了解是怎么回事,秘书小沈匆匆跑来报告。

原来方副县长不巧今天也要到省城开扶贫工作会。头天晚上他没有告诉办公室,今早一到政府小车班,听说他乘坐的车临时调给了县长,很不高兴,发了脾气,并拒绝乘坐给他改派的汽车,说省城的扶贫会他不参加了。

冯主任一听,感到问题严重,立即起身要去找方副县长解释,杨副主任拦住了他说:"要去我先去,你是办公室的一把手,不宜先出面。我先去解释,你随后再来。"说完他就走了。

约过了10分钟,冯主任慢慢走到方副县长的办公室,听到杨副主任正与方副县长解释:"我们头天晚上不知道您要去省城开会,今早罗县长要车又很急,所以……"

冯主任推门而入,看到坐在椅子上的方副县长脸色缓和,知道杨副主任的工作已经奏效,就接着来了一番自我批评:"方副县长,是我们的工作失误,影响了领导的工作,首先是我这个主任要受批评,这个教训我们一定认真吸取。刚才临时调换的车如果您觉得不合适,我们再想法调,还可以到别的部门借,直到领导满意为止,您看……"

这么一来,方副县长倒有些不好意思了:"行了,就坐这辆车去吧,这件事也不能全怪你们。"

听了方副县长这句话,冯、杨二人才松了口气。

资料来源:黄若茜、陈琼瑶著《秘书理论与实务》,清华大学出版社2007年版。

问题:

1. 从这次调车风波的产生与化解,分析杨副主任工作中的失误与可取之处。
2. 结合本案例,请你谈谈沟通协调作用在秘书工作中的重要性。

【实验实训】

1. 组织一次"学校发展请你说"活动,要求学生多渠道地收集师生对学校的各种意见和看法,结合自己的分析和认识,提出自己的意见,然后拟写一份报告上交给老师。

2. 请以班级为单位,分小组讨论"我对秘书工作的认识",请每组小组长主持小组讨论,并请一名学生做记录,最后请小组长做总结性的发言(PPT 版)。

【复习思考题】

1. 秘书工作职能的特点是什么?其相互间的关系是怎样的?
2. 秘书工作职能包含哪些内容?
3. 如何理解秘书工作职能中的辅助管理职能和辅助决策职能?
4. 秘书工作的作用有哪些?
5. 你如何理解秘书工作的作用?

第三章

秘书人员的职业素养

学习目标

通过本章学习,你应能够:

掌握现代秘书所需具备的知识结构与能力结构;

了解现代秘书所需的心理素质和性格要求;

理解秘书的智商与情商对秘书工作的重要性。

【引入案例】

毛泽东怎样挑选秘书

集思想家、政治家、军事家、书法家和诗人于一身的毛泽东,好学勤思,博古通今。因此,毛泽东选秘书的一个重要标准是"有学问"。毛泽东习惯于以文识才、以才举人,他的几位秘书都因各自的文才而引起毛泽东的注意和任用,并在以后的工作中成为毛泽东的得力助手。

胡乔木的选用,起因于毛泽东看了胡乔木在《中国青年》杂志上发表的一篇纪念"五四运动"20周年的文章,觉得"乔木是个人才",所以点名胡乔木当了秘书。胡乔木来到毛泽东身边后,受毛泽东感染,读书成了胡乔木最大的兴趣爱好。他甚至同时看五六本内容不同的书。由于胡乔木埋头苦学,使他具有了深厚的理论功底。胡乔木文字功底深厚,逐渐成为"中共中央一支笔"、"中共中央大手笔"。他曾被毛泽东戏称为"靠乔木,有饭吃"。在胡乔木的晚年,家中藏书达3万多册,放置在140个书架上。

陈伯达之所以能够成为毛泽东的秘书,是因为其在延安的一次座谈会上较有特色的发言吸引了毛泽东。陈伯达的发言较好地阐述了孙中山的思想。晚上,毛泽东请美国客人吃饭时,邀请了陈伯达。席间,毛泽东与陈伯达关于古代哲学的谈论,使他们之间有了共同的话题。这一天,成了陈伯达一生的转折点。从此,他成为毛泽东手下的"一支笔"。

田家英最初引起毛泽东的注意,是因1942年田家英在延安《解放日报》上发表的《从侯方域说起》一文。毛泽东看后,颇为赞赏。虽然那只是一篇千余字的杂文,但毛泽东从中看出了作者较深的文字功底和敏锐的思想。此后不久,毛泽东就把田家英调来当了毛岸英的语文和历史老师,后又经过几次特殊的"面试",毛泽东便正式选调田家英做了自己的秘书。

如今，毛泽东已经逝世多年了，他的几位秘书也早已作古，而毛泽东发现和挑选秘书的标准却成为令人难忘的历史故事。

资料来源："毛泽东挑选秘书内幕"，人民网，2011年7月12日。

问题：毛泽东挑选秘书的标准对你有什么启发？具备什么素质的秘书才会受到领导的青睐？

第一节　知识与能力结构

随着社会的发展、经济的繁荣、全球化的深入、社会的转型、科技的进步，社会对秘书的需求量越来越大。秘书工作是辅助领导进行管理、提供综合服务、上通下达、协调各方、参与政务、包揽事务、保持组织机器正常运转的重要工作，因而秘书是现代政府机关、事业和企业中不可缺少的管理人员。正因为如此，现代秘书工作对秘书人员的知识和能力结构、人文素养等综合素质的要求越来越高，这就要求秘书人员通过学习，建立和完善应具备的知识和能力结构，以适应秘书工作日益发展的要求。

秘书人员必须学习和了解所在行业的基本知识。秘书只有了解、掌握与行业相关的知识，才能胜任本职工作，掌握工作的主动权和发言权，更好地发挥参谋和助手作用。

【微型案例】

秘书如雪

公司今年再招聘两个秘书，在北京《青年报》上登载了招聘启事。今天招聘启事出来了。在我们的招聘启事旁边，还有一条同样大版面的招聘启事。那是一家IT企业的招聘启事，上面是这样写的：

"本公司是一家专门从事网上资讯服务电子商务的综合性公司。现欲聘文秘两名，要求本科以上学历，三年以上相关工作经验，形象气质俱佳，能熟练使用Word、Excel、Powerpoint等办公软件，懂数据库管理，打字速度每分钟不低于一百字，英语六级以上，沟通能力强，适应团队工作，具备一定的财务知识，熟悉市场经营与管理，有敏锐的市场洞察力。"

"于雪，你看这则招聘广告。"玛丽把报纸递给我说，"这哪是招文秘，简直就是招CEO。"

小石把报纸也拿过来看，看完感叹："IT企业的文秘就是这样！"

"小石，你知道IT是什么意思吗？"玛丽问小石。

"不就是Information Technology吗？"

"No，"玛丽装着洋腔说，"IT is I'm Tied."

艾丽丝见她们这么热闹，也把报纸拿过去看，一边看，一边对我说："小于，我倒想起来一件事，前天美国AT公司兰妮小姐给了我一张名片，她实际上是个Secretary，可名片上却印着Administrative Assistant，我当时没有太在意，看来是有些区别。"

"我还见过印着Office Coordinator的名片，这有什么稀奇的，人家想怎么印就怎么印！"

玛丽总觉得艾丽丝喜欢大惊小怪。

"我也想起来了。"小石说着,从抽屉里翻出一张名片来,"这是我上个星期收到的一张名片,人家是 Executive Assistant,我当时琢磨了好久,猜不出到底是个什么职务。"

我觉得,人家在名片上印的职务,并不像玛丽说的那样是胡乱印的。在企业管理制度相当规范和严格的公司里,员工的职务和头衔是不能随便叫的,更不能随便乱印,所以,无论是 Administrative Assistant,还是 Office Coordinator 或 Executive Assistant,都有确切的工作内容和职责。应该说,这些头衔从本质上来说,还是属于 Secretary 的范畴,但是,与传统的 Secretary 相比,无论是在工作内容上还是在职责上,又都有一定的区别。其实,在我们的实际工作中,这种区别也很明显,只不过是我们在名称上未加区分,都笼统地叫"文秘"或者"秘书"罢了。

随着时代的发展,秘书工作的内容和职责也相应发生变化,这是理所当然的,从这则招聘广告里就可以明显地看出来。

首先,对秘书文秘知识的要求,已由过去强调打字、写作和存档这类基本技能,向英语、办公自动化、财务这些更广泛的文秘知识拓展。过去招聘文秘,一般只要求"有一定写作能力"或"良好的文档管理经验"这类基本技能,现在,不仅在办公自动化方面要求会管理数据库,而且在财务、企业管理的知识方面也有了相当高的要求,这是一个趋势。

其次,秘书不仅要注意秘书业务素质的提高,还要熟悉本公司所在的行业和专业的情况。过去的文秘工作往往只局限于秘书工作本身,不去了解行业或专业方面的动态和最新进展,以为那只是职能部门的事情。现在不仅要求秘书熟悉公司的市场营销活动,而且还要有敏锐的市场洞察力。所以,现在的高新技术企业,特别是那些 IT 企业,一方面,要求秘书是通才,有足够的行业背景、经验和知识面,对新技术有一定的了解,有快速洞察竞争对手策略变化的能力;另一方面,要求秘书对本公司的产品性能和产品核心价值定位有深刻的理解和体验。如果从秘书是上司的助手和参谋这个高度来看,这些要求是很正常的。如果你不懂公司的业务,不了解公司所在行业或专业的具体情况,你怎么做参谋或助手?比如,我们公司马上要进军生物制药行业,领导要求我们看一些有关这方面市场和技术的书,了解一些基本知识,就是这个道理。

最后,也是最重要的,那就是企业对秘书的非智力因素的要求,将和对智力因素的要求一样同等看待。过去人们对秘书的要求,就是会不会打字,或者会不会英语这些技能知识方面的东西,将来则会更重视协调沟通能力、团队精神、责任感、忠诚度这些非智力因素方面的东西。

资料来源:谭一平著:《女秘书日记》,江苏文艺出版社2011年版。

问题:你认为要当好秘书,需要掌握哪些方面的知识与技能?

一、秘书的知识结构

知识结构是指一个人为了从事某一种社会工作,经过学习所拥有的由各类知识所组成的知识框架。由于每个人的学习经历、天资禀赋、学习兴趣、努力程度和学习效果存在个体差异,因而每个人的知识结构都是按照不同的知识内容、组合方式和比例关系建构起来的不同的知识体系。

合理的知识结构是现代社会工作岗位的必要条件,是人才成长的基础。现代社会的职业岗位,所需要的是具备合理的知识结构、能根据当前社会职业的具体要求将自己所学到的各类知识科学地组合起来、适应社会需求的人才。同时,知识结构不应是一个封闭的体系,而应该是一个开放的、不断更新的体系。

现代社会秘书职业岗位对秘书从业者的知识结构、文化素质的要求越来越高。这就要求现代秘书具有合理的知识结构,即要求既有精深的专门知识,又有广博的知识面,具有事业发展实际需要的最合理、最优化的知识体系。一方面,现代社会对秘书岗位提出了特殊的高标准和严要求,这就要求秘书掌握满足其职业要求的专门知识,因此,现代秘书应该是具有精深专业知识的专才,以适应其职业要求。另一方面,作为辅助领导实施管理的秘书工作具有很强的综合性,可以说,凡是领导涉及的工作内容,秘书都会涉及;凡是要求领导具备的知识范畴,也要求秘书具备。因此,现代秘书应该是具有广博知识的复合型的通才,以适应协助领导工作的需要。现代秘书的知识结构应该是"T"形结构,"T"的一横代表广博,"T"的一竖代表精深,"T"形知识结构表示"博"与"专"的结合。

现代秘书的知识结构由基础知识、专业知识、行业知识和相关知识四个方面组成。

(一)基础知识

基础知识是秘书人员从事秘书职业所必须具备的最基本的文化素质,它还是秘书人员继续学习专业知识、行业知识和其他与业务有关的知识的基础,是秘书人员事业发展和成功的"潜质"。它构成了现代秘书知识结构中的基石部分。完整、扎实的基础知识对于现代秘书职业能力的提升,构成了至关重要的前提条件。

秘书的基础知识包括两个方面:

1. 文化基础知识

文化基础知识是指现代受教育的人必须掌握的基本科学文化知识,这些知识主要分为两大类:一类是自然科学知识,另一类是人文社会科学知识。自然科学知识包括数学、地理、物理、化学、生物等;人文社会科学知识包括语文、外语、历史、政治等在基础教育阶段所学的知识。

文化基础知识是秘书必须掌握的最基本的、常识性的知识,是秘书职业发展的至关重要的条件。比如,有了数学知识,在运用运筹学、统计学方法辅助领导进行科学管理时就会感到举重若轻;若无地理知识,秘书在为领导安排国际旅程时就会错误百出。语文基础良好的秘书,面对重要或紧迫的写稿任务,自然气定神闲;熟读中外历史,懂点外语,就能深入研究往来国家的历史和现状,为领导提供及时、准确而有价值的信息。

这类知识或已属于高校文秘学生知识结构中的存量部分,因为他们在基础教育阶段已经打下这类知识的基础,然而,随着时代的发展和科技的进步,以往所学的文化基础知识可能变得陈旧和不足,因此,还应根据实际需要加以更新和补充。

2. 高等基础知识

高等基础知识是指大学阶段进一步学习的人文、社会科学和自然科学知识,是大学所开设的公共课、基础课、必修课,主要包括思想政治理论、现代汉语、高等数学、大学英语、心理健康、计算机基础等学科。高等基础知识中,有的是中学所学的文化基础知识的深化和提高,如思想政治理论、大学语文、高等数学、大学英语等;有的则是新的知识,如心理健康、计算机基础等。

高等基础知识对于现代秘书科学、合理的知识结构构建是十分重要的,它将提高人的综合素质,是现代秘书不可或缺的知识门类。比如,在形成"三观"的年龄段学习"思想政治理论",有助于确立正确的世界观、人生观、价值观,深入了解党和国家的基本方略、方针和政策,培养良好品行,形成健全人格,成为具有良好思想素质的秘书。"大学英语"则有助于秘书进一步提高英语读、写、听、说能力,顺利通过英语四、六级考试,达到职场所需要的外语水平。秘书通过对"大学语文"的学习,进一步学习祖国璀璨的文化,"腹有诗书气自华",就会逐步形成高雅的气质。"心理健康"有助于秘书提高认识和管控自我情绪的自觉性,善于与人交往,满足现代秘书心理和性格的要求。"计算机基础"是关于信息化、网络化、智能化的现代科学技术知识,它是现代秘书学习和掌握日新月异的办公自动化知识和技能的重要途径。

（二）专业知识

专业知识是指秘书的业务知识,它是现代秘书从事秘书职业的具有"门槛"性质的知识平台。在现代秘书知识结构体系中,专业知识构成了其中的支撑和依托部分,处于核心地位。它主要包括与秘书工作有关的业务的基本理论和基本技能方面的知识。

秘书专业知识主要包括秘书学、秘书实务、秘书写作、文书处理、档案管理、会务组织、秘书礼仪、办公室管理、办公设备使用以及信息管理、调查研究、信访工作、秘书史等从事秘书职业所必须具备的专业学科知识。在现代秘书知识结构体系中,秘书专业知识处于核心地位,也是现代秘书知识体系中的特有部分,它构成了秘书从业资格的核心要素。现代秘书只有精通并能熟练运用秘书专业知识,才能胜任职业岗位,成为合格的秘书人才。

1. 秘书学

秘书学是研究秘书工作的特性、基本规律和基本原则的一门学科,内容一般包括秘书的含义、秘书的类别、秘书的素质、秘书的职业道德、秘书的职能、秘书工作的内容与方法、秘书人际关系处理、秘书职业资格标准等。秘书学是秘书职业发展实践在观念形态上的反映和理论概括,是所有其他秘书专业知识的总纲,是秘书专业的基本理论。因此,对于秘书来说,秘书学是专业中的根本,是从事秘书工作的入门学科,从事秘书工作的人首先要学好它。

2. 秘书实务

秘书实务是研究秘书工作和秘书业务活动及其规律的应用学科。秘书实务是指秘书工作的具体职能,其研究对象是具体的秘书工作程序、方法和技能。它在秘书知识结构中的重要性仅次于秘书学。它同秘书学有一个界限明晰的分工:秘书学是研究秘书和秘书工作的一般规律和一般方法;而秘书实务是研究秘书的具体工作的规律和具体方法,它是秘书学一般原则的细化和具体化,它涉及一般秘书的主要工作,如日常事务工作、参谋辅助工作、沟通与协调工作、会议组织与服务工作、文书与档案工作、信息与调研工作、接待与信访工作等的具体操作方法。如果说,秘书学解决的是理论指导,秘书实务提供的则是实际操作和指南。由此可见,秘书实务同秘书学构成了一个"套装",是秘书知识体系中不可缺少的组成部分。

3. 秘书写作

秘书写作对秘书人员来说是关键学科,秘书素来被称为"笔杆子",我国从春秋战国时期开始的秘书主要职责就是起草文书。中国共产党在革命年代,为一些高层领导人配备秘书,他们的主要任务就是起草、修改公文。曾担任过毛泽东秘书的胡乔木,就被誉为"中共中央一支笔"。因此,文书写作是秘书人员必须具备的基本功。通过学习秘书写作的知识,掌握撰写不同种类公文的方法和技巧,才能具备秘书的资质。

4. 文书处理与档案管理

文书处理与档案管理是秘书专业知识里的主要部分。历代政权都会产生大量的文书,文书的保存就有了档案。从汉朝起,"秘书"的含义就是"秘藏之书",即秘藏于皇宫内的书籍,东汉由此设置了"秘书监"的官职,其职责就是掌管典籍。可见,自古以来,文书与档案的管理就是秘书的一项工作。"文书处理与档案管理"是研究文书与档案的现象和规律,文书工作与档案工作的基本原则、基本任务和方法的学科。对秘书人员来说,这门知识非常重要、非常实用,因为大多数现代秘书会经手一些文书与档案工作。

5. 会议组织

会议在现代社会生活中已经成为一种社会活动的常态形式,无论是各种国际组织、国家机关还是企事业单位、社会团体,也不管是政治、经济、文化、教育活动还是商务活动,都要通过会议进行科学决策、宣传动员、传达信息、统一思想、推广经验、解决问题。秘书的基本职能可以概括为"办文、办事、办会",其中,办会是重要的一环。现代会议的手段越来越先进,程序也越来越复杂,办会绝不是一件简单的事。秘书通过学习会议的组织与管理知识,就能把握会议的基本要素,掌握会议筹备工作的程序和项目,懂得如何根据不同会议类型布置会场和主席台,在会议进行中提供周到的服务,举办一次成功的会议。

6. 秘书礼仪

人类社会在人际交往中,形成一些律己敬人的方式程序,体现相互之间的尊重,这是人类文明发展的成果,也是国际商务活动的普遍规则。秘书的工作性质,决定了善于交际是秘书必备的素质,而礼仪有助于人际交往,有助于事业发展。秘书礼仪涉及的范围较广,包括办公礼仪规范、接待礼仪规范、外事礼仪规范、社交礼仪规范、形象礼仪规范等。掌握这些礼仪,不仅反映了秘书个人的修养、组织的管理水平和人员素质,也是秘书成功进行人际交往的重要手段。

7. 办公自动化

办公自动化(Office Automation,OA)是将现代化办公与计算机网络功能结合起来的一种新型的办公方式。凡是在传统的办公室中采用各种新技术、新机器、新设备从事办公业务,都属于办公自动化的领域。通过办公自动化,实现数字化办公,可以优化现有的管理模式,提高工作效率。以往的秘书,"一张纸、一支笔"就是其全部的办公用品;现代秘书代之以电脑,进行无纸化办公。不懂以电脑为主的现代办公设备的原理和操作方法,不会文字输入,即便文章写得再漂亮,也无法胜任现代秘书工作。因此,学习办公自动化,成为秘书不可或缺的知识。

(三)行业知识

行业知识是指秘书人员服务的组织机构所从事行业方面的专业知识和业务知识,行业知识是秘书工作单位所属行业要求秘书具备的知识。行业知识也是一种专业知识,对于秘书来说,它是秘书专业知识以外的另一领域的专业知识,可以说是秘书的第二专业知识。比如说在从事服装的企业中就职,就得掌握服装学、美学等知识,除此之外,还要懂得该企业的生产和销售情况、成本与利润的比例、客户与顾客情况、流行款式等业务知识,因为这是该企业所从事行业的基本常识和专业知识;若不去钻研行业知识,秘书所言所书,就有可能讲不到点子上,就没有什么质量和成效。

在国外,秘书职业早已按第二专业进行分类,如法律秘书、商务秘书、外事秘书、技术秘书、医务秘书等。目前一些国家的秘书有信心终身从事秘书工作,就是因为其第二专业的知识已成为谋职的优势。现代秘书光靠秘书专业知识仍不能胜任秘书工作,还要熟稔本行业的专业知识和业务。获取行业知识的方法有两种:一种是在大学期间就有规划,选择一个行业方向,通过辅修一些行业方面的专业课程,逐步学习该行业的专业知识,与秘书专业知识融合,在就业前就已经成为某个行业秘书人才的候选人;另一种方法是就业后,根据自己所从事的行业,通过继续学习掌握该行业知识。

可以说,单纯的秘书工作是不存在的,行行有秘书。然而,行业秘书需要有本行业的知识,秘书必须重视这一点,不要以为自己有了一些秘书专业知识就满足了,就以为自己的知识结构已经很完善了,要做好充分的思想准备学习行业知识,把它们纳入秘书的知识结构中,形成完整的知识结构。每一个不同的行业都有其特定的业务领域,因而有其特定的行业专业知识,如金融、贸易、机械、电子、房产、服饰、教育、医疗、电子商务等。在不同行业工作的秘书人员,必须学习和了解所在行业的基本知识。秘书只有了解、掌握与行业相关的知识,才能胜任本职工作,掌握工作的主动权和发言权,更好地发挥参谋和助手作用。

【微型案例】

"打工女王"洪小莲

24岁就开始进入长江实业(以下简称"长实")工作的洪小莲,由李嘉诚公司的一名秘书,攀升至售楼收益逾千亿港元的"长实"执行董事,工作成绩卓著,深受器重,年薪达1 200万港元,可说是打工一族的传奇典范。

多年来,令洪小莲最记忆犹新的,是有一次李嘉诚劝勉她努力学习。1972年,洪小莲加入"长实"后不久,一天中午的用膳时间里,正当她浏览报纸的娱乐版时,凑巧李嘉诚经过,他对洪小莲说:"有时间就应该进修充实自己,不要浪费时间。"李嘉诚的话深深印在洪小莲的心里。从此洪小莲便开始利用工余时间,吸收多方面知识,没有接受过建筑师培训的她学会看绘图,而负责事务也由细读绘图开始,到印刷售楼资料,再到设计广告、策略、定价和发售过程中的行政管理,以致连交楼后的房地产业管理都包括在内。

洪小莲最初任职"长实"房地产部秘书,并负责部门的总务及行政工作。虽然洪小莲参加工作时只有高中学历,但其后五年多时间里,她一直在当时的工专(即理工大学前身)进修行政秘书及工商管理等课程。

由于洪小莲经常跟随李嘉诚开会,接触房地产发展的业务,她逐渐对售楼工作产生兴趣。1978年,她向李嘉诚提出转做售楼工作。转职初期,她曾面对不少猜测。例如,"她一定是某人的亲戚,或是某人的女儿,或是潮州人,李嘉诚才会那么信任她。"面对这些质疑,她明白需要加倍努力,以实力证明自己的成功并非靠关系。凭借努力,1980年她终于登上物业租售管理总经理一职,进而于1985年成为公司的执行董事。

资料来源:成力著:《李嘉诚谈管理》,海天出版社2010年版。

问题:洪小莲学习"长实"的行业知识——建筑和售楼知识,对她个人实力的提升,即从一名默默无闻的普通秘书成长为"长实"的执行董事有什么帮助?

(四)相关知识

秘书的工作业务涉及各个领域,因此,是综合性很强的工作。广博而丰富的知识面,是做好秘书工作的积极因素。相关知识是指与现代秘书工作有着直接或间接联系,或是对秘书工作有着直接或间接影响的知识。在现代秘书知识结构体系中,相关知识处于延展空间。

相关知识是现代秘书提高职业素养、强化业务能力、积累发展后劲的知识，也是现代秘书工作素质得以提升、工作效率得以提高的"助推器"。

现代秘书的相关知识主要包括以下几个方面：

1. 法律类知识

我国正向真正意义上的法治国家迈进，而我国所实行的社会主义市场经济从本质意义上讲是法治经济。一个现代秘书如果不具备必要的、足够的法律知识，是不能胜任市场经济时代的秘书工作的，也不会是一个称职的秘书。

现代秘书所需要掌握的法律类知识主要是指包括宪法、民法、行政法、刑法、公司法、合同法、国际经济法、劳动法和WTO规则在内的法律法规，以及其他与秘书所在组织有关的法律法规。在市场经济条件下，在法治社会中，现代秘书如果具有较高的法律、法规方面的知识修养，就能为上司的工作增设一道"防火墙"、加装一扇"安全门"，就能更好地维护秘书所服务机构的利益，更好地保护秘书所服务机构的权益。因此，现代秘书根据实际工作需要学习和掌握必要的法律、法规知识非常重要。

2. 管理类知识

秘书是为机构管理层的工作服务的，因此属于辅助管理人员，但从广义上讲，秘书本身也应该属于管理者，秘书工作也是机构管理工作的一部分。同时，现代秘书工作本身也具有管理性质，如信息管理、会务管理、时间管理、档案管理等。学习和掌握管理类知识，有助于秘书人员自觉运用管理学的原理、方法和规律，协助上司实施管理，同时也能有效地管理好自己的本职工作。

现代秘书所应涉猎的管理类知识，主要包括管理学原理、行政管理学、企业管理学、人力资源管理学、领导学、决策学、信息管理学等。管理类知识，对于现代秘书提高工作效率和管理水平具有重要意义。

3. 公关类知识

秘书部门"内联外通"，是机构的联络部门、形象部门，处理公共关系是秘书部门的重要职能，这也是由秘书部门的"窗口"性质决定的。秘书工作在许多方面带有公共关系性质，比如代表领导接待客人、参与谈判、对外发布消息等，都涉及公共关系。现代秘书有责任使自己所服务的机构在与社会其他组织交往时始终处于主动和优势的地位，以塑造和维护机构形象。因此，秘书在与社会其他组织和公众打交道时，必须具备足够的公共关系素养，现代秘书由此应学习和掌握包括公共关系学、传播学、策划学、人际关系学、社会学等在内的公关类知识。

4. 心理类知识

秘书工作是与人打交道的工作。秘书在工作中要与各种人打交道，包括自己的上司、上级机构的领导、本机构内部的管理层和员工、接待的对象等，还要与其他各类机构组织的人员、社会公众交往，在与这些交往对象的沟通、交流过程中，都会涉及秘书与交往对象双方的心理互动。学习和掌握心理学知识，一方面，有助于秘书观察和了解交往对象的心理活动特征，根据心理规律因势利导，以提高交往的质量和效果；另一方面，也有助于秘书掌握自身的心理活动特征和规律，在应对工作压力、协调各方关系、处理棘手事务时，使自己保持健康的心态和良好的心理素质。心理学知识十分丰富，秘书人员要重点学习和掌握包括普通心理学、人际交往心理学、管理心理学、领导心理学、社会心理学等在内的心理学知识，对于现代秘书改善自身心理素质、把握他人心理需求、处理好人际关系都有重要的实践意义。

5. 经济类知识

在经济建设大潮的背景下,任何行业都与经济建设密切相关。在经济建设成为一切工作的中心的时代,一个不学习经济知识、没有经济头脑、不了解经济规律的秘书无法当好领导的参谋和助手。所以,秘书一定要重视学习和钻研经济理论,尽可能多地掌握经济知识,使自己成为通晓经济规律、熟悉经营管理、了解市场运作的秘书,更好地为领导出谋划策。现代经济学知识浩如烟海,秘书人员可根据实际需要选学财务知识、统计知识、金融知识、证券知识、商务知识、营销知识、贸易知识等。

6. 外语类知识

随着改革开放的深入、全球化的发展,我国在政治、经济、文化等领域与国际接轨,国内外交流日益密切,秘书工作对秘书人员的外语要求也越来越高。秘书在工作中使用外语的频率不断增加。比如,要能看懂外语版的商业合同,要陪同领导出席与外商的商务谈判,要通过电话、传真、电子邮件同外商进行直接的沟通,要起草外文函件等,这些工作,离开了一定程度的外语,将寸步难行。因此,现代秘书如果不能熟练掌握一门至几门外语,就会被职场淘汰出局。英语是世界通用语言,是运用最多的外语语种,因此,秘书人员都要学习英语,在此基础上,如有需要和余力,再扩展到其他语言。学习外语,不仅要会简单的对话,还要进一步掌握写作、翻译等技巧,才能适应工作需要。

7. 其他社会、文化知识

秘书交际广泛,交往对象有各级领导、专业人士、社会公众、大众传媒、外宾外商等各种类型的人。要同各种人士进行有效沟通,秘书就要尽可能丰富自己的知识,扩大自己的知识面,如果秘书对天文地理、琴棋书画都能略知一二,就能在交际中左右逢源、游刃有余。这是现代秘书更好地为机构和上司服务、提高职业"含金量"的一个重要切入口。

其他社会和文化知识应该包括哪些?这没有一个固定的范围。一般来说,只要对秘书工作有利的,能够对秘书工作具有开拓和创新意义的知识,都可以纳入学习范围。

社会知识主要包括国际知识和国内知识两大部分。国际知识主要是指当前国际的基本问题,世界格局,政治、经济、军事、思想、科技、文化等方面的变化及发展情况;国内知识主要是指国情、民情、民俗、民风等知识。

文化知识包括世界各国和本国的文学、艺术,历史、地理、习俗、礼仪等知识,乃至风土人情、美容时尚等,不一而足。

【微型案例】

终身学习

李远是一个极为努力的秘书,虽然进公司多年仍没有得到提升的机会,但是她仍然待人和善,努力向他人学习,并且在通过英语六级考试以后,她还挤出自己的时间学习日语口语课程。上个月,日本东京渡边塑料株式会社的山本先生来到她所在公司商讨合资建厂的事。一开始山本先生非常高傲,说这个条件不行、那个条件不够。几天下来,进展不是很大。老板认为山本先生这样做固然有出于砍价的考虑,但也与山本先生为人相当刻板高傲有关。

这天中午吃饭的时候,李远用日语问山本先生,他的老家是不是在东京。山本先生睁大眼睛,很惊讶地反问李远是怎么知道的。李远说她是听他说话的口音猜的。她说她在大学时日语老师是东京人,而工作以后又进修了日语口语,老师是横滨人,听他们介绍过日语口音的差别,说完便惟妙惟肖地模仿起来。

听李远这么一说,五十来岁的山本先生立刻显得很激动,一下子变得与李远亲近起来,称赞李远的日语真是太地道了,说得李远连说了几次不好意思。下午,笼罩在谈判桌上的沉闷一扫而空,山本先生当场同意了公司的全部条件,说立即向自己的总公司汇报,连李远的老板也感到非常意外。

资料来源:孟庆荣主编:《秘书工作案例及分析》,清华大学出版社2007年版。

问题: 秘书李远的日语知识和能力对公司商务谈判的成功起到了决定性的作用,请以此说明现代秘书为什么必须掌握外语知识。

二、秘书的能力结构

【微型案例】

公司的"万金油"

"秘书也有专业吗?"祁斌似乎是第一次听到世界上还有个文秘专业,显得很惊讶,但他马上意识到了自己的失言,连忙说了句"有事再打电话"就走了。

玛丽幽怨地看了我一眼,文秘专业被一些人看不起,似乎是我这个做师姐的错。可我们学文秘专业又有什么错呢?

其实,不止祁斌,在我们公司,还有社会上其他许多人,他们都看不起文秘专业。在他们眼里,秘书工作没有什么职业特点,既不能像销售人员那样用销售业绩来证明自己的工作能力和成绩,也不能像研发人员那样在技术图纸上自豪地签上自己的大名;在他们眼里,秘书就像一盒万金油,什么病都能治,什么病都治不好。的确,秘书工作就是"打杂",把它比做万金油并没有错。与鹿茸、人参这些药材相比,它既不名贵,也没有特效。但是,人不能一天到晚都吃鹿茸、人参吧? 也不能一有病就吃鹿茸、人参吧? 伤风感冒这类病天天都可能发生,而在辅助治疗这种常见病的时候,万金油既便宜又方便。从这个角度来说,万金油和鹿茸、人参一样也是药。

一个现代企业,就像一辆高级轿车,虽然秘书在企业中的作用,既不是发动机,也不是方向盘,只是一桶润滑油,但不管你是奔驰还是宝马,如果你只用汽油而不用润滑油,你能开得动吗? 联想公司的广告词是"人类失去了联想,世界将会变成怎样?"试想一下,假如一个公司没有了秘书,那么它又会变成什么样?

中午吃饭的时候,在19楼一家法国公司上班的师姐龚娜告诉我们,她们公司一个才来两个月的秘书被提拔为人事部的副经理。

玛丽问她怎么升得那么快,龚娜说这人原来是中国人民大学的硕士研究生,进公司后,部门领导安排她专门处理用户给老板的来信。她没有丝毫怨言,每天只是认真地阅读每一封用户给老板的来信;通过了解用户的建议和批评,她每个星期都要给老板写一封改进公司营销和管理的建议。由于初来乍到，不了解公司的实际情况，她的建议缺乏针对性，大多没被采纳。上星期人力资源部的副经理准备休产假，老板马上把她调去填补了这个职位的空缺。

有人质疑法国老板的做法。老板反问："她既有足够的专业知识，又有这么扎扎实实的工作作风，难道还不能胜任这份工作吗？"

由于秘书工作就是"打杂"，了解的情况多一些，接触的工作面也宽一些，因此，在视野和经验上，秘书比只在一个部门工作的员工相对要占些优势，再加上领导对秘书的了解和熟悉，所以，秘书比一般的员工升迁得快一些，实际上是很正常的。另一方面，由于秘书工作涉及面广、时效性强，加上领导的要求高，许多"打杂"的工作给秘书造成很大的压力；也正是这种压力，给他们提供了快速成长的环境和条件。因此，"打杂"也有打杂的价值，问题是，你自己有没有能力发现它的价值，并将这种价值提升，变为自己工作的动力和追求的目标。

资料来源：谭一平著：《女秘书日记》，江苏文艺出版社 2011 年版。

问题：秘书需要具备哪些能力才能成为公司的"万金油"？

能力是人能够顺利地完成某种活动的主观条件。能力结构，是一个人所具备的能力类型及各类能力的有机组合。正如每个人的知识结构不同，每个人所具备的能力结构也是不同的。

秘书的能力结构就是秘书人员从事秘书活动的各种实际本领的有机结合。秘书的能力结构对秘书工作有决定性的作用，它关系到秘书能不能胜任工作、完成工作任务的好坏、秘书职业生涯的发展和秘书所在组织的发展。

知识并不等于能力。从某种意义上说，知识是停留在书本上的、具有"历史"性的、相对固化、相对静止的成果；能力是知识与实践相结合的产物，是知识在实践中得到验证而使人类得以掌握并能实际运用的"活"的知识。使知识转化为实际能力，应该是现代秘书学习知识的出发点和目的；否则，如果不能解决实际问题，即使知识再多，也只是"纸上谈兵"。一个好秘书，一定是一个具有较强能力的秘书。这就要求现代秘书不仅需要掌握足够的知识，还必须具备适应现代秘书工作的能力。

现代秘书要在实践中积累经验，提高能力。既然能力是知识与实践相结合的产物，或者说，知识只有在实践中才能转化为实际能力，那么，如果秘书要培养和提高自己的能力，就要充分重视实践，在实践中学习，在实践中积累经验，在实践中找到知识能力的"嫁接"点、"生长"点，在实践中锻炼和提高自己的能力。

人的能力可以分为一般能力和特殊能力两大类：一般能力是指在许多活动中都不可缺少的能力，如观察力、注意力、记忆力、想象力等；特殊能力是指在某种特定的专业活动中表现出来的能力，如计算能力、文字表达能力、绘图能力等。现代秘书需要一个由基本能力和职业能力组成的立体的能力结构。

根据现代秘书的职业特点，我们把秘书的能力分为基本能力和职业能力两大方面。

（一）基本能力

秘书的基本能力，主要是指秘书人员的智力。它是指人认识、理解客观事物并运用知识、经验等解决问题的能力，主要由敏锐的观察能力、良好的记忆能力、深刻的理解能力、睿智的思维能力和丰富的想象力等构成。基本能力是每一个职场人都应该具备的，一个现代秘书当然也必须具备。

1. 观察能力

观察,是一种有目的、有选择的知觉活动。人通过感觉对事物及其特征进行全面、细致、深入的认识和把握的过程就是观察的过程。敏锐的观察能力是现代秘书的基本能力之一。

由于秘书部门身处公司枢纽地位,担负着反馈信息的重大责任,这就迫使秘书必须"眼观六路、耳听八方",时时刻刻做有心人,要善于发现一般人不善于发现的问题,即"研究新情况,发现新问题",这样才能为领导提供更多、更有价值的信息。

现代社会的领导阶层,一般都具有高层次的知识结构。作为现代领导助手的秘书,要在工作中与领导保持同步,办好领导交办的事情,就需要学会观察,了解领导在想什么,只有这样才能增强其辅助领导的主动性。因此,具备敏锐的观察能力,对秘书辅助决策、参与管理至关重要。

当然,对于秘书来说,不仅要有敏锐的观察能力,还应该在观察的基础上辅之以分析。建立在观察基础上的分析,可以使其对事物的认识从感性上升到理性。同时,较强的观察、分析能力有助于培养秘书主动思维的习惯,有助于养成秘书主动、自觉地去发现和解决工作中难题的习惯,也有助于现代秘书摆脱平庸,成为出类拔萃的人才。

【微型案例】

秘书最核心的竞争力就是"眼力见儿"

"沈夫人,麻烦帮我找一支铅笔过来。"

"好的,会长,给您铅笔,还有橡皮。"

"咦?你怎么知道我要橡皮的?"

"针配线、马配鞍,铅笔自然也要配橡皮咯。"

虽然这似乎是一段再寻常不过的办公室对话,但其中却蕴含着一个非常重要的道理。要想更有效率地辅佐你的上司,就要具备"眼力见儿"。所谓"眼力见儿",就是指即使上司不说,你也知道他需要什么,在他开口之前就为他准备好的那种敏锐的职业嗅觉。而这种"眼力见儿",首先是从观察力开始的。

善于观察的人总是能够从同样的事物中看到别人看不到的东西,从而做好万全的准备。这样,当上司需要什么东西的时候,他便能够立刻将这样东西交到上司手中,这便是所谓的"眼力见儿"。

有的人对于身边的事物总是漠不关心,这样的人,就算一件事干 10 年,也不会有进步,反应还是那么迟钝。有没有"眼力见儿",既是能否将工作处理好的关键,也是"专业"与"业余"的最大区别。

金会长喜欢喝的茶饮有很多种。咖啡、绿茶、茉莉花茶、香草茶、红茶……幸好秘书室旁边就是茶水室,里面准备着各种各样的茶。说起来,我可以算是善于摸透会长心思的了,知道什么时候他想要喝什么茶。

"会长,来喝杯大红袍。"

"你怎么知道我想喝这个茶的?呵呵。"

有时我会在把一杯香草咖啡给会长时顺便递上一小块巧克力,或者在给会长一杯茉莉花茶的同时顺便拿出点核桃、杏仁之类的小零食。每到这个时候,我总是很享受会长那种"满足"的表情,看到自己精心准备的茶点得到认可,心里别提有多高兴了。

这其中的秘诀,其实也没什么大不了的。只要平时多细心观察一下会长,要做到投其所好其实一点也不难。若能观察到会长犯困,或是需要赶紧转换一下心情,或是中午吃得太辣或太清淡了,等等,就不难制订下一步行动计划了。

资料来源:全圣姬著,关启锐译:《沈夫人致后辈书》,现代教育出版社2010年版。

问题:根据案例,请谈谈你如何看待秘书的"眼力见儿"。

2. 记忆能力

所谓记忆力,是指人对过去经验的识记、贮存和再现能力。一般来说,人们对于曾经经历过的事情,或都能记住,或在必要时能想起来(再生),或感觉曾经经历过(再现),这就是记忆现象。良好的记忆能力是现代秘书必备的基本功。

信息管理职能的实现需要秘书有良好的记忆力。秘书部门是机构的信息枢纽站、集散地。信息的收集、贮存、加工、输出、反馈等处理过程,都需要秘书具有良好的记忆能力,以确保信息的保真度和传递的有效性。各方面的信息汇聚到秘书部门,秘书通过眼看耳听收集、记忆,然后进行分类、加工,再由秘书部门根据需要传递至有关各方。在这个过程中,如果没有良好的记忆能力,就会产生信息沟通障碍,也可能错失良机。

秘书助手、参谋作用的发挥也需要秘书具有良好的记忆力。作为上司的助手和参谋,秘书在辅佐上司工作的过程中,上司经常需要"调用"贮存于秘书头脑中的有关信息,秘书应该及时、准确地予以反应。同时,秘书还需要"上传下达",如果秘书的记忆力差,在上司需要的时候不能及时提供信息,或在传递信息时提供失真的信息,就不能发挥应有的助手作用。

【微型案例】

受欢迎的女秘书

陈影在宏昌公司做了15年秘书了。她从前台秘书,到总经理办公室秘书直至5年前被提升为总经理助理。总经理一直舍不得放她去独当一面,做部门经理。这是为什么呢?一个重要优点是,陈助理有着非凡的记忆力,只要她见过的客户、经手的文件资料,她都能了如指掌、过目不忘,在上司和其他相关人员遗忘或记不清楚的时候能够给予及时的提醒和补充。在公众场合和日常工作中,由于她的这种能力,使总经理避免了很多尴尬场景,赢得了良好的口碑。

问题:你认为怎样才能成为受欢迎的女秘书?

【提醒您】

秘书记忆能力的要求:

(1)因为信息资料是领导决策的依据,所以要求秘书对重要的文件和讲话、重要的数据、重要的事件以及重要的图书资料能准确地记忆,而不可含糊不清、似是而非。

(2)要求秘书能在短时间内把听到的或看到的材料或迅速变化的情况及时记住,并能在需要的时候及时回忆起来。

(3)由于秘书工作的特殊性,要求秘书对重要的具有历史价值的资料进行长时间的记忆。

【小技巧】

秘书记忆能力的培养

(1)明确目的,培养兴趣。秘书每天都要面对大量的信息,但并非每种信息都要求记忆,这就要求秘书紧密围绕秘书活动的目的,明确记忆目的,培养记忆兴趣,采取主动记忆的方式,以取得最佳的记忆效果。

(2)深入理解,掌握技巧。秘书应加强对识记对象的理解,要使记忆建立在理解的基础上,变机械记忆为理解记忆,使识记内容牢固而又扎实。

(3)熟悉方法,灵活变通。秘书要掌握各种有效的记忆方法,在实际工作中,可根据识记对象的具体情况,选择行之有效的记忆方法。

3. 理解能力

理解能力是现代秘书职业能力的起点。"锣鼓听声,听话听音",秘书要能从上司的工作任务交代中领会上司的意图;要能从别人情绪化的倾诉中抓住问题的实质;要能从会上冗长的发言中拎出要领,或是从众口纷纭的激烈争论中抓住重点,并且能转化为自己清晰简明的语言加以复述;要能够从上级的文件、公文中迅速理解文件的精神实质;要能够从书面的信息中捕捉要点和关键,从而做出内容摘要并提出贯彻的建议,供领导参考。缺乏正确的理解能力,乃至曲解、误解原意,就会造成沟通、交流等工作的障碍,就会给秘书工作带来极大的被动,甚至会给秘书所服务的机构造成不可估量的损失。理解不到问题的实质、抓不住要领的秘书是不会受欢迎的,也是必然会被淘汰的。

提高理解能力可以从以下几个方面入手:一是通过阅读,吸取养料;二是通过观察、揣摩,增强感性认识;三是通过沟通交流和对照、发现,积累经验,丰富阅历。

4. 思维能力

思维能力是人们对于客观事物运动规律的反映能力,主要包括抽象概括能力、分析综合能力、判断推理能力等。人的智力高低,是由思维能力的开发所决定的,它是一个人智力活动的核心。

秘书在文书起草、信息加工、协调关系、调查研究、出谋划策、处理事务等方面,都需要审慎应对、周密思考。因此,现代秘书必须在提高理解能力的基础上,着力培养科学、严谨的思维能力。思维能力在秘书基础能力中占有非常重要的地位,因为一个不会思维的秘书,就无法正确地认识和判断事物,更不能透过现象去发现事物的本质,就不能为本单位、本部门的工作作出理性的分析和思考,也就不能提出契合实际的意见和建议,不能很好地承担新形势下的各项秘书工作任务。

科学、严谨的思维能力是秘书综合能力的一个重要体现。掌握科学的思维方法、提高科学的思维能力,有利于秘书在工作中培养探索精神,有利于提高秘书工作的创造性,有利于提高秘书分析、预测的水平,有利于提高辅助决策的科学性、有效性,有利于秘书出色地发挥参谋作用。

秘书可以通过对辩证思维、逻辑思维（这里特指形式逻辑）、发散性思维、批判性思维等思维方法和规律的学习和掌握，来培养和提高自己科学思维的能力；通过经常的脑力激荡思维活动进行锻炼，对各种客观现象进行分析，大胆提出自己的观点和看法，来提高自己分析问题和解决问题的能力。

5. 想象力

想象力是人们在已有表象的基础上，在头脑中创造出新形象的能力。想象力也是秘书所需具备的一种基本能力。秘书工作并不是刻板的、一成不变的，而是富有挑战性和创造性的。不管是对办公室的布置还是会议的组织，抑或为领导准备一篇发言稿，或是给上司出谋划策等，都不能机械重复过去，都需要创造性思维，需要创新。离开了想象力，创新就失去了基础。爱因斯坦有句名言："想象力比知识更重要，因为知识是有限的，而想象力概括着世界上的一切，推动着社会的进步，并且是知识进化的源泉。"可以说，没有想象力就没有创造。

想象力是创新的前提，是知识进化的源泉。秘书工作不能仅仅满足于被动的服务，而要发挥主观能动性，化被动为主动，只有这样，才能使秘书工作充满创造力、活力和进取精神。所以现代秘书应该着力发挥丰富的想象力，强化对创新意识、创新精神和创新能力的培养。想象力的培养将为秘书工作提供持久的支持和动力，使秘书工作得心应手、挥洒自如。秘书可以通过不断学习、勇于开拓、善于动脑、勤于思考来提高自己的想象力。

（二）职业能力

秘书除了要具备一般能力之外，还必须具备与其职业特征相适应的职业能力。秘书的职业能力是秘书从事秘书工作所应具备的能力，它是秘书能力结构中的核心部分，是完成秘书工作的重要条件和保证，也是秘书人员从事秘书职业的资质之一。

秘书职业要求秘书需承担撰写公文、辅助决策、沟通信息、协调关系、组织会议、办理事务等多方面的工作，因此秘书必须具备胜任这些工作的职业能力。

秘书的职业能力主要包括表达能力、沟通能力、协调能力、社交能力、管理能力、信息处理能力、调研能力、应变能力、操作能力和学习能力等。

1. 表达能力

表达能力是秘书的"看家"能力。秘书的表达能力主要是指语言文字的表达能力，包括口头和书面语言文字的表达。

秘书要处理人际关系，要沟通协调，表达意见，说服他人，要向领导汇报工作、介绍情况，传达上司意图和指示，接待来访等，都需要良好的口头表达能力。一个称职的现代秘书在使用口语进行交际时，要做到用词准确、吐字清楚，表达简练、中心突出，说话流畅、语气温婉、措辞得体、符合身份，成为一个具有良好口才的人。

同时，秘书在处理各类文书、起草撰写公文时也需要有良好的书面表达能力。文字工作是秘书的一项基本工作，写作能力是秘书的基本功，写作能力的高低是衡量秘书工作能力和水平高低的重要标志。秘书写作能力的要求包括：准确，即能准确地陈述情况、申述理由、传达意旨，准确无误地反映客观事物；简洁，即能以有限的文字表达丰富的内容，用最少的文字获得最佳的表达效果；规范，即使用规范的书面语言和文体格式。要做到这些，秘书必须具有扎实的文字功底，拥有语法、修辞、逻辑知识，掌握丰富的词汇和标点符号用法，熟悉公文文体。

秘书还要擅长钢笔书法，虽说现代秘书写作主要通过电脑完成，但还是会有许多场合不能使用电脑打印，要求秘书手写，"秀"出字体，比如在公文上签名、写评语、签署意见，书写张贴的通知、便条，抄写文书，紧急情况下手书公文。毫无疑问，工整隽秀、行云流水般的字体能体现秘书的文化修养，引起上司和其他人的好感，对秘书的综合能力起到加分的作用。因此，秘书要练好钢笔字。

可以说，表达能力是一个称职的秘书的标志性能力，一个表达能力不强的秘书，其业务工作在很大程度上是无法开展的，其发展空间是有限的。提高表达能力的主要途径是，多阅读、多思考、多实践。

2. 沟通能力

沟通能力是指秘书通过信息传递、相互交流等手段联络各方、凝聚各方力量并使之成为本机构发展的有利因素的能力。秘书部门处于对内、对外联系的交汇点，在内外交往时，秘书担负着缩小分歧、扩大共识、趋利避害、寻求合作的使命，要圆满地完成这一使命，就必须提高秘书的沟通能力。

秘书沟通能力的提高，可以通过提高口头或者书面表达技巧，达到理解和说服的目的；可以利用信息传递，达到知会和交流的目的；可以通过情感交流或礼节性手段，达到增进信任、拉近距离的目的；也可以利用传播手段，达到影响心理和观念的目的。

3. 协调能力

秘书部门具有协调职能，现代秘书也应该具有协调能力。所谓协调能力，是指秘书通过各种手段，解决和消除影响机构整体运作效率的各种矛盾或障碍，以保持机构运作顺畅的能力。一个机构在运作过程中，总免不了会出现本机构与外单位之间、机构与部门之间、部门与部门之间，乃至管理层之间、管理层与员工之间、员工与员工之间的各种误会、分歧、意见、矛盾、冲突等不协调的情况，秘书部门作为协助领导实施管理的重要部门，经常会充当维持机构正常运作的"缓冲器"，对机构内外的各种矛盾进行协调处理。

秘书部门协调职能的实现，要求秘书学会运用统筹、沟通、说服等方法和技巧，以客观、公平、公正、尊重、理解等为原则，通过发文、会议、访谈、调解等手段消除误会、解开疙瘩、弥合分歧、统一思想、化解矛盾、避免冲突，形成机构运作的最佳状况。

秘书可以通过多观察、多思考、多分析，善于倾听、善于体谅，通过熟悉各项法律法规和政策、熟悉各类人际关系等途径提高协调能力。

4. 社交能力

社交能力就是与他人交往的能力。秘书的工作性质和工作范围决定了秘书要面对各种各样的人际关系，这就要求秘书善于和人打交道，具有良好的人际交往能力。善于和各种不同的人打交道，学会处理人际关系，提高社交能力，也是对秘书的一个职业要求。一个秘书如果善于交际，能够很快拉近与交际对象之间的感情距离，那么办事的成功率就会比较高，所以学习交际艺术、提高交际能力，对秘书来说非常重要。

秘书部门人来人往，秘书在迎送接待、约见拜访、参观访问、礼节应酬、调查研究、办会办事等有关事务的处理上，都会与不同层次、不同背景、不同身份、不同职业、不同年龄、不同性格、不同观点，乃至不同国家的人交往，了解不同人的观念、抓住不同人的特征、洞悉各类人的心理、熟悉各类人的习惯、区分不同人的爱好等，做到进退有据、收放有度、礼节到位、谈吐得体、应对自如。秘书还应发挥其接触面广的优势，了解来自四面八方的需求和想法，获取各种有价值的信息，并及时反馈给领导，使领导耳聪目明，正确决策；并且通过广泛交际，密切关注本单位与四面八方的联系，为组织的发展创造更多的机遇和条件。

5. 管理能力

秘书在某种意义上也属于管理者,承担一定意义的管理职能。具备良好的管理能力不仅是秘书本身工作的要求,同时也是秘书更好地发挥辅助决策和参谋作用的重要保证。

秘书的管理职能主要体现在行政管理、信息处理、辅助决策、办文办会、时间安排、组织实施、检查监督等有关秘书部门自身业务工作的管理方面,也体现在秘书对上司工作的辅助管理上,包括为上司进行时间管理、为上司的各项工作做出事先的安排、为上司决策提供全方位服务、为上司有关决策以及各项工作任务的落实进行组织实施等。

秘书要提高自己的管理能力,首先应该明确自己的工作职责和工作目标,使各项工作的开展井井有条;其次应该规范各类办事程序,使各项工作有序开展;再次应该精通有关业务知识,使各项工作能够顺利进行。

6. 信息处理能力

现代社会是一个信息化的社会,各个组织都是靠信息开展工作、进行运转,失去了信息,就如同与社会脱节,生活在孤岛,任何组织都无法生存和发展。

信息是领导决策的依据,现代领导对秘书部门提供的信息的依存度越来越高。这对秘书工作提出了新的要求,也对秘书的职业能力提出了新的要求。

秘书首先要收集大量信息。要通过一切渠道,收集有价值的信息。这些渠道包括网络、文件资料、大众传媒、调查信访等。其中,网络信息是最大量、最快速、最便捷、最主要的信息源。其次,对于收集到的信息,秘书要及时进行归纳整理、综合分类、分析筛选、概括总结,将那些没有参考和利用价值的信息剔除出去,对同类信息进行汇总,写出书面的信息综述,及时把有价值的信息提供给领导或有关部门。秘书还要对信息进行分析研究,向领导提供自己的研究成果。在许多国家,信息的收集和处理已经成为当代秘书工作首要的职能。

因此,秘书要学习和掌握信息处理方法,在辅助决策中发挥重要作用。

【微型案例】

"网痴"秘书

金桥公司的林秘书特别爱上网,只要忙完了工作,她就在网上看个不停,大家给她起了一个外号叫"网痴"。其实,她上网并不是聊天、打游戏、看小说,而是收集与公司业务有关的一些国际、国内信息,以及与本公司有业务往来的一些客户的信息,收集、加工后整理在一个专用文件夹里,以备不时之需。总经理需要什么信息,她从专用文件夹里调出来整理一下,马上就能给总经理送过来,总经理夸她工作效率高。

有一次,她从网上得知马来西亚和印度尼西亚发生大规模洪灾,预测我国木材进口价格将大幅上涨,进而纸张价格也将大幅涨价,她马上将该信息向总经理汇报。总经理据此决定大批购进纸张库存起来,不久纸张价格果然大幅涨价,公司因此节约成本100余万元。总经理非常高兴,大大地表扬了林秘书,还发给她1万元的大红包。

还有一次,她从网上一篇记者的文章中发现,与她所在公司一直有大笔业务往来的广州鑫银公司的员工与公司管理层正在闹矛盾,员工扬言要告上法院,因为公司没有说明任何原因就要裁掉他们。林秘书从这篇不寻常的文章中发现了不详的苗头,于是,马上将这篇文章下载并打印出来,交给总经理。总经理看了以后很重视,马上派出周副总带人过去实地察看,发现鑫银公司实际已经资不抵债,大幅裁员也可能只是权宜之计,最终难逃破产的命运。据此,总经理决定停止向鑫银公司继续发货,以免收不回货款,造成巨大损失。果然,过了两个月,鑫银公司申请破产。

林秘书这个"网痴"发现的信息,让公司避免了巨大的损失,总经理专门召开表彰大会,号召公司的全体员工向林秘书学习。

资料来源:孟庆荣主编:《秘书工作案例及分析》,清华大学出版社2007年版。

问题:林秘书的信息收集和处理能力对公司和本人带来什么好处?为什么秘书的信息处理能力是现代秘书必须具备的职业能力?

【提醒您】

作为秘书,要能够利用各种途径,查找领导需要的信息。要有意识地收集与本单位业务有关的各种信息,主动开展信息利用和服务,把这作为本职工作来做,将收集、处理、存储的信息提供给领导,供领导决策时参考,真正起到参谋和助手的作用。

7. 调研能力

秘书的调研能力是秘书完成调查研究活动的能力,即运用各种方法了解实际情况并加以分析综合的能力。调研是人们认识世界的基本方法,也是秘书部门的重要业务和经常性工作。要想当好领导的助手和参谋,为领导机构作出决策、制定政策提供依据,起草报告、处理公文、处理来信来访、办理议案提案,都必须做好调查研究。秘书必须熟练掌握调查研究的各种程序、方式方法和处理调查材料的能力。

秘书只有制订妥当的调研计划、采用科学的调研手段,深入实际、了解情况、发现问题、捕捉重要信息,进行科学分析、归纳和预测,才能写出高质量、高水平的调研报告,为领导决策提供可靠的依据。

8. 应变能力

应变能力是面对变化的环境能够沉着应对、妥善处理问题的能力。它是秘书综合能力和素质在特殊情况下的综合反映,是对秘书才智经验的全面检验。

现代社会是一个复杂多变的社会,任何一个组织机构,无论是其内部还是外部环境,都充满着各种变数。秘书每天的工作环境、工作任务和工作对象也自然会发生这样或那样的变化,有时难免会出现意想不到的新情况、新问题。一个出色的秘书应该正确判断主客观因素的变化,随时准备对自己已有的计划和当前行为做出相应的调整,以适应变化了的情况。

秘书提高自己的应变能力,首先应该具有良好的心理素质,在变化了的情况或者突发情况面前,做到处变不惊、临危不乱、顶住压力、沉着应对;其次,要提高自己的判断能力,做到准确把握事物的性质及对工作目标的影响,以便于做出正确的、科学的决断;再次,要果断机智,不因循守旧,不墨守成规,善于调整,随机应变。

9. 操作能力

秘书工作是一种务实的工作,实际动手操作能力是做好秘书工作的一项重要能力。要做好秘书工作,就需要提高自己的动手能力,学会实际操作。掌握对各类现代化办公设备的操作、对各类现代化通信工具的使用,能准确归档、建档,以及对各类与秘书工作相关的设备、工具的使用和保管等,诸如电话机、计算机、打印机、录音机、照相机、扩音机、录像机、复印机、传真机、多媒体设备等，凡是现代化办公和现代会议拥有的器械设备，秘书人员都应学会使用。尽管单位内可能配备了对某些器材的专门的操作人员和维修人员，但秘书人员如果具有对现代化办公设备的使用能力，就能以备工作上的不时之需。

10. 学习能力

时代在不断地发展，社会在不断地进步，秘书工作也需要与时俱进。秘书要跟上时代发展和社会进步的步伐，就需要不断地学习，提高自己做好秘书工作的各方面素养。从这个意义上说，秘书还有一个更重要的职业能力，那就是学习能力。

秘书的学习能力主要是获取新知识的能力，包括阅读能力、鉴赏能力、分析能力、概括能力和吸收消化能力等。

秘书的能力结构是一个多层次、多因素的综合体。它是各种知识、智力与实践活动的综合结晶，只有通过努力学习和实践才能形成和发展。发展自身的工作能力是秘书适应职业要求、提高职业水平的关键，是秘书形成良好的自我认识的核心。在不断发展的现代社会中，低能的、办事工具式的秘书是不受欢迎的。

【微型案例】

部门互相推诿之时

李总经理上午接到公司老客户永达公司刘经理的电话。刘经理在电话里抱怨说："老李，你们公司是怎么搞的，售后服务总是不及时，我们的电脑、打印机出了故障，通知你们来人修理，总是今天推明天、明天推后天，给我们的工作带来很大的不便。"然后，刘经理半开玩笑地说："你们要是不采取点措施，老李，我看以后我们没法合作了。"李总经理在电话里连声道歉，向对方保证会调查清楚，加以改进。放下电话后，总经理马上让陈秘书去找客服部和维修部的经理过来问话。陈秘书却提醒总经理，没时间了，该出发去机场到广州出差了。总经理临走时交代陈秘书说："永达公司是我们的老客户，现在出现服务不及时的问题，一定要妥善解决。我把这件事交给你处理，等我回来向我汇报。"

总经理走后，陈秘书请来两个部门的经理了解情况，把总经理的意思转达给了两位经理。客服部的周经理感到很委屈说："我们每次接到维修电话，都详细地做了记录，及时转给了维修部，让他们派人去维修。"维修部的胡经理一听，非常生气，大声说："那你的意思是说都是我们的责任了？你们一会儿通知要去这个公司维修，一会儿又通知要去那个公司维修，一点章法也没有。我哪有那么多人手？再说，每个公司都离得很远，交通又那么堵，一个维修工一天能跑几个公司？还有，你们也不问清楚机器出了什么问题，有时跑了老远过去就一点小毛病，完全可以自己修一下。反正我们已经尽力了，每天我的手下都累得筋疲力尽，经常很晚才能回家。"陈秘书一边认真地听两位经理诉说，一边仔细地记录下来。

看到两位经理各不相让地争论起来，陈秘书马上诚恳地说："情况我了解了，的确有很多困难，两位经理的工作都很不容易。不过，这件事情还得靠我们团结合作才能解决。"一句话说得两位经理马上点头表示同意。陈秘书接着说："我提个建议两位经理看看是否合适：维修部的人手在维修高峰时的确不够，能否在我们客户公司附近就近聘请一些临时的专业维修人员,这样既可节省人工成本,又可在需要时及时解决问题。客服部是否可以向我们的客户公司做个调查,统计一下都是什么部门、什么人员的机器经常出问题,然后能否针对这些人举办几次上门免费维修培训,这样一些小毛病,他们自己就能解决了,既省力又省时。我只是提出一个思路,如果你们觉得可行,咱们再仔细研究研究,提出详细方案,等总经理回来向他汇报。"两个经理情绪缓和下来,马上投入方案的研讨。

资料来源:孟庆荣主编:《秘书工作案例及分析》,清华大学出版社 2007 年版。

问题:上述案例体现了秘书的哪些方面的能力?

第二节 心理素质与性格特征

人的心理是指人脑对外部客观世界的主观反应,也指人的内心活动。秘书的心理素质是指在心理过程和心理特征方面表现出来的稳定的心理特点的总和。良好的心理素质,对于秘书来说是必要的。秘书工作的辅助性、服务性的特点常常导致秘书处于各种矛盾的中心,时常承受着巨大的心理压力,没有健全的心理素质的人是很难胜任秘书工作的。要想成为一个优秀的秘书,就必须放弃保守被动的心理,以积极的进取心来迎接一切;就要具备秘书职业所要求的性格特征,保持良好的心态,培养健康的兴趣和高雅的气质。秘书人员只有拥有良好的心理素质,才能正确对待工作中出现的各种困难、矛盾和挫折。因此,秘书人员在不断扩充知识、提高各种办事能力的同时,必须自觉加强心理素质的培养。

秘书的个性心理特征包括很多方面,这里主要讨论与现代秘书的心理有关的兴趣、意志、情绪、气质、性格、压力、挫折等心理特征。

一、广泛的兴趣

兴趣,也就是人们常说的爱好。它是人对特定对象所产生的具有选择性的态度和积极情绪色彩的心理倾向,是人的一种带有趋向性的认识活动。兴趣之所以重要,是因为它是一种精神需要,它可以转化为人们对于既定目标执著追求的精神动力。当人们对某一个对象、某一个事物或对某项工作产生了某种兴趣时,就会引起集中而持久的注意力,就会投入强烈的关注并进行探索,产生积极的思维、引发丰富的想象、产生愉快的情绪,并成为研究某一个对象、某一个事物或进行某项工作的原动力,从而为研究和把握对象创造良好的心理条件。

兴趣能够激发秘书的工作热情。建立在需要基础上的兴趣,能够使秘书对工作倾注无限的热情,就会产生克服工作中困难和障碍的勇气,从而出色地完成工作任务,就能克服某些重复而繁琐的工作带来的枯燥感和厌倦心理,并在工作中获得快乐。

兴趣能够激发秘书工作的创造力。兴趣是创造的前提,当秘书对工作对象产生浓厚的兴趣时,就会全神贯注、积极思考、刻苦钻研、发挥想象,从中体会乐趣和愉悦。

现代秘书应该培养对自己职业所需知识的广泛兴趣。兴趣广泛,就会产生对知识涉猎和积累的渴望,秘书的知识面因而得以拓宽,这对秘书知识结构的优化是有积极意义的。同时,广泛的兴趣也会使秘书在人际交往、协调工作时得心应手。

二、坚强的意志

意志是人自觉地确定目标,并为实现既定目标而支配、调节和控制自己行动的心理活动。意志的首要特征是具有明确的目的性。当人开展某项活动时,会通过积极的思考和周密的计划,对所要达到的目标进行预设,并以此来指导自己的行动,自觉地为实现目标而行动。意志的第二个特征是与克服困难相联系,在目标确立与实现的过程中总会遇到各种各样的困难,人靠意志的力量逐个加以克服。意志的第三个特征是具有调节支配作用,具体表现在激励和克制两个方面。激励是指推动人去从事达到预定目标所必需的行动,克制是指抑制和阻止与预定目标相矛盾的愿望和行为。

秘书可以从以下几个方面锻炼意志:

(一)实现目标的坚定性

秘书人员必须有较高的目标定位,一旦当自己的职业目标确定之后就毫不犹豫地开始行动,全身心投入,为之不懈努力,争当一名优秀的秘书,成功走向事业的高峰。在此过程中,要排除各种来自社会、他人和自己内心的干扰,克服灰心、懈怠情绪,不见异思迁,不轻易放弃,坚定不移地朝着既定目标前进。

(二)克服困难的坚忍性

秘书在实现既定目标的工作中,总会遇到各种各样的困难。这些困难构成了实现目标的障碍,也会影响秘书的工作效率和为上司服务的效果。勇敢地面对困难,坚定并增强克服困难、消除障碍的信心和勇气,并通过努力去战胜困难,锲而不舍、百折不挠,这是秘书应有的意志行动,也是对秘书意志水平的考验。

(三)不良行为的自制力

秘书人员要做到,在物质利诱面前不动心,在阿谀奉承面前不自喜,在讽刺打击面前能镇定,在蒙冤受屈之时能忍耐。自制力还表现在,善于控制自己的情感、善于约束自己的言论、善于节制自己的行动,在发现错误或走上危险道路时能悬崖勒马、改弦更张。

三、稳定的情绪

情绪是人对外部刺激所产生的内心反应和情感的外化,表现为喜、怒、哀、乐、爱、恶、忧、惧、恨等心理状态。情绪是一种巨大的神奇力量,也是一把"双刃剑",既可以使最精明的人变成疯子,也可以使最愚蠢的傻瓜做出明智之举。

【微型案例】

秀才赶考遇见棺材

两个秀才一起进京赶考,路上遇到了一支出殡的队伍,看到了一口黑乎乎的棺材。其中一个秀才心里"咯噔"一下,心想:完了,真倒霉。于是心情一落千丈,那个"黑乎乎"的阴影一直挥之不去,结果,文思枯竭,名落孙山。

另一个秀才看到那个"黑乎乎"的东西时,心里也"咯噔"了一下。但他转念一想:棺材,官……财……噢,那不是有"官"也有"财"嘛,好兆头啊!于是情绪高涨,走进考场,文思泉涌,果然一举高中。

回到家中,两人都对家人说:那"棺材"真是好灵验!

第一个秀才在考场上文思枯竭是因为情绪不好,而情绪不好是因为他碰见了棺材后认为自己"触了霉头";而另一个秀才在考场上文思泉涌是因为情绪兴奋,而情绪兴奋是因为他碰见棺材后认为这是一个"好兆头"。

资料来源:潘惠莉主编:《秘书实用心理学》,浙江大学出版社2011年版。

问题:

1. 两个秀才受到相同的外部刺激,却产生不用的情绪反应,最后导致截然不同的结果,这说明情绪对秘书工作及其效率有什么影响和作用?

2. 这个故事对秘书调节和控制自己的情绪有什么启发?

【提醒您】

你的情绪决定了你工作的成败,甚至决定你的命运!因此,当我们面对一件事情时,要保持乐观豁达的心境,避免自寻烦恼就显得十分重要。

同一件事情,从不同的角度去想,心情会大不一样。一个善于调控自己情绪的人会使自己很快地从荒谬的想法中摆脱出来。

秘书工作所面对的环境是多样的、复杂的,会遇到压力,在处理人际关系时也会遇到障碍等。所有这些,都会对秘书心理活动产生或多或少的影响,而当这种影响外化为某种特定的情绪时,就会通过言语、表情、动作、态度等形式表现出来,从而对秘书的行为形成某种影响。如果这种影响是正面的、积极的、健康的,就会对秘书的工作及其效率起到推动作用;如果这种影响是负面的、消极的、不健康的,就会对秘书的工作及其效率产生阻碍作用。

现代秘书要调节和控制自己的情绪,首先要对自己的情绪状态有所认知和体察,要感知自己的情绪是属于正面的、积极的、健康的还是负面的、消极的、不健康的。其次要正确而勇敢地面对自己的情绪,找出影响自己情绪的原因以及影响的程度和范围,从而通过适当的方式或表达、或化解、或宣泄、或压抑自己的情绪,以保持心理健康,保证工作的顺利开展。

由于秘书工作的特殊性,要求秘书的工作不能受情绪的驱动和控制,秘书应该设法将自己的情绪对工作的影响程度控制在最小的幅度内,防止过激情绪的表露,善于用理性驾驭自己的情绪,不管遇到什么事情,都能表现出沉着、冷静和淡定的成熟气质。

【微型案例】

忍辱负重

赵华是一家信贷公司的秘书。她工作扎实,尽心尽力,在公司有较好的声誉。有一天早上,她刚走进公司的大门,便被老板叫到了办公室。

"你这个当秘书的是怎么工作的?我是不是告诉过你,所有的合同都要由我来亲自过目?可是你看看这个合同,到底是怎么回事?"老板冲着她劈头盖脸就是一顿斥责:"公司现在蒙受了损失,你有不可推卸的责任。你当月的奖金全部扣除。"

赵华心里不明白到底发生了什么事,她拿起合同来看了看,心里觉得一阵委屈,即使有事也怪不上自己。她早就觉得这份合同存在着问题,曾经提醒过老板要注意一下,可是当时因为老板太忙,就放在一边了。结果被骗子坑了。

赵华思来想去始终想不通。心高气傲的她,委屈得直想哭。心想,自己平时工作那么认真,为了公司的安全付出了多少心血呀!老板为什么要平白无故处罚自己呢?

她想找老板论理,讨个说法。转念又想:"人在屋檐下,怎能不低头?如果为了这点事破坏了自己以往的形象实在有些不划算。算了,就当一次替罪羊吧!"

自从这件事之后,赵华并没有把自己的情绪带进工作中,依然兢兢业业、任劳任怨,见了老板依然彬彬有礼,好像什么也没有发生。

后来,司法机关介入了这起经济案件,那些骗子因为另外一起类似的案件被警方逮捕了,而负责这项业务的职员小陈,因为收取了那些骗子的好处费,涉嫌受贿,被依法逮捕了。小陈还交代了自己趁老板不在公司的时候,偷梁换柱,使这项合同躲过了老板的审查,至此,真相大白。

不久,公司对内部人员进行调整,充实了力量。在全公司的大会上,老板当着全体职工的面,向赵华表示了歉意,年底的时候,还给赵华包了一个大红包。

这就是"忍辱负重"的好处。试想如果赵华在受到老板误解以后,心中不平找老板争辩或一气之下一走了之,那会带来怎样的结果?

资料来源:孟庆荣主编:《秘书工作案例及分析》,清华大学出版社2007年版。

问题:赵华为什么在被冤枉后选择沉默?忍让是怎样一种心理素质?

四、扬长避短的气质

气质是人的典型的、一贯的、稳定的心理特征,是人在认识、情感、言语、行动等各种心理活动中所表现出的情绪体验的快慢、强弱、隐显以及动作的灵敏或迟钝方面。

气质可以分为四种类型:胆汁质,表现为直率、热情、精力旺盛、情绪易于冲动、心境变换剧烈等特征,属于兴奋型气质;多血质,表现为活泼、好动、敏感、反应迅速、喜欢与人交往、注意力容易转移、兴趣容易变换等特征,属于活泼型气质;粘液质,表现为安静、稳重、反应缓慢、沉默寡言、情绪不易外露、注意力稳定但又难以转移、善于忍耐等特征,属于安静型气质;抑郁质,表现为孤僻、行动迟缓、体验深刻、善于觉察别人不易觉察到的细小事物等特征,属于抑制型气质。当然,明显地属于某一种气质类型的人比较少,多数人是介于各类型之间的中间类型,即混合型,如胆汁—多血质、多血—粘液质等。

气质的概念来源于古希腊、罗马的生理学和医学。气质类型的划分,从现代生理学来看并不是很科学,但是已经成了心理学领域约定俗成的用法。气质无优劣之分,个人的气质有其所长,也有其所短。气质不能决定人的品德、智力和成就。

【微型案例】

孪生兄弟的差别

有一对孪生兄弟,一个非常乐观,一个却非常悲观。

有一天,他们的父亲欲对他们进行"改造",于是,把那个乐观的孩子锁进了一间堆满马粪的屋子里,把悲观的孩子锁进了一间放满漂亮玩具的屋子里。

一个小时后,父亲走进悲观孩子的屋子里,发现他坐在一个角落里,一把鼻涕一把眼泪地在哭泣。父亲看他泣不成声,便问:"你怎么不玩那些玩具呢?""玩了就会坏的。"孩子仍在哭泣。

当父亲走进乐观孩子的屋子时,发现孩子正在兴奋地用一把小铲子挖着马粪,把散乱的马粪铲得干干净净。看到父亲来了,乐观的孩子高兴地叫道:"爸爸,这里有这么多马粪,附近肯定会有一匹漂亮的小马,我要给它清理出一块干净的地方来!"

一对孪生兄弟何以会有如此大的差别呢?这是因为他们的气质不同。人的气质是先天形成的,孩子一出生,最先表现出来的差异就是气质差异。

资料来源:潘慧莉主编:《秘书实用心理学》,浙江大学出版社2011年版。

问题:气质虽然会给一个人的言行涂上某种色彩,但不能决定其成就。请分析一下自己气质中的积极面和消极面。

气质往往是先天形成的,虽然它会受环境和教育等因素的影响,但由于气质具有稳定性的特点,不易变化,所以这些因素对气质改变的影响不大。秘书要了解自己的气质类型,并不是为了去改变自己的某种已经成型的气质,因为气质被改变的可能性很小,而是为了发现自己所属的某种气质类型具有的特征,了解这些特征对于从事秘书职业的利弊,从而扬长避短、合理分工。

有人会认为,胆汁质和抑郁质的人不太适合当秘书,这种观点是片面的。在现实生活中,具有纯粹气质类型的人是极少见的,一个人往往兼具两种以上气质的某些特征,况且,无论什么类型气质的人,遇到好事都会精神振奋、情绪高涨,碰上不好的事都会情绪低落、精神沮丧。其实无论哪一种类型的人都可以当秘书,比如,胆汁质、多血质类型的人活跃好动、反应敏捷、喜欢交往、兴趣广泛,在人际交往中有适应的一面。粘液质、抑郁质类型的人性情沉静、体验深刻、态度持重、考虑周详,比较适合从事计划性强、忍耐力强、细致具体的工作,而他们各自的长处又恰是对方的短处。多血质的人,既具有敏锐、热情、善于交往等有利于秘书工作的优点,又存在兴趣容易转向、无法持之以恒地保持对秘书工作的热情的缺点。秘书人员了解了自己的气质特征,就会有意识地克服自己的气质特征带来的不利因素,发挥其优点,出色地履行秘书职责。

秘书的不同气质类型是进行合理分工的重要前提。如胆汁质类型的秘书办事果断,不拖泥带水,适合从事需要鼓动、组织之类的具有开创性的工作。多血质类型的秘书善于和各种人打交道,适合从事对外联系、交际方面的工作。粘液质类型的秘书注意力稳定,工作踏实细心,适合从事材料综合及文书处理方面的工作。抑郁质类型的秘书由于感受力和直觉较强,分析问题较深刻,有一定的预见性,因而适合从事文件起草和提供咨询工作。秘书可以根据自己的气质类型,选择不同的业务方向,更好地从事秘书工作。

五、优质的性格

性格是人对事物表现出的稳定的态度和与之相适应的、习惯化的行为方式的个性特征。性格与气质的区别在于,气质先天形成,虽然可受后天环境和教育的影响,但"江山易改本性难移",一般很难改变;而性格受社会环境的影响较大,具有道德评价的意义。性格一旦形成便具有相对稳定性,但仍可以随着客观影响的变化而变化。一个踏上秘书工作岗位的学生,完全可以在工作环境中根据工作性质要求改变自己的性格。秘书人员需要在工作环境中有意识地自我调节,优化自己的性格,使之更适合工作的需要。有些国家把"性格完美"作为对秘书的要求之一,这说明良好的性格对秘书工作是十分重要的。现代秘书应该具有以下性格特征:

(一)开朗

开朗,是一种与情绪有关的性格特征。性格开朗的人乐观向上,充满朝气,富有活力,能愉悦、轻松地面对复杂而艰巨的工作,不抱怨,不发牢骚。现代秘书具备开朗的性格,就会对人生和自己的工作充满信心,就会勇敢地面对来自各方面的挑战而不畏惧,就会自信地面对困难而不气馁;同时,性格开朗的人善于交际,具有情绪感染力和人际亲和力,容易沟通,容易凝聚团队精神,这些都是现代秘书需具备的"优质"性格特征。

【微型案例】

龙永图选秘书

原中国对外贸易经济合作部首席谈判代表龙永图,在中国入世谈判时曾选过一位秘书。当龙永图选该人当秘书时,全场哗然,因为这个人在众人眼中根本不适合当秘书。秘书都是勤勤恳恳、少言少语、做事谨慎、对领导体贴入微的人。但是,龙永图选的这位秘书,处事完全不一样。他是一个大大咧咧的人,从来不会照顾人。每次龙永图和他出国,都是龙永图走到他房间里说:"请你起来,到点了。"对于日程安排,他有时甚至不如龙永图清楚,原本9点的活动,他却说9点半,经过核查,十次有九次他是错。但为什么龙永图会选他当秘书呢?因为龙永图是在其谈判最困难的时候选他当秘书的。当时由于谈判的压力大,龙永图的脾气也很大,有时候和外国人拍桌子,回来以后一句话也不说。每次龙永图回到房间后,其他人都不愿自讨没趣到他房间里来。唯有那位秘书,每次不敲门就大大咧咧走进来,坐到椅子上跷起腿,说他今天听到什么了,还说龙永图某句话讲的不一定对,等等,而且他从来不叫龙永图为龙部长,都是"老龙",或者是"永图"。他还经常出一些馊主意,被龙永图骂得一塌糊涂,但他最大的优点就是经骂。无论怎么骂,他5分钟以后又回来了:"哎呀,永图,你刚才那个说法不太对。"

这位秘书是个学者型的人物,他对很多事情不敏感,即使是人家对他的批评,他也不敏感。但他是世贸专家,他对世贸问题非常着迷。所以,在龙永图脾气非常暴躁的情况下,在龙永图当时难以听到不同声音的情况下,那位经骂的秘书对龙永图就显得格外重要了。

资料来源:郭建庆主编:《秘书导论》,高等教育出版社2007年版。

问题:这位秘书具备什么性格特征,使龙永图选择他担任这一阶段工作的秘书?从龙永图选秘书这个案例怎样理解"开朗"是秘书的性格要求?

(二)敏捷

敏捷,是一种与思维有关的性格特征。思维敏捷的人反应快、洞悉能力强、表达能力强、工作效率高。现代秘书具有敏捷的思维能力,就能快速、清晰地领会上司意图,就能快速、敏感地对复杂事物作出判断,就容易有条有理地分析繁复的问题而不困惑,就能举重若轻地处理日常事务而不拖泥带水,就能下笔千言,再字斟句酌,使文章无懈可击。现代秘书要适应快节奏、高效率的工作,就必须培养自己敏捷的性格品质。

(三) 稳健

稳健,是一种与作风有关的性格特征。性格稳健的人思维缜密、办事细心、作风踏实、心智成熟。稳健能使性格开朗而不流于浮躁、轻佻,或使行为敏捷而不流于急躁、鲁莽。现代秘书如果能在开朗、敏捷的性格中融入稳健的成分,应该是一种心理成熟的标志。这是因为,应对挑战,需要秘书审时度势;梳理矛盾,需要秘书耐心细致;协调关系,需要秘书善于平衡;辅佐上司,需要秘书忠诚踏实;待人接物,需要秘书沉稳庄重。而所有这一切,都取决于秘书的稳健而又不保守的性格修养,稳健的秘书是值得信赖的、可靠的秘书。

(四) 坚毅

坚毅,是一种与意志有关的性格特征。性格坚毅的人处事果断、工作投入、勇于挑战。现代秘书具备坚毅的性格特征,就会在工作中目标明确,在奋斗中坚持信念,在压力下独立思考,在困难面前永不退缩。保持这种执著、坚定的性格特征,就会产生接受挑战、战胜困难的勇气和决心,以坚忍不拔的意志去完成艰巨的工作任务,意志坚定的秘书是堪当重任的秘书。

(五) 幽默

幽默,是一种与智慧有关的性格特征。性格幽默的人乐观、开朗、通达。现代秘书培养自己的幽默感可以轻松地平息冲突,可以机智地化解矛盾,可以诙谐地避免尴尬,可以愉快地缓解压力。在人际交往、关系协调等方面,机智幽默堪称优质"润滑剂",是一种健康的心理品质,诙谐幽默的秘书是具有人格魅力的。

(六) 自制

自制,也是一种与意志有关的心理特征。自制能力强的人有分寸、有教养、有风度、有耐力。现代秘书要努力培养自己的自制力,使自己做到在成绩面前不狂妄,在失败面前不气馁。善于把握人际交往的分寸感,善于把握自己的情绪变化,善于根据不同对象、不同场合、不同情景选择适当的情绪表达方式、恰当的言语和行为方式。

性格决定命运。一个现代秘书应该在实践中不断地磨砺自己,逐步培养自己有利于职业发展和秘书工作的健全的性格特征,使自己不断地适应秘书职业的要求。

【微型案例】

史上最强女秘书

2006年4月7日晚,EMC大中华区总裁陆纯初回办公室取东西,到门口才发现自己没带钥匙。此时他的私人秘书瑞贝卡已经下班。陆纯初试图联系后者未果。数小时后,陆纯初还是难抑怒火,于是在凌晨1:13通过内部电子邮件系统给瑞贝卡发了一封措辞严厉且语气生硬的"谴责信"。陆纯初在这封用英文写就的邮件中说:"我曾告诉过你,想东西、做事情不要想当然! 结果今天晚上你就把我锁在门外,我要取的东西都还在办公室里。问题在于,你自以为是地认为我随身带了钥匙。从现在起,无论是午餐时段还是晚上下班后,你要跟你服务的每一名经理都确认无事后才能离开办公室,明白了吗?"(事实上,英文原信的措辞比上述译文要激烈得多）。陆纯初在发送这封邮件的时候，同时传给了公司其他几位高管。

但是瑞贝卡的做法大相径庭，并最终为她在网络上赢得了"史上最牛女秘书"的称号。两天后，她在邮件中回复说："首先，我做这件事是完全正确的，我锁门是从安全角度考虑的，如果一旦丢了东西，我无法承担这个责任。其次，你有钥匙，你自己忘了带，还要说别人不对。造成这件事的主要原因在于你自己，不要把自己的错误转移到别人的身上。第三，你无权干涉和控制我的私人时间，我一天就8小时工作时间，请你记住中午和晚上下班的时间都是我的私人时间。第四，从到EMC的第一天至今，我工作尽职尽责，也加过很多次的班，我也没有任何怨言，但是如果你们要求我加班是为了工作以外的事情，我无法做到。第五，虽然咱们是上下级的关系，也请你注重一下你说话的语气，这是做人最基本的礼貌问题。第六，我要在这强调一下，我并没有猜想或者假定什么，因为我没有这个时间也没有这个必要。"

本来，这封咄咄逼人的回信已经够令人吃惊了，但是瑞贝卡选择了更加过火的做法。她回信的对象选择了"EMC（北京）、EMC（成都）、EMC（广州）、EMC（上海）"。这样一来，EMC中国公司的所有人都收到了这封邮件。

就在瑞贝卡回邮件后不久，这封"女秘书PK老板"的邮件就被她的同事在全国外企中广泛转发。近一周内，该邮件被数千外企白领接收和转发，几乎每个人都不止一次收到过该邮件。邮件被转发出EMC后不久，陆纯初就更换了秘书，不久，瑞贝卡离开了公司。又过了不久，陆纯初也离开了EMC。

问题：

1. 此案中秘书瑞贝卡的行为有过错吗？

2. 秘书瑞贝卡和她的老板陆纯初最后两败俱伤，这一结果与两人的性格有关吗？秘书应具有怎样的性格才能避免这种不利结局？

六、排压抗挫的能力

压力是环境中的刺激所引起的人体的一种非特异性反应，即我们常说的应激。我们把生活中超越个人能力所能处理的或扰乱个体平衡状态的事件所引起的心理反应，称为压力。生活中遭遇压力是不可避免的，压力并不一定是坏事，适当的压力往往是一种动力，可以提高工作效率，提高工作质量；但过大的压力也有可能导致健康状况的破坏，如压力感能使人体新陈代谢出现紊乱，引发各种疾病，长期精神高度紧张还可以导致焦虑、忧郁症甚至自杀行为。

【提醒您】

组织行为学认为，压力与工作绩效呈倒"U"形关系，即随着压力感的增加，工作绩效会逐步增加，但增加到一定程度后就会出现一个拐点，如果再对个体施加过大的压力，就会导致工作绩效的迅速降低，导致旷工和消极怠工、玩世不恭和缺乏责任心等。在这种时候，就需要采取措施应对压力。

秘书工作是十分紧张忙碌的脑力劳动，时常会感受到来自外部和内部的压力，比如工作任务过重，领导交付紧急任务并要求限时完成，调到新部门，接受新工作，工作环境的变化自己一时不能适应，来自组织和同事的非议，个人事业状况与本人的期望值存在较大差距，等等。这些压力若不注意调整,就容易产生心理问题。因此,秘书人员面对各种压力,要用一些方法与技巧去处理,以使压力带来的消极影响降至最低。

秘书应对压力的方法主要有:制定切实可行的目标,秘书确立目标时,如果目标过高,就可能产生目标不能实现而导致的受挫感;克服完美主义的情绪,如工作永远追求完美无缺,永远追求第一,由于目标过高难以实现,整日生活在失败的阴影中,给自己造成不必要的压力;建立和扩展良好的社会支持系统,拥有朋友。每个人的支持系统包括家庭、学校、同伴和社会机构,秘书如果遇到逆境,没有必要封闭自己,应该设法与朋友进行沟通和交流,希望得到他们的理解和支持;积极面对人生,自信豁达,知足常乐,笑口常开。

【小技巧】

缓解心理压力的几个招数

学做三件事:

1. 学会关门

即学会关紧昨天和明天这两扇门,过好每一个今天。每一个今天过得好,就是一辈子过得好。

2. 学会计算

即学会计算自己的幸福和计算自己做对的事情。计算幸福会使自己越计算越幸福,计算做对的事情会使自己越计算越有自信。

3. 学会放弃

记住,"舍得"二字是"舍"在先,"得"在后。世界上的事情总是有"舍"才有"得",而"一点都不肯舍"或"样样都想得到",必将事与愿违或一事无成。

学说三句话:

1. "算了!"
2. "不要紧!"
3. "会过去的!"

秘书从事的是服务性工作,其工作性质是辅助性、从属性的,秘书才能的发挥,直接受制于领导,秘书处于一个复杂的人际关系网中,其一言一行处在领导和周围其他人的监督之下,许多日常事务性工作需要加班加点,十分辛苦。在这种情况下,秘书往往会觉得自己的工作吃力不讨好,因而产生挫折感。

对抗挫折的能力,是近年来心理学界提出和研究的新课题。除了智商、情商外,近年来又流行一个新概念:"逆境商数"(Adversity Quotient,AQ),简称"逆商",是指人在面对逆境时的忍受力和处理能力。根据 AQ 专家保罗·史托兹博士的研究,一个人 AQ 越高,越能以弹性面对逆境,积极乐观,接受困难的挑战,发挥创意找出解决方案,因此能不屈不挠、愈挫愈勇,而最终表现卓越。相反,AQ 低的人,则会感到沮丧、迷失,处处抱怨,逃避挑战,缺乏创意,而往往半途而废、自暴自弃,终究一事无成。IQ、EQ、AQ 并称 3Q,成为人们获取成功必备的不二法宝。美国著名学者保罗·史托兹提出"顺境要 EQ,逆境需 AQ"。

秘书应对挫折的策略是:善于总结经验;要有一个辩证的挫折观,要认识到正是挫折和教训才使我们变得聪明和成熟,失败是成功之母;学会在困境中鼓励自己;不苛求自己和他人;始终保持乐观情绪。

【小技巧】

鸡蛋、石头和皮球——应对挫折的策略

一只鸡蛋落在地上,它悲伤地哭道:"我完了,我这只倒霉蛋,我为什么这么倒霉?"接着就粉身碎骨,壮烈牺牲了。

一块石头落在地上,它愤怒地大叫:"谁敢跟我作对?你硬,我比你更硬!"它把地面砸了个窝,但它自己也深陷其中出不来了。它气急败坏,但无能为力。

一只皮球落在地上,砸得越猛,它弹得越高,然后轻巧地换了一个姿势,在地上打了个滚,又蹦蹦跳跳地走了。

鸡蛋、石头和皮球的遭遇,反映了生活中人们对待挫折的不同态度。有的人遇到挫折就一败涂地,再也站不起来了;有的人遇到挫折暴跳如雷,继续撞南墙;有的人遇到挫折,轻轻一笑,改变一下方向,又上路了。

秘书遇到挫折,该学哪一种呢?

秘书的工作绩效不仅取决于他的学识和才干,也取决于他的心理健康状况。良好的心理状态,是秘书发挥才能的基础条件之一;反之,不良的心理因素则会妨碍秘书的积极性、主动性和各种能力的发挥。秘书工作特点对秘书的心理健康提出了很高的要求,秘书人员要清楚地认识到这一点,在实践中不断增强心理素质,提高心理健康水平。

第三节 智商与情商

一、秘书与智商

智商(Intelligence Quotient,IQ)是指人的智力商数,可以通俗地理解为智力,它是一个人与相同智力年龄的人相比较的智力的高低。可以通过检测手段来判定人的智商,即智力发展水平。智力包括多个方面:观察力、注意力、记忆力、思维力、分析判断能力及应变能力等。智商是个人成功的基础,要想提高秘书工作的工作效率,必须具备一定的智商。

现代秘书应该是一个具有高智商的社会群体。现代社会,科学技术迅猛发展、社会竞争日益激烈,需要知识结构合理、思维活跃、有管理能力、符合知识经济要求和全球化时代要求的现代秘书人才。可以说,智力水平是反映秘书职业能力的一个重要标志。现代秘书不管是在处理事务性工作上,还是在为上司决策提供参谋服务的过程中,都需要发挥自己的智商。秘书职业发展的一个重要趋势是,现代秘书的工作职能已经由仅仅为上司提供事务性服务发展到提供智力服务的阶段,秘书越来越成为上司的"高参"、"军师"、"智囊"、"外脑"。因此,现代秘书必须是具有高智商的人才,高智商是现代秘书的硬实力。

人的智力既有先天禀赋,也有后天成因,秘书要提高自己的智力,可以通过不断学习和实践来达到。事实上,智力上的不足是可以通过学习知识去弥补的。因此,现代秘书应该不断地学习新知、巩固已知,通过知识的获取和积累,达到勤能补拙的效果,从而提高自己的智力水平。也因此,秘书要通过工作实践提高以思维能力为核心的,包括观察力、注意力、记忆力、想象力、应变力在内的智力水平。具体的内容和方法可以参阅本章第一节。

二、秘书与情商

（一）什么是情商

情商（Emotional Quotient，EQ）是指人的情绪智力。它主要是指人在情绪、情感、意志、耐受挫折等方面的品质，因此情商又称为情感智商。情商是近年来心理学家们提出的与智力和智商相对应的概念。情商的水平不像智力水平那样可用测验分数较准确地表示出来，至少目前在国内外还没有专家研究出情商的计算方法，它只能根据个人的综合表现进行判断。情商反映人认识、表达、调节和运用自身情绪，追求成功的能力。

按照提出这一术语的美国耶鲁大学的彼得·沙洛维教授和新罕布什尔大学的约翰·梅耶教授的解释，情商具有三种能力结构：准确评价和表达情绪的能力；有效地调节情绪的能力；将情绪体验运用于驱动、计划和追求成功等动机和意志过程的能力。

美国心理学博士丹尼尔·戈尔曼认为，情商包括五方面的能力：了解自己情绪的能力；控制自己情绪的能力；自我激励的能力；了解别人情绪的能力；人际关系处理的能力。通俗地说，情商就是指心理素质，指一个人运用理智控制情感和操纵行为的能力。

提出"情绪智力"概念的主要是美国的心理学家。一些美国的心理学家在研究智商的过程中发现，一些智商较高的人不一定是成功的人，相反，很多智商并不高的人却很成功。因此，他们认为，一个人的成就大小并不取决于智商，有很大程度上取决于其他因素。其中哈佛大学霍华德·嘉德纳教授在1983年提出了"多元智力"理论，引起了心理学界和教育界的重视。1991年，耶鲁大学的彼得·沙洛维教授和新罕布什尔大学的约翰·梅耶教授在吸收了认知心理学和情绪心理学等成果的基础上提出了"情绪智力"理论。他们认为，一个人在社会上要获得成功，起主要作用的不是智力因素，而是情绪智力。1995年，《纽约时报》专栏作家、哈佛大学心理学博士丹尼尔·戈尔曼出版了《情绪智力》（中译本为《情商》）一书，他认为，一个人成功的因素中，智商只占20%左右，其他因素占80%，而这80%主要是人的情感因素。戈尔曼的著作开启了情商面向社会、面向大众的大门，使情商成为走向大众的通俗理论，获得了极大的社会认同，并使之成为衡量成功人士的一个重要指标。

【小资料】

1981年，美国心理学家做了一项有趣的研究：挑选伊利诺伊州某中学81位毕业演说代表，这些人的智商在全校是最高的。研究发现，这些学生毕业后进入大学，在校期间都取得了很好的成绩，但到30多岁时却表现平平。从中学毕业算起，10年后，1/4的人在本行业中达到同龄段的最高阶层，很多人的表现甚至远远不如同辈。该研究项目的参与者之一波士顿大学教授凯伦·阿诺指出："对于一名高智商的人，我只知道他回答心理学家编的智力测试题时成绩不错。但是，我根本无法据此对其未来的成就做出任何预测。"

在现代社会，人际关系日趋复杂，指导人们行为的不仅仅是大脑的知识性智能，更重要的是情绪智能。人类对智商迷恋了近百年，并没有从中受益，相反却给数代人的成长带来了负面影响。随着佛罗里达州的"杰森刺杀老师"事件的发生，只注重智力、忽略社会情感的观点受到了前所未有的批判。

杰森是佛罗里达州的一名高智商中学生，学习成绩优异，准备报考哈佛大学医学院。在多数人看来，真是前程似锦。但是在一次物理考试中，老师大卫给了他80分，杰森认为这项成绩会影响他的前途,于是对老师怀恨在心,在实验课上,举刀刺中大卫的颈部。

这是发生在美国的故事,其实在中国人身上也是屡见不鲜,如1991年11月1日就读于美国爱荷华大学的中国博士留学生卢刚在校园中射杀数人的枪击事件。该事件在当时震惊中美两国,一个如此优秀的人,因为嫉妒和各种压力最后开枪击毙了自己的同学——留学博士山林华——以及自己的女朋友和老师。整个凶杀过程只有10分钟,造成6人死亡、女秘书重伤。这是一种悲哀,可这种悲哀在不断重复。

2004年,中国云南大学学生马加爵因为受到同学的嘲笑,自尊心受到伤害,杀害了同宿舍的其他四名同学,最后被判死刑。2010年,西安音乐学院大三学生药家鑫,驾车撞伤人后用他弹钢琴的手残忍地将伤者刺了八刀致其死亡,被执行死刑。北大曾经在2005年先后有8人跳楼自杀。培养一个大学生是多么不易,却这样失去了生命。

值得深思的是,这些智商过人的学生为什么会做出如此愚蠢的事?这不是自毁前程吗?这说明,学业上的聪明不等于有能力管理好自己的情绪,智商高的人也可能因为情商低而干傻事。

(二)智商与情商的区别

智商和情商都属于心理领域的课题,都属于人的心理品质范畴,并且对一个人的成功都具有重要的影响,但两者是有区别的。

智商和情商反映不同的心理品质。智商属于人的智力的理性方面,它主要表现为人的记忆能力、理解能力、思维能力等,简言之,是指人的认识和解决问题的能力;而情商却属于人的智力的感性方面,或者说非理性方面,它主要表现为人对情绪的理解、调节和控制能力。简单来说,智商表现在个人对知识或问题的深刻理解和思考上,情商则表现在处理人际关系的能力上。显然,要想在实际工作中获得成功,就必须同时具备高的智商和情商。

智商和情商决定的因素不同。情商和智商虽然都与遗传因素、环境因素有关,但是,它们与遗传因素、环境因素的关系是有所区别的。智商与遗传因素的关系远大于社会环境因素。情商的形成和发展,先天因素也是存在的,但是,情商受社会环境的影响远远大于智力受其的影响。

智商和情商的作用不同。智商的作用主要在于认识事物;情商的作用主要在于妥善处理各种关系。一个人的智商和情商的发展可能是不平衡的。有的人智商和情商都很高,有的人智商高但情商可能相对较低,有的人智商较低但情商却可能相对较高。但是,心理学家的研究表明,智商的高低并不能决定成就的大小,例如,有人研究发现,克林顿的智商是小布什的两倍,但是,结果两个人都当上美国总统。而情商的高低是人才成功更重要的因素,情商高的人往往能够取得更大成就。

(三)秘书的情商

在西方有句话,叫做"智商决定录用,情商决定提升"。随着社会的发展,人们对于情商的重视程度越来越高。情商为人们开辟了一条事业成功的新途径,它使人们摆脱了过去只讲智商所造成的无可奈何的宿命论态度。

《情绪智力》的作者戈尔曼教授指出:一个人的成就,20%取决于他的智商,80%取决于他的情商。他经过调查研究发现,在一个人的工作成就方面,情商的影响力是智商的两倍。故而他得出结论:真正决定一个人成功与否的关键是情商而非智商。所以,可以说情商是现代秘书应该予以特别重视的软实力。

著名的信息产业公司执行官李开复认为:"从我的经验和一些最新的研究结果来看,领导能力中最重要的是所谓的'情商'。据研究,在对个人工作业绩的影响方面,情商的影响力是智商的两倍;在高级管理者中,情商对于个人成败的影响力是智商的九倍。"

所有这些都显示了通过考察情商从而对人才素质做出评价,已经在现代社会中形成了广泛的共识并且正在逐渐付诸实施。人际关系处理是秘书工作的主要职能,情商无疑在秘书工作中起到比一般职业更重要的作用。因此,了解情商并通过训练来提高自己的情商,已经成为秘书适应现代社会发展趋势的一个重要课题。

【微型案例】

高智商不等于高情商

小李是外语学院西方文学的研究生,去年应聘来这家大型国企集团公司总裁办做秘书。总裁办有六个秘书,除了她是研究生学历,还有一个本科生外,其余四个都是大专学历,而且都年过30岁。因此,不到两个月,她就产生了一种无形的优越感。

这天老总开完会后对小李说,他与其他三位部门经理今晚去上海出差,让她订四张机票。

"是特等舱吗?"小李问。

"嗯。"老总回答。

小李赶紧下楼在商务处订了四张特等舱机票。当她把机票都拿出来时,老总问她:"谁让你订四张特等舱票?"

小李这才明白,只有老总才有资格坐特等舱。于是,她又匆匆忙忙下楼把另外三张换成普通舱。当她把那三张票给那三位经理时,有人问她:"你准备把老总一个人孤零零地扔在特等舱里吗?"

小李脸红了,准备找总裁办主任,问到底安排谁陪老总坐特等舱。回到办公室,主任不在,她从其他几个秘书的表情看出,她们几个似乎都在幸灾乐祸,嘲笑她这个外语学院的高材生连张飞机票都不会买。

其他几位秘书幸灾乐祸固然不对,但出现这种尴尬的局面也说明小李的情商不高。"学好数理化,走遍天下都不怕"曾被许多年轻的秘书奉为圭臬。但小李这个事例说明,即使高学历等于高智商,也并不意味高智商就等于高情商。要想成为一个优秀的秘书,就必须提高自己的情商。

资料来源:谭一平著:《秘书的情商比智商更重要》,暨江出版社2012年版。

问题:根据这一案例回答,情商与智商为什么是不同的能力?为什么秘书在提高智商的同时,要着力提高情商?

三、秘书怎样提高情商

现代秘书应该从以下几个方面着力提升自己的情商:

(一)提高认识自己情绪的能力

希腊帕尔纳索斯神庙的石碑上刻着一句著名的箴言:认识你自己。一个人的情绪也是如此,很多人并不能真正了解自己的情绪,他们真实的感受往往被自己隐藏起来或遭到扭曲。只有充分了解了自己的情绪,才能有效地驾驭它。

提高认识和管控自己情绪的能力,首先要求秘书学会体察和解读自己的情绪,及时了解自己所处的情绪状态,准确地把握自己情绪的脉络。譬如你发现自己这天情绪低落、不爱说话、不会笑、整天阴着脸,说明你的情绪进入低潮,要提醒自己不要多与人接触和交流,以免让人家看到你的坏心情。譬如你发现自己会不停地向别人诉说心中委屈、不停地抱怨、想以最恶劣的语言形容你所抱怨的对象,那你就要警告自己,自己的情绪有点失控了,你就要采取措施管住自己的情绪,使自己的情绪缓和下来。

(二)提高控制自己情绪的能力

秘书要管控好自己的情绪,在准确认知自己情绪的基础上,正确地评估情绪对自己工作的影响,认识到某种情绪可能带来的严重后果。如果产生了对工作具有负面影响的消极情绪,就要通过一些方法调节、化解和控制,减缓情绪压力,力求摆脱消极情绪的影响,使自己始终处于一种稳定的情绪状态中,以积极、平和的心态,高效地完成工作任务。善于控制自己情绪的人能迅速摆脱焦虑、沮丧和破坏性冲动,走出低谷。控制自己不安的情绪或冲动,要保持清晰的头脑且能顶住各方面的压力。

【小技巧】

让血液进入大脑

美国人曾开玩笑地说:当遇到事情时,理智的孩子让血液进入大脑,能聪明地思考问题;野蛮的孩子让血液进入四肢,大脑空虚,疯狂冲动。

找一个适合自己的方法,在感觉快要失去理智时使自己平静下来,从而使血液留在大脑里,做出理智的行动。

是的,当血液充满大脑时,你头脑清醒,举止得当;反之,当血液都流向你的四肢和舌头的时候,你就会做蠢事,冲动暴躁,口不择言。

【微型案例】

控制情绪:在工作中寻找快乐

小阳是北京四季青生物工程公司总经理秘书。老总结束了在欧洲为期45天的考察,今天正式上班。从小阳进办公室开始,她桌上的两部电话机的铃声就几乎没断过,这个要约时间找老总汇报,那个在催问老总什么时候能把报告批复给他……一个比一个急,似乎不答应今天就要塌下来似的。而小阳自己还有一大堆事要向老总请示和汇报,因此,听着那急促的电话铃声,小阳心里越来越烦躁,说话的声音也越来越大,语速越来越快。这时,她意识到必须控制自己的情绪,否则人家以为她要与自己吵架,造成不必要的误会。于是,她决定小憩一会儿。

小阳平时喜欢在办公桌上放一盆插花,给自己制造出一个温馨的小空间。她起身冲了一杯咖啡,将咖啡端到自己的桌上后,首先将文件夹放在桌上,然后再慢慢把杯子送到嘴边。这时,她的眼睛一直注视着摆在桌上的鲜花。她一边喝着咖啡,一遍欣赏着花容。于是,在头脑中浮现出去年冬天她和老公带着女儿在海南三亚度假时的情景……也就两三分钟的时间,她的心情就变得非常愉快了,头脑也变得清醒了。于是,她对自己下达了战斗命令:"继续工作。"

资料来源:谭一平著:《我是职业秘书》,机械工业出版社2008年版。

问题: 案例中的小阳是如何控制自己的情绪的?在现实生活中你如何控制自己的情绪?

(三)提高认知和体察他人情绪的能力

秘书的工作是和人打交道的工作,秘书不仅要面对情绪变化对自己的影响,还要应对自己的情绪变化对他人的影响和他人的情绪变化对自己的影响。因此,秘书需学会认知和体察他人的情绪。

提高认知和体察他人情绪的能力,首先要求秘书学会敏锐地察觉和识别他人的情绪。察觉和识别他人的情绪,就是要求秘书善于察言观色,对他人的情绪要有感受力、洞察力,要能通过观察,揣摩他人的言语、表情、态度、动作等外在表现所传达出的"情绪信息"或者说"情绪信号",去发现、捕捉他人的内心想法、心理状况,发现他人所处的情绪状态、情绪类型等,并准确地评估他人情绪对自己和周围环境所产生的影响是正面的还是负面的,以及其影响的范围、程度等。

提高认知和体察他人情绪的能力,还要求秘书学会体察和管控他人的情绪。体察和管控他人的情绪,就是要求秘书在准确识别、把握他人的情绪类型和特征的基础上,有针对性地选择积极、主动的应对方式,控制他人情绪的影响度。一般来说,可以通过换位思考来体察、了解他人的感受、观点、态度乃至需求等,选择恰当的时机、环境,采取接纳、认同、引导、安抚、体谅、说服等方式,实现与他人的沟通、理解、共鸣、合作。

(四)提高自我激励的能力

秘书工作繁琐、耗时、费心,激烈的竞争和工作的压力往往容易使秘书产生消极情绪,继而丧失信心,影响工作质量和效率。自我激励,就是要求秘书学会调整自己的情绪,利用适当的手段消除负面情绪的影响,从而激发工作热情,自我减压、自我挑战。

提高自我激励能力,首先要求秘书为自己设定明确的目标。目标是人的动力源泉,有了明确的目标可以使自己保持专注的情绪,提高奋斗的期望值,从而排除干扰,集中注意力。现代秘书应对复杂、困难工作的时候尤其要保持热忱和积极的态度,通过目标暗示等自我激励手段来增强工作的动力,这样才能缓解工作压力、提高工作效率。

提高自我激励能力,也要求秘书增强自信心。自信心是人发现自我、认识自我、成就自我的前提,缺乏自信的人就会丧失自我。因此,现代秘书要有自我认同感,要自我肯定而不能自我否定,要自我激励而不能自我消沉,要自我强化而不能自我放弃,这样才能充分调动自己的热情,充分激发自己的潜能,挑战极限,实现自我超越,从而找到主宰自我的成就感。

(五)提高人际关系管理的能力

人际关系管理能力,是现代秘书情商的综合性指标。美国著名人际关系专家戴尔·卡耐基说过:一个成功的企业家只有15%是靠他的专业知识,而85%要靠他的人际关系与领导能力。调查发现,在职场中职位越高,情商(特别是人际关系管理能力)对工作的影响就越大。也就是说,人际关系管理能力作为情商的重要组成部分,对于人才走向成功具有重要意义。对于身处机构"上层"的秘书来讲,人际关系管理能力是一种高境界的情商。

提高人际关系管理能力，首先要求秘书具有人际亲和力。人际关系不是单纯的工作关系或者利益关系，在很多情况下，情感因素常常会在人际关系中起着隐蔽、微妙而又巨大的作用，扮演着重要的角色。秘书在机构活动中往往是人际关系的总协调人，上下、左右、内外关系都需要依靠秘书"打理"。从心理学的角度讲，人际关系的维系带有很大的感性色彩，当人和人之间建立了感情联系之后，关系的处理就会变得更加容易了，不管是工作关系、业务关系还是其他任何关系。所以，现代秘书要善于把握情感因素对人际关系的影响力，利用情感因素引导人际心理认同，从而展现人际关系的亲和力，构建和谐、团结、协作的人际关系。

提高人际关系管理能力，也要求秘书以人格魅力去影响人际关系。影响人际关系的因素有很多，作为秘书，可供选择的方式也会有很多。但是，除了表达或者具体行动之外，还有一种无声、无形的影响力，那就是人格感召力。现代秘书要善于依靠智慧、真诚、坦率、宽容、自信、睿智等人格魅力去影响人际关系，让无形的动力去激励人、说服人、打动人、影响人，这样才有可靠的团队合作的人际关系。

【微型案例】

她比我强什么

当林玉如被提升为秘书科科长的消息传遍了天建合资公司的时候，公司秘书科的其他五名秘书都感觉非常失落。自从秘书科科长被派到外市担任分公司经理一职，秘书科科长的位置就成为六名年龄相仿、资历背景相似的女孩子竞争的目标和动力。但是，现在尘埃落定了，大家心中更多的感觉是——她的能力也不比我强呀？尤其是和林玉如同校毕业的张秀雪，更是倍感失落。虽然林玉如仍然像以往一样谦虚温和、平易近人，但在张秀雪看来却是不怀好心。

由于公司明年需要递交主管部门一项提案，张秀雪已经连续工作将近一个星期。但是，不知道为什么，做出来的东西总是感觉不对。当她把做完的文件放到林玉如面前的时候，心里有些忐忑不安。第二天一早，林玉如把文件还给张秀雪，微笑着说："做得很好，不过有几个地方如果能够调整一下，效果会更好。"看了被标注的几段地方，张秀雪心服口服，那也是自己百思不得其解的地方。不过仅仅指出而不修改顶什么用呀？她恨恨地想，肯定你也不会修改。正烦恼时，办公室内唯一的男秘书张垒来到了她的身边。说："美女，怎么了？是不是需要我的帮忙？"他好像能掐会算似的，伸手拿过张秀雪的文件，然后不假思索地说出了解决问题的方案。张秀雪如醍醐灌顶一般，恍然大悟，用最快的时间将文件修改完毕。林玉如看见文件之后连连称赞，说非常好。张秀雪暗自想："不需要你的帮忙，我也能够做得很好。"

时间过得很快，公司新年联欢会很快就要到了。当林玉如提议几位美女共同表演一个节目的时候，张秀雪第一个提出反对意见说不想演出。林玉如笑了笑，也没有多说话。但是，在和张垒回家的路上，张垒却把一个秘密告诉了她。原来，当初张垒在张秀雪需要帮助的时候，所提出的建议都来自林玉如，正是为了照顾张秀雪的面子才让张垒出手相助。张秀雪听了之后半天无语，她终于知道林玉如比自己强很多。

资料来源：孟庆荣著：《秘书工作案例及分析》，清华大学出版社 2007 年版。

问题：林玉如从六名年龄相仿、资历背景相似的女秘书中被提升为秘书科科长，主要靠哪方面的能力？

总之，智商高的人，情商未必高；智商低的人，情商未必低。但是作为现代秘书，应该是既具有高智商也具有高情商的人。这意味着提高智商和情商对于现代秘书而言，都具有重要的意义。

【提醒您】

成功从情商开始

现实生活中，我们经常遇到这种情况，人们不是推举一些特别聪明的人做领导，而是推举一些能关心别人、与人关系融洽的人做领导。因为情商高的人更能发挥群众的积极性。不难发现，很多人在校时成绩很好，毕业后却碌碌无为，他们经常抱怨与人难以相处，得不到上司的赏识；而有些人在校时学习成绩平平，毕业后却如鱼得水，成为独占鳌头的领导者。究其原因，在于他们可以适应周围环境，抓住机遇；更重要的是，他们善于把握和调整自己的情绪，善于把握和适应领导者的愿望和要求，善于处理自己周围的人事关系。这种能力便是情商。

小　结

【关键术语】

知识结构　　能力结构　　心理素质　　智商　　情商

【本章小结】

1. 秘书的知识结构：基础知识；专业知识；行业知识；相关知识。
2. 秘书的能力结构：基本能力；职业能力。
3. 秘书的心理素质与性格特征：广泛的兴趣；坚强的意志；稳定的情绪；扬长避短的气质；优质的性格；排压抗挫的能力。
4. 智商是指人的智力商数，可以通俗地理解为智力，它是一个人与相同智力年龄的人相比较的智力的高低。智力包括多个方面：观察力、注意力、记忆力、思维力、分析判断能力及应变能力等。
5. 情商是指人的情绪智力。它主要是指人在情绪、情感、意志、耐受挫折等方面的品质，因此情商又称为情感智商。情商反映人认识、表达、调节和运用自身情绪，追求成功的能力。
6. 秘书提高情商的方法：(1)提高认识自己情绪的能力；(2)提高控制自己情绪的能力；(3)提高认知和体察他人情绪的能力；(4)提高自我激励的能力；(5)提高人际关系管理的能力。

【知识结构图】

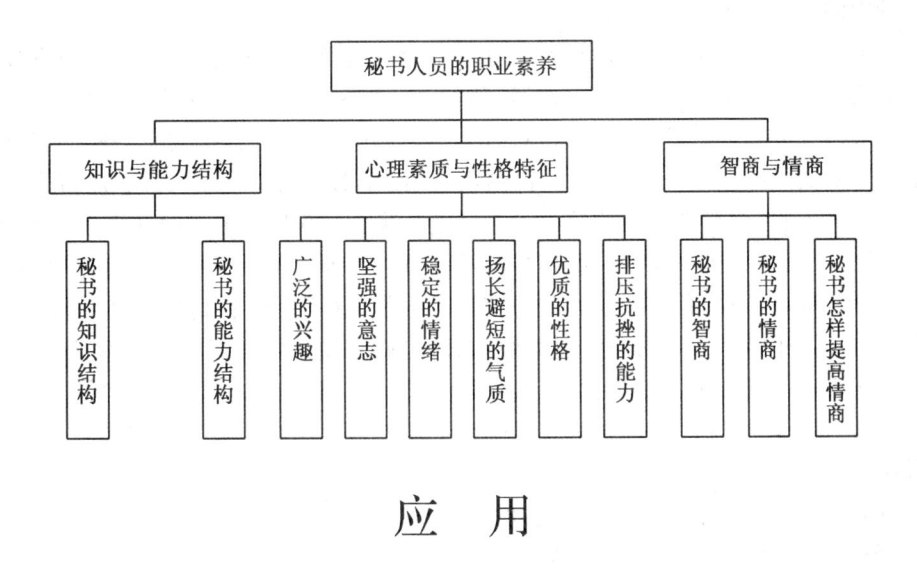

```
                        秘书人员的职业素养
            ┌───────────────┼───────────────┐
        知识与能力结构    心理素质与性格特征    智商与情商
        ┌──────┬──────┐  ┌────┬────┬────┬────┬────┐  ┌──────┬──────┬──────────┐
        秘     秘     广    坚   稳   扬   优   排    秘     秘     秘
        书     书     泛    强   定   长   质   压    书     书     书
        的     的     的    的   的   避   的   抗    的     的     怎
        知     能     兴    意   情   短   性   挫    智     情     样
        识     力     趣    志   绪   的   格   的    商     商     提
        结     结                     气        能                   高
        构     构                     质        力                   情
                                                                     商
```

应 用

【案例研究】

案例一：

秘书专业培养的秘书遭淘汰

袁仲是 20 世纪 90 年代中期某高校秘书专业的毕业生。当时,秘书专业的大学毕业生很少,市里对袁仲十分重视,分配他到市政府任秘书。时间一长,袁仲觉得自己干的净是抄抄写写的事务性工作,大志难酬,因此形成了消极应付的工作态度。他自我感觉良好,认为自己是秘书专业科班毕业的大学生,别的秘书大多没有受过良好的专业教育,因而看不起别人。他对单位业务学习毫无兴趣,关心的只是个人职业的晋升。

一次,市里举办青年秘书知识技能竞赛。他参加了,可是竞赛一开始,他发现关于信息、协调、参谋、督促检查、中外秘书比较研究等知识,都是他知之甚少的,关于电脑、会议预案、公关等技能也是他不太熟悉的,考了一半他就借口身体不适起身走了。回家的路上,他感到全身发冷。自己才 30 多岁,难道就已成为落伍者了吗?

问题:

秘书专业毕业的袁仲为什么才 30 多岁就已经不能胜任秘书工作? 他怎样才能避免被淘汰?

案例二：

秘书的情商比智商更重要

在一些人的传统观念中,智商高的秘书办事能力就很强。但事实并不如此,很多智商高的秘书处理人际关系的能力很弱,由于得不到周围人的支持和帮助,他们的能力往往很难正常发挥出来。现代职场上有些秘书智商很高,工作能力也很强,但是他们在职业发展的道路上往往不如意;相反,很多看上去才智平平的秘书却事业发展一帆风顺。这里的奥秘就在于他们头脑中的操作系统——情商。

人们常说,"有人的地方就有政治"。在一个公司内部,秘书部门往往是办公室政治表现最充分的地方,因为它是公司的运营枢纽,公司各派"势力"都在这里进行博弈。比如,某某秘书与某某领导立场一致,某某秘书喜欢替某某说话……事实上,确实有一些秘书就是利用这种错综复杂的人际关系,拉帮结伙,浑水摸鱼。而秘书之间也会因为晋职加薪或价值观不同而产生一些矛盾,相互之间的竞争也是难免的。所以,秘书要在这种环境中生存和发展,必须具备比一般白领更强的职业竞争力,而情商可以帮助秘书大大提升职业竞争力。

对于秘书来说,高情商是职业成功的前提。但是,这不意味着高情商就一定会成功,因为职业成功必须还要有一定的职业能力做基础,也就是说,情商与智商,是秘书在职业发展道路上前进缺一不可的两个车轮!

资料来源:谭一平著:《秘书的情商比智商更重要》,鹭江出版社2012年版。

问题:

1. 你是否有过"情商比智商更重要"的体验?
2. 秘书人员应如何提升自身的情商?

【实验实训】

1. 从报纸或网上搜集秘书招聘广告,归纳整理现代企业对秘书素质的要求。
2. 从图书馆和网上搜集一个秘书工作的案例,讨论谭一平提出的观点——"秘书的情商比智商更重要",进行全班交流。

【复习思考题】

1. 秘书的知识结构由哪些方面构成?
2. 阐述秘书能力结构的组成部分。
3. 秘书的心理素质包括哪些方面?
4. 为什么说秘书的情商对秘书的成就更重要?

第四章

秘书人员的职业道德

学习目标

通过本章学习,你应能够:

了解秘书职业道德的重要性、功能与作用;

掌握秘书职业道德的主要内容;

掌握培养、提升秘书职业道德的方法与途径;

理解学习秘书行为规范的重要意义;

了解秘书行为规范的基本内容和基本方法。

【引入案例】

一切劳动都是光荣的

20世纪50年代初,一位名叫柯林的美国年轻人,每天一大早就来到卡车司机联合大楼寻找做零工的机会。不久,百事可乐公司一家工厂需要雇佣一个擦洗车间地板的工人,没有其他人愿意去应征,但柯林去了。柯林觉得,一个人不管做什么工作,总会有人注意的。所以他打定主意,要做最好的擦地工人。

有一次,有人打碎了50箱汽水瓶,把地板弄得到处都是黏糊糊的泡沫。他很生气,但他还是耐着性子把地板抹干净了。

第二年,他被调往装瓶部。第三年,他升任副工头。

从这次经历中,他悟到了一个重要的道理:"一切工作都是光荣的。"他在自己的回忆录中写道:"永远尽自己最大的努力,因为有眼睛在注视着你。"

许多年以后,全世界的目光都凝注到他身上——他就是美国国务卿柯林·卢瑟·鲍威尔(Colin Luther Powell)。

资料来源:郝凤如著:《职业精神》,北京大学出版社2005年版。

问题:

1. 柯林·卢瑟·鲍威尔为什么会成功?
2. 他所说的"注视着你"的"眼睛"指的是什么?

第一节 秘书的职业道德

秘书职业在产生和发展的过程中,经过长期的积淀与演变,形成了许多独特的职业道德,比如爱岗敬业、办事公道、诚实守信等。在我国,现代秘书的发展还处于初级阶段,强调职业道德建设,对秘书职业未来的有序和良性发展,具有积极的促进意义。

一、道德与职业道德

(一)道德

在日常生活中,我们常常会用到这样一个词:缺德。所谓缺德,就是缺乏道德修养。对于种种缺德的行为,我们往往只能用这样一个词来表达心中的不满。而做出缺德行为的主体,会受到社会的谴责,却不会因此而坐牢。然而,一旦触犯了法律,结果就不会那么简单了。为什么会这样呢?同样作为行为制约机制,道德与法律之间到底存在着怎样的差异呢?下面,我们通过道德与法律之间的比较(详见表4—1),来认识一下道德。

表4—1 道德与法律的比较

对比项 \ 名称	道德	法律
出现时间	先于阶级、国家而出现	随着国家的产生而产生
约束机制	自律、自治	法治
约束范围	全方位、全过程的社会活动	只涉及有公共意义的部分
运作机制	精神上的奖惩结合	以物质惩罚为主,辅以精神处罚
违反代价	精神惩戒,即来自舆论与良心的谴责	物质惩戒,即来自法律的制裁
消亡时间	与人类社会共存	随着国家的消亡而消亡

道德,是人类社会在共同生产、生活过程中形成的,对社会成员普遍产生约定和团结作用的行为准则,是人类社会发展到一定阶段的产物。道德作为一种非强制性的社会制约力量,是一种非制度化的行为规范。它主要靠舆论约束和个体、群体信念以及自制而起作用。道德是在一定的社会物质生活条件的基础上产生的,是由社会经济关系所决定的。但是,道德一经产生,就以自己特殊的机能和特有的方式作用于社会经济基础和整个社会生活,表现出巨大的反作用。它是一种具有内省式、约定俗成特征的行为约束机制。

道德虽然没有国家机器的强制力作为保障实施的坚强后盾,但它通过长期的思想渗透、广泛的社会舆论等对整个社会产生了巨大的反作用力。在某些特定的环境下,甚至代替法律的"法治",形成"自治",即以自觉遵守的方式来约束民众的行为。比如,在少数民族地区如今仍然有一些特殊的乡风民俗,在法律所没有涉及的领域里,继续自发地约束着当地百姓的生产和生活行为。

【小资料】

二十字公民基本道德规范

爱国守法　明礼诚信　团结友善　勤俭自强　敬业奉献

（二）职业道德

职业道德，从字面上理解，即职业内道德。"职业"是其要特别强调的方面，职业道德是与人们的职业活动息息相关的，是人们在开展职业活动过程中，在思想和行动上应遵循的道德原则和规范。它反映了社会对某一职业活动的道德要求，是社会道德在职业活动中的延伸和具体化。作为人类社会道德体系的重要组成部分，职业道德是以职业的产生及划分为前提而出现的，是人类社会发展到一定阶段的产物。同时，职业道德也是社会道德发展史上一个重要的里程碑，是社会道德不断发展、不断细化的结果，可以说是社会道德中的后起之秀。为了更好地理解职业道德，我们来看看职业道德与道德相比，到底有哪些不同，具体内容如表4-2所示。

表4-2　　　　　　　　　　　　　职业道德与道德的比较

对比项＼名称	职业道德	道　德
适用人群	仅限职场中人	全社会人
知晓范围	仅限职场中人	全社会人
约束范围	仅限职业活动	所有的社会活动
特色特征	鲜明的职业性	广泛的通用性
惩罚方式	以精神谴责为主，严重者可能会被吊销从业资格	精神惩戒，一般不会出现实质性惩罚

职业道德可分为狭义和广义两种。广义的职业道德主要包括人们对国家、民族、社会道义的一种责任意识以及相关实际行为表现的总和。狭义的职业道德，则是指劳动者在本职工作中所应遵循的道德规范，是担负一定社会职责和义务的劳动者应当遵循的具有行业特色的道德准则。我们通常所说的职业道德，一般是指后者。下文中我们提到的职业道德也是指后者。

二、秘书职业道德的主要内容

通过对职业道德的学习，我们了解到职业道德是一个具有鲜明职业特色的概念，它在不同的职业领域里，会表现出不同的形态。秘书职业道德，简单来说，是指秘书在秘书工作中所要遵循的道德原则和规范；具体来说，就是秘书人员在从事秘书工作的过程中形成的一系列心理意识、行为原则、行为规范等的总和。

现在，让我们来看看秘书职业道德都有哪些具体内容。

（一）爱岗敬业、谦和有礼

爱岗，就是要热爱自己的工作岗位，热爱自己的本职工作。敬业，就是以认真负责的态度对待自己的每一项工作。爱岗是敬业的表现，敬业是爱岗的升华。爱岗敬业，其实就是劳动者对待职业活动的态度问题，是人们对所从事职业的认识及工作态度的表现；说到底就是在提倡一种敬业精神，即热爱自己的工作岗位，崇敬自己所从事的职业；简而言之，就是"干一行，爱一行"。如果不是真正地热爱自己所正在做的每一件事，那么你很快就会被繁琐的日常工作压倒。只有爱岗敬业的人，才能真正做好自己的本职工作，才能成为该行业、该岗位的优秀员工，才能在自己的工作上做出成绩、取得成功。爱岗敬业从来就不是一句空话，而是一份实实在在的要求与承诺。它要求每一位劳动者立足本职工作，脚踏实地，尽职尽责地为社会服务。

而谦和有礼可分为两部分内容:"谦"和"礼"。

谦,即谦虚,包括两个方面的内容:一是知不足而习之。秘书工作带有很强的综合性特点,涉及面广,需处理的事多。秘书工作中需要学习的地方有很多,对此秘书一定要具备谦虚好学的品德、兼容并包的心胸。只有这样,秘书才能不断进步和发展。二是戒骄戒躁。秘书部门作为一个枢纽部门,秘书身处其中,承担着重要的岗位职责,是领导权力的传递者、执行者。这很容易滋生骄傲自大、目中无人的情绪。对此,秘书一定要时刻用"谦逊"两个字来要求自己、管理自己。

礼,即文明礼貌。礼,不仅是秘书所应遵守的职业道德,更是每一个人都应当具备的品德,是做人的基本素质之一。只有"待人以礼",才能被"待之以礼",才能赢得他人的尊重。而礼尚往来,正是良好的人际关系的开端。同时,秘书作为一个服务者,其工作是为领导服务、为单位服务的。服务性,是秘书工作的重要职能之一。

【微型案例】

秀山:胡长奇坚守山村小学 41 年

年近 60 的胡长奇,在一所山村小学坚守了 41 年,教完这个学期,他就要依依不舍地离开他那三尺讲台。桃李满天下,他教的学生分布到了各行各业,有的当了县长、小学教师、职业军人……胡长奇如今家中有四人战斗在教育战线上教书育人。他助人为乐,照顾孤寡老人、接送孩子上学,这些都被方圆百里的人们传为佳话。

40 年前,胡长奇初中刚刚毕业,就被群众推荐到南庄小学当代课教师,这一年,他才 18 岁。来到南庄小学,胡老师看到十分简陋的校舍与活蹦乱跳的学生,心中不禁阵阵酸楚。从此,他就下定了"扎根山村小学,献身教育事业一辈子"的决心。

胡老师和其他同事一起,根据山村孩子的特点,从德、行以及素质教育上狠下功夫,以德促学,不求学生人人成才,但求所有学生个个成人。几十年来,胡老师坚守的山村小学,从以前的一两百名学生,到现在片区学生集中到镇中心学校上学后,学校只剩下 18 名学前班的学生。但胡老师还是严守教学时间,继续保持素质教育的风格,学校管理和各项考核年年名列全镇前茅。

资料来源:人民网重庆视窗,2012 年 5 月 10 日;http://cq.people.com.cn/news/2012510/20125101135561889723.htm。

问题:从职业道德的角度分析,是什么支撑着胡长奇老师完成了这场艰难的守望?

(二)甘于奉献、合理展示

秘书作为一种辅助性的职业,从事的主要是幕后工作、服务工作。挑灯夜战、绞尽脑汁写出的文稿,落上的却是领导的大名;连日来废寝忘食、精心筹备的会议,秘书却只能站在台下。个人的心血成果往往都被领导的风光所掩盖。想要成为一名合格的秘书,首先要明确树立奉献精神。这种奉献精神是与秘书工作的本质相关联的,如果缺乏这种发自内心的、主动奉献的精神,那么在未来的工作中就容易心生不满,从而难以安心工作。那些热衷于"表现自我"的人是很难担此重担的。其次要心态平和。由于其工作自身的特殊性——接近权力中心,秘书成为旁人眼中比别人"高半级"的准领导。对此,秘书要保持平和的心态,让自己在吹捧声中冷静下来,认真做好本职工作。

我们强调奉献,并不意味着不讲自我。所有职场人都需要进行自我展示,秘书也不例外。只不过相对于其他职业而言,秘书的自我展示有更多的限制和要求,简而言之就是要合理展示:既不十分张扬,又不至于默默无闻。作为一项辅助性职业,秘书工作的重点在于服务。如果过于张扬和突显自我,必然会对服务工作产生不利影响。然而,默默无闻也并非秘书的最佳状态。一个过于默默无闻的秘书,完全无法让领导和同事认清你、了解你的能力与价值,那你又该如何继续发展呢?你的职业生涯肯定会因此而停滞不前,更谈不上什么职业发展。"物尽其用,人尽其才",才是职场最佳的状态。因此,其中的关键就在于要把握好自我展示的"度"。

【微型案例】

秘书的几种戏称

1. 政治上的"红人"——作为领导身边的人,秘书在工作中,很容易在领导面前得到展示自我的机会,从而容易为领导所重用。秘书一职,成为不少有政治企图的人向上爬的一条捷径。

2. 工作上的"勤快人"——秘书工作是一项内容庞杂、力求精准、讲求时效、任务随机的工作。基于此种特点,秘书在工作中必须时时主动、事事积极,勤动手、勤动腿、爱动脑、会动嘴。

3. 生活上的"穷人"——秘书工作一无名、二无利,可以说是一项待遇低、收入少的辛苦活。相同学历和能力的人在科研、教学、生产、管理等部门可以获得相应的职务和职称,秘书对此只能望洋兴叹。

4. 身体上的"病人"——由于工作压力大、工作任务繁重、工作时间不固定,秘书常常会有一些诸如胃病、颈椎病、失眠等职业病。

资料来源:范立荣主编:《中国秘书岗位资格证书教程》,中国人民大学出版社 2006 年版。

问题:从上述这些戏称中,分析为什么说秘书需要有奉献精神。

(三)处事公道、合作共赢

处事公道是一种对人对事的态度,它要求人们在待人处事的过程中,要以"大道为公"之心作为基础,做到"三公",即公平、公正、公开。它要求劳动者在职业活动中,照章办事、按原则办事,不办"关系事"、不办"人情事"。处事公道,最关键的一条就是不徇私。只有去掉私心、摒除杂念,才能做到处事公道,即"心底无私天地宽"。在职场中,我们的行为处事就像是一座天平。如果有私心,想要偏袒任何一方,这座天平就会失衡。只有摆正我们的心,站在公正的立场上,才能做出最好、最有利于团队利益的结论。此外,处事公道,还是用来协调人际关系的一种手段。只有处事公道、不偏不倚的人,才能得到尽可能多的尊重与信任。而信任正是开展人际关系、公关活动的有利条件。

在职场中,我们发现这样一种现象:凡是愿意与他人配合的人,他们的路会越走越宽;凡是不善于合作或是喜欢与人作对的人,他们的路则会越走越窄。而用一句话来概括就是:合作才能共赢。随着社会的不断发展、分工的不断细化,合作越来越成为一种工作的常态。积极主动地寻找与他人的合作,已经成为一种提升工作效率的有效途径。对于秘书而言,加强与他人的合作,更是工作本身的一项要求。秘书工作的上传下达、沟通协调等都需要得到周围人的支持。与他人建立起良好的合作关系,合作是相互的,这次你帮了我,下次换我帮你,总的来说,对双方都是有利的,即双赢。对秘书这一职业而言,善于合作更是今后工作顺利开展的一个重要的前提和保障。

(四)遵纪守法、勇于创新

遵纪守法,不仅是一项职业道德,更是每个公民都必须承担的义务。一旦出现违法违纪的行为,必定会受到相应的惩罚或处罚。正所谓身正不怕影子歪。只有保证自己行得正、坐得端,才能经得起各项考验,才能更好地开展工作,才能更好地为领导服务。对于秘书而言,遵纪守法更重要的一个方面是避免打擦边球,在法律法规的监管范围之外,自觉保持清醒的头脑,管好自己,不越雷池一步,努力做到"常在河边走,就是不湿脚"。

秘书虽然不是核心管理人员,但秘书工作的特殊性使其有更多的机会接触权力。这种职业上的优势,使得秘书人员成为很多犯罪分子想要拉拢的首要对象。对此,秘书更应该加强对法律法规的学习,做到知法、懂法、守法,时刻将自己的行为限制在法律法规的框架之内。针对新型犯罪、隐形犯罪的特点和发展趋势,秘书必须在加强法律法规学习的同时,仔细分析,坚决与各种犯罪活动划清界限。

勇于创新,是指敢于冲破原有的思维模式、行为模式,另辟蹊径,寻找出新的解决方式。求新、求变,是当下整个社会的共同追求。秘书工作从来就不是一成不变的工作,它总是随着社会经济和政治活动的变化而悄然变化着。为了更好地应对不断变化的现状,秘书工作也需要不断地进行改革。

【微型案例】

李真:河北省原省委书记程维高的秘书,收受贿赂、非法占有公私财物、收受贵重物品共计人民币1 051万多元。被判处死刑,剥夺政治权利终身。

吴庆五:河北省原省委书记程维高的秘书,伙同他人共同侵吞人民币1 872万元及企业股份共计人民币2 967万多元。同时,向国家工作人员介绍贿赂人民币40万元。被判处死刑,缓期2年执行,剥夺政治权利终身,并处没收个人全部财产。

蔡建辉:深圳市人大常委会原副主任王炬的秘书,受贿港币109万元、人民币50万元。被判处有期徒刑8年。

张焱争:深圳市人大常委会原副主任王炬的秘书,受贿港币5万元、人民币2万元。被判处有期徒刑3年、缓刑3年。

陈健:北京市原市委书记陈希同的秘书,受贿人民币40.9万元。被判处有期徒刑15年。

闫振利：北京市原副市长王宝森的秘书，贪污人民币1万元。被判处有期徒刑7年。

段爱华：北京市人大常委会原副主任铁英的秘书，受贿人民币5.6万元。被判处有期徒刑5年。

何世平：北京市原副市长黄超的秘书，受贿人民币24.3万元。被判处有期徒刑16年。

资料来源：新浪网新闻频道，http://news.sina.com.cn/o/2003-10-08/1050877618s.shtml。

问题：越来越多的秘书犯罪案件，对我们有何警示意义？

（五）诚实守信、严守机密

诚实，即实事求是、实话实说。实事求是，是一切工作的出发点、落脚点。偏离了实事求是的基础，就是对客观规律的漠视。对于秘书而言，有些秘书喜欢在工作中报喜不报忧，为了讨领导的欢心，尽挑好话说，挑领导爱听的话说。对于秘书而言，对领导投其所好，原不算是什么错误。可以说，这也是为领导服务的一种方法与角度。但是，这一切都不能偏离诚实这一基础。

守信，即"言必行，行必果"。遵守承诺、一诺千金，是中华民族的一种传统美德。也就是说，每个人都要对自己所说的话负责，每个人都要对自己应下的承诺负责。这一点在当今职场上也尤为重要。信用，是一个职业人最重要的标签。一个信用度低的人，往往不会得到他人的信任；一个得不到他人信任的人，往往很难在工作上取得更大的成绩，也无法取得良好的人际关系。对于秘书而言，信任度的缺乏，首先是无法让领导信赖，领导的不信赖直接导致秘书工作的失败。

严守机密，就是要严格保守各项机密，不该说的坚决不说，不该传的坚决不传，严格遵守各项保密规定。秘书部门作为一个核心部门，具有较强的机要性。而工作其中的秘书人员，在不同程度上都承担着机要员的工作职责。秘书作为领导身边的工作人员，在日常工作中，经常会接触到许多旁人接触不到的信息，以及不宜公开、不能公开的信息，比如说尚未公布的人事调动、需要保密的工艺配方等。单位的许多敏感信息、机密信息、核心信息等涉密信息，都会从秘书手里经过。所以秘书人员在工作之初就要意识到自身工作所具有的机要性，在头脑里要时刻绷紧"保密"这根弦。对此，我们可以形象地把它概括为："嘴稳"。只有管好了嘴，秘书才能真正做到秘而不宣。

【微型案例】

2010年2月9日，腊月廿六。在北京做建筑工程的孙水林回到天津，原定与暂住在天津的家人和弟弟孙东林聚一天再回武汉，但他查看天气预报了解到，此后几天，天津至武汉沿线的高速公路，部分地区可能因雨雪封路。他决定赶在封路前赶回武汉，给先期回武汉的民工发放工钱。春节前发放工钱，是他对民工的承诺。当晚，孙水林提取26万元现金，带着妻子和三个儿女出发了。次日凌晨，他驾车驶至南兰高速开封县陇海铁路桥段时，由于路面结冰，发生重大车祸，20多辆车连环追尾，孙水林一家五口全部遇难。

弟弟孙东林为了完成哥哥的遗愿，在大年三十前一天，来不及安慰年迈的父母，将工钱送到了农民工的手中。因为哥哥离世后，账单多已不在，孙东林让民工们凭着良心领工钱，大家说多少钱,就给多少钱。钱不够,孙东林就贴上了自己的6.6万元和母亲的1万元。就这样,在新年来临之前,60多名民工都如愿领到工钱,孙东林如释重负:"新年不欠旧年账,今生不欠来生债。"

资料来源:改编自2011年"感动中国"十大人物评选资料。

问题:"信义兄弟"的行为凭借着什么感动了全中国?从他们的事迹中,我们看到了什么?

三、秘书职业道德的功能与作用

随着秘书的职业化进程,职业道德的意义主要体现在以下几个方面:

(一)职业道德是人格力量的反映

职业道德作为社会道德的一部分,它是个人道德水平在职业领域、职业行为中的具体表现。一个人的职业道德素质既是其整体道德品质的重要组成部分,也反映着一个人的整体道德水平。树立良好的职业道德,有利于提高个人道德修养水平。职业道德,作为社会道德体系的重要组成部分,是个人道德修养在职业活动中的具体体现。树立良好的职业道德,从某种程度上讲,就是对个人道德修养的提升。

首先,职业活动,在人的一生中占据了相当重要的部分。在职业活动中所体现出的职业道德水平,很大程度上反映了个人的道德修养水平。在职业活动中,提升自身职业道德修养,对于提升自身的道德修养大有裨益。

其次,对于在校学生而言,职业道德是一个崭新的概念,是一个有待学习的概念。根据短板理论,我们了解到决定整体水平高低的,并不是最长的那一块板,而是最短的那一块板。目前,对于在校学生,职业道德无疑是其整个道德修养体系中最薄弱的一环,即道德短板。只有提升了这根短板的高度,个人道德修养的水平才能得到提升。

(二)职业道德是规范职业行为的内在动力

首先,职业道德是规范个人职业行为的内在动力。内省,是道德的一个重要特征,职业道德也不例外。职业道德作为社会道德的重要组成部分,也具有相当强的自省性,是劳动者自觉规范个人职业行为的内在动力。树立良好的职业道德,就是为了在秘书心中竖起一把尺,让他们在今后的工作与生活中,时刻牢记自己的身份,时刻自觉规范自身的职业行为。

其次,职业道德也是规范整个行业职业行为的内在动力。职业道德不仅是对某个个体的要求,更是对所有的从业者、整个行业的要求。当每一位从业人员心中都竖起了一把职业道德之尺,每一位从业人员时刻用这把尺来衡量自己的每一次职业活动时,那么这个行业的职业行为也会随之规范起来。通过这种强化,使所有的从业者、整个行业都呈现出一种积极自律、井然有序的运转状态。只有这样,整个行业才能真正呈现出一种向上的朝气和蓬勃的生机。

(三)职业道德是事业成功的基本保证

事业就像一座高耸入云的险峰,顶端的无限风光吸引着无数人的目光和脚步。山脚下,无数的职场新丁整装待发;山腰上,大部分职场人停下了继续前进的脚步,开始安营扎寨;山顶上,极少数职场精英极目远眺,抒发着"一览众山小"的豪情。最后能登顶的职场精英们,每个人都拥有一条无法复制的登顶之路,他们的成功个案是不可复制的。然而,通过分析他们的成功之路,我们可以发现,他们每个人(包括其团队的队员)的行囊里都有一样共同的行李:优秀的职业道德修养。

职业道德是个人事业成功的重要条件。没有良好职业道德的人往往干不好任何一项工作,更谈不上成功。通过强化职业道德修养,可以提升自身的"软实力",从而一定程度上补齐自身的短板,提升自身的综合实力与竞争力,为走向成功铺平道路。这一点,对于秘书而言,尤为重要。因为秘书是一门需要终身学习的职业。秘书面对的是不断变化的社会生活,固有的知识与能力储备远远不能满足日益变化的工作需要,个人短板的出现是一种必然。随时注意补齐短板,则成为秘书的一门必修课。

【小资料】

短板理论

短板理论又称木桶原理、水桶效应。该理论由美国管理学家彼得提出:盛水的木桶是由许多块木板箍成的,盛水量也是由这些木板共同决定的,若其中一块木板很短,则此木桶的盛水量就被短板所限制,这块短板就成了这个木桶盛水量的"限制因素"(或称"短板效应")。若要使此木桶盛水量增加,只有换掉短板或将短板加长才行。

(四)良好的职业道德是用人单位对人才的基本要求

通常我们会用"德才兼备"来形容一个可造之才。对于人才的挑选与培养,我们在注意其专业知识、职业技能之外,还有另一个重要的关注点:"德",即道德水平。当然,作为用人单位在道德选择上,自然会优先考虑求职者的职业道德修养水平。只有拥有良好职业道德的人,才能成长为一个合格的职业人,才有可能成长为优秀的职业人。任何上司和单位,都会首先把机会留给那些为他们所信赖的、品行端正的员工。这种信赖,不仅来源于扎实的专业功底,更来源于个人的德行。扎实的专业功底,可以让用人单位放心录用你;而良好的职业道德,会让你赢得来自各方面的信赖。而这份信赖往往会带来意外的惊喜。2004年,上海交通大学对外公布了一份对用人单位所作的调查报告。报告中指出,用人单位最看重的三项素质依次是责任意识、敬业精神和团队合作能力。而这三项素质,正是个体职业道德的体现。

四、提升秘书职业道德的方法与途径

(一)加强理论学习,夯实职业道德的思想基础

职业道德的思想基础,是个人的道德修养。要想提升秘书职业道德,首先要做的就是提升自身的道德修养。职业道德,是道德修养这棵大树上分出来的枝丫。只有保证道德修养这棵大树的营养丰富,才能长出茂密的职业道德这根分枝。如果道德修养的大树都摇摇欲坠,再好的职业道德,也只能是无本之木,很快就会枯萎、断裂。正所谓"皮之不存 毛将焉附",说的就是这个道理。

而提升道德修养最快、最有效的方法,就是加强理论学习。对于青年学生而言,人生观、世界观、价值观还处于一个形成阶段,具有较强的可塑性。此时,加强理论学习对于人生观、世界观、价值观的正确形成,具有十分积极的作用。而积极的人生观、世界观、价值观,对于构建正确的个人思想体系,具有不可替代的作用。

(二)积极实践,养成良好的职业道德新风尚

凡事都是说起来容易,做起来难。道德作为一种行为准则,其目的就是指导人们的实践活动,规范人们的具体行为。所以,道德并不是说几句空话那么简单。道德素质修养并不是

空口讲出来的,而是在生活中、在工作中、在具体的实践活动中体现出来的。只有在真实的职业环境中,在实施具体的职业活动时,才能看清一个人的职业道德水平到底如何。良好的职业道德修养,只有在具体的职业实践中才能真正习得。

对于当代的大学生而言,想要提高职业道德,必须要经历实践阶段。在夯实了思想基础之后,接下来便是要积极参加社会实践,尤其是与所学专业相关的实习活动。在真实的职场环境中,在职业活动的开展过程中,用实践来检验自身职业道德修养的水平,用实践来指导自身职业道德修养的学习。

(三)通过开展"三自"活动,发挥培养职业品格的自觉性

所谓"三自"活动,就是自我教育、自我管理、自我服务。开展"三自"活动,强调的重点就是一个"我"字,强调的是一种主体意识。调动"我"的积极性,也是职业道德的本质要求。作为一种自律机制,道德强调的也就是一个"我"字。只有发挥内心的自觉性,才能主动进行自我更正,才能对自己不断提高要求。也只有这样,才能真正实现提升职业道德修养的目的。通过开展"三自"活动,充分调动自身的主观能动性,积极主动地从"我"出发,不断强化自我管理、提升自身素质。

(四)学习先进典型,提升职业精神

先进者之所以成为先进,他们的身上必定有某些常人没有的特质。他们的事迹不一定多么伟大,或许他们也只是平凡的普通人,但是他们内心的精神力量绝对是强大的。所谓伟大,就是能把普通的小事一丝不苟地重复一千遍、一万遍。在自己的工作岗位上,能几十年如一日地辛勤工作,不因时间的流逝而轻视自己的工作,仍然一丝不苟地完成好自己的工作,这靠的就是内在的职业精神。学先进,学的就是他们身上的这种精神。通过对先进人物、典型人物的学习,从他们的先进事迹、闪光点中吸取精神的力量,从而提升自身的职业精神。从"学先进"入手,通过自身的学习与进步,达到"赶先进"的目标。

(五)重视自制,完善自我操守

所谓自制,是一个人心理成熟的重要标志之一。培养职业道德品质的过程,其实就是一个学习如何理性地控制自己的情感、欲望和言行的过程,是学习如何在外界的诱惑和冲击面前,努力控制和把握自我,力争成为欲望和困难的驾驭者、征服者的过程。可以说,自制是道德的终极目标,是道德的实现途径。

道德养成与否的最终目的和检测标准在于道德认知转化为道德行为的程度,道德行为是道德培养的归宿,是判断一个人道德好坏与否的最佳标准和最高境界。然而,道德认知与道德行为错位是目前道德素质教育所面临的一个普遍问题。

现代秘书应该在思想上做到正心诚意,对秘书职业道德怀有严肃认真的态度,才能将其所学到的职业道德真正内化为自身的信念。也只有这样,秘书才能以组织系统管理者的身份创造性地完成各项职能工作。

第二节 秘书的行为规范

人常说,"没有规矩,不成方圆"。而这所谓的"规矩",其实就是指行为规范。如果说职业道德是职业素质的道德要求,那么行为规范则是一种行为要求。下面让我们深入了解什么是行为规范。

一、秘书行为规范

（一）行为规范

在前一节里，我们学习了什么是职业道德。接下来，通过比较职业道德与行为规范之间的不同点，来了解行为规范的概念（详见表4-3）。

表4-3　　　　　　　　　　　　职业道德与行为规范的比较

对比项 \ 名称项目	职业道德	行为规范
整体要求	道德要求	行为要求
表现方式	内隐性	外显性
实现方式	自制	强制

行为规范，是指劳动者在开展职业活动的过程中所需遵守的基本行为准则及技术操作标准。行为规范是针对不同行业的行业要求和行业标准。它是职业道德在职业活动上的细化表现，是职业道德落实到具体每一项职业活动上的体现。

行为规范是劳动者开展某一项具体的职业活动时，所需要遵守的行为指南和活动指导。与职业道德一样，行为规范也具有鲜明的行业特征。每一个职业都拥有各自不同的行为规范。

（二）秘书行为规范

秘书行为规范是秘书人员在开展工作时所需遵守的各项行为准则及技术操作标准。随着社会的发展，秘书这一职业也逐渐走上了职业化、标准化的发展道路。在国外，随着职业实践的一步步深入，秘书在从事辅助管理和服务职责职能活动中，已经形成了部分相对稳定的秘书职业行为规范。而我国的秘书发展尚处于初级阶段，秘书行为规范还停留在经验主义的阶段。因此，积极地借鉴国外的先进经验和标准化的行为规范，有助于我国秘书行业的良性发展。

二、秘书行为规范的重要性

秘书行为规范，作为秘书行为的准则与标准，是每个秘书都应当遵守的。秘书行为规范的重要性主要体现在以下几个方面：

（一）行为规范是规范秘书职业行为的准绳

秘书行为规范，就是规范秘书行为的。规范职业行为是行为规范最重要的特征，也是制定该行为规范的目的所在。行为规范是秘书在开展职业活动之初所必须了解的。秘书是一项程式性很强的工作，秘书所做的每一件事都有严格的要求与规范，不可以肆意妄为、随意发挥。可以说，对具体各项行为规范的学习，将是秘书类学生在校期间所要学习的主要内容。能否成为一个合格的秘书，也主要取决于其是否能将秘书的各项行为规范转化为自觉的、内化的行为标准。

（二）行为规范有助于提升秘书工作的效率

所谓行为规范，都是前人在工作过程中，通过自己的实践活动总结、提炼出来的一系列经验与教训。它不仅是前人留给我们的宝贵的精神财富，更是提高秘书工作效率的一大法宝。掌握好行为规范，可以让秘书在具体的工作过程中少走弯路，采取最便捷、最有效的方式解决问题、处理事情，从而达到事半功倍的工作效果，进而做到更迅速、更有效、更高质量地完成各项工作。

（三）行为规范是秘书职业发展趋于成熟的标志

行为规范，是随着职业的产生而产生的，是从业人员对本行业行为的一种界定，是从无数的个人经验中提炼出来的。行业规范在产生之初，不过是一些约定俗成的做法与个人经验的总和，从行业的范围来看是零散的、不成系统的，彼此之间甚至还会有一些出入。随着职业本身的发展，人们对其的认识日益加深，是否拥有系统的、标准化的行为规范，是职业发展是否成熟的一个重要标志。

在我国，秘书职业的发展历史虽然可以追溯到几千年前，可是真正现代意义上的秘书发展，却还只是刚刚起步。相对于国外秘书职业化发展的进程，我国秘书的发展还停留在初级阶段，从业人员鱼龙混杂、程度良莠不齐，尤其是在行为规范方面，还有待进一步地系统化和规范化。

（四）行为规范可以有效地维护秘书的正当权益

行为规范，从表面上说，是规范秘书应当做什么、应当怎么做，貌似对秘书行为的约束与限制。但是，凡事都有正反两面，行为规范一方面是限制秘书行为的一条绳索，另一方面也是维护秘书正当权益的一把保护伞。秘书主要从事的是服务工作，对于其工作的评价，往往是来自领导及其他同事的主观感觉。这种主观感觉，由于带有感情色彩，不可避免会缺乏客观性，也因此会让秘书在工作中受到不公平、不公正的待遇。而权威的秘书行为规范为秘书行为提供了科学的评价标准。科学的评价标准，将会较好地改变目前普遍存在的对秘书职业行为评价的主观随意性、模糊性等诸多弊端。

三、秘书行为规范的主要内容

针对秘书工作而言，行为规范主要是指工作中的一些工作程序与工作要求。秘书工作是一项程序性、程式性俱强的工作。秘书工作中的每一个环节，都有各自的严格规定与要求。秘书行为规范，作为秘书专业教学的主体部分，其具体内容是十分庞杂的，在此，首先让我们了解一下秘书行为规范主要包括哪些内容。

（一）办文规范

办文规范，即办文过程中需遵守的各项行为规范。主要可分为发文规范和收文规范两大类。

1. 发文规范

发文规范，是指发文过程中需注意和遵守的各项程序性、技术性规范。按发文的步骤和环节可大致分为交拟规范、草拟规范、核稿规范、修审规范、签发规范、校印规范、用印规范、封发规范、制发规范。若所发文为密件，还会增加定密规范、签收规范、回收销毁规范。

2. 收文规范

收文规范，是指来文处理过程中需注意和遵守的各项程序性、技术性规范。按收文的步骤和环节可大致分为签收规范、分办规范、传阅规范、批办规范、承办规范、交办规范、督办规范、归档规范。若所收文件为密件，还会增加保密规范、回收销毁规范。

【微型案例】

秘书小周负责办公室的文件处理,刚开始,虽然主任多次提醒她要随时登记,可是她觉得自己年轻、记性好,因为嫌麻烦,所以不喜欢登记。起初,她对一两天前的文件还记得,可时间一久,文件越积越多,送呈审批的领导也较多,小周就有点混淆了。好几次,别人问她文件签到哪了,她也答不上来,只好到处去问。有时她将领导的办公室跑个遍,不光查询的人等得心急,自己也忙得满头大汗。对此,同事们也颇有微词。一次碰巧一位领导回办公室,看到小周正在他的办公桌上翻文件,虽然没说什么,但看得出心里很是不悦。有了这几次教训,小周痛下决心把所有的文件全部进行分类、登记编号,文件送签到哪位领导,就在对应的方框里打勾。从此,无论谁来问,小周只要把登记本拿出来,就可以准确地告诉对方文件在哪里、已经送呈的领导是如何批示的、还需要哪几位领导审签。

资料来源:周蕾著:"办公室工作那些'记忆犹新'的事儿",《秘书工作》,2012年第1期。

问题:通过秘书小周工作的前后对比,谈谈在办文过程中严格遵守相关行为规范的意义。

(二)办事规范

办事规范,是指处理事务性工作过程中需遵守的各项行为规范。根据事务性工作的类型,可将办事规范分为:

1. 日常事务操作规范

主要包括工作安排规范、接待工作规范、电话接打规范、印章管理规范、座位安排规范、应急工作规范等。

2. 参谋咨询工作规范

主要包括信息收集规范、信息整理规范、咨询管理规范等。

3. 沟通协调工作规范

主要包括沟通工作规范、协调工作规范等。

4. 公关策划工作规范

主要包括活动策划规范、活动组织规范、外宣工作规范、总结验收规范等。

5. 调研反馈工作规范

主要包括选题策划规范、调研组织规范、整理结题规范、信息反馈规范等。

6. 督办工作规范

主要包括工作承接规范、工作交办规范、工作承办规范、事后反馈规范等。

7. 信访工作规范

主要包括信访接待规范、信访办理规范、信访批转规范、结果反馈规范等。

8. 设备操作规范

主要包括使用操作规范、购置维修规范、设备报废规范等。

(三)办会规范

办会规范,是指组织会务工作过程中需遵守的各项行为规范。根据会务工作开展的过程,可分为:

1. 会前筹备工作规范

主要针对会前筹备工作的行为规范,包括议题拟订规范、议程拟订规范、日程编制规范、会期选择规范、会址选择规范、会议文件筹备规范、人员选择规范、会场布置规范、信息核查规范等。

2. 会议组织运行规范

主要包括资料分发规范、签收规范、座次安排规范、会场管理规范、时间控制规范、会中文件印发规范、就餐管理规范、应急处理规范等。

3. 会后总结性评估规范

主要包括资料回收规范、会场清理规范、总结整理规范、效果评估规范等。

(四)其他规范

秘书工作千头万绪,并不是简单的办文、办事、办会三项就可以涵盖的。为了更好地开展秘书工作,还有一些综合类的行为规范也是很有必要了解的。主要包括:

1. 素质规范

素质规范,是指秘书在开展职业活动的过程中需把握的综合性精神风貌与处事作风上的规范要求。主要包括形象规范、气质规范、行为举止规范、礼仪规范、心理调节规范等。这一类行为规范,并不是具体针对某一特定事务性工作,而是针对秘书人员自身的素质与能力问题。它涵盖了秘书工作的方方面面,可以说是秘书需掌握的基础性行为规范。

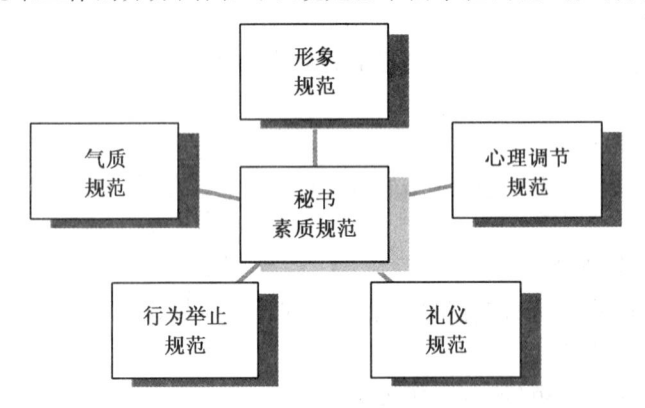

2. 入职规范

简单来说,就是行业准入制度在行为规范上的体现,即进入秘书行业需达到的基本条件和应具备的相应资质。目前,在入职规范上,我国已经推出了秘书职业资格考试,为秘书的入职提供了一个国家级的参考指标。值得一提的是,该考试结果仅仅是一个参考指标,并没有成为秘书入职的准入门槛。由于我国秘书行业的准入制度还有待建立,所以入职规范还不够完善。

3. 升迁规范

秘书升迁过程中所遵守的行为规范,主要包括考评规范、晋升规范等。秘书由于长期在领导身边工作,其自身的才能更容易被领导发现,从而拥有较多的升迁机会。然而,在我国,由于秘书职业化程度不够,秘书的升迁往往受到很多主观因素的影响。也正是因为缺乏公平、公正、公开的制度保障,秘书升迁常常成为受人诟病的话题。

4. 离职规范

同入职规范一样,秘书离职也应有相应的工作规范。现有的离职规范主要是指交接规范;而更为重要的更换规范,尚未真正建立。秘书往往是跟着领导走,领导换了,秘书也跟着换。这既影响了工作的延续性和稳定性,也影响了秘书本身的职业化进程,使之沦为领导附庸的角色。

四、秘书行为规范的提升途径

(一)注重相关理论知识的学习

秘书行为规范,本身就是一系列程序性、技术性的规定。相关理论知识的学习是必不可少的,只有加强理论知识的学习,才能真正理解秘书行为规范的背后原因和意义所在,才能更好地在今后的职业活动中主动遵守秘书行为规范的要求。

这里所指的理论知识,主要指基础理论知识和应用理论知识两类。基础理论知识,主要包括秘书学、秘书简史等。应用理论知识,主要包括秘书文书与档案、秘书礼仪与公关、秘书写作等。这些知识的学习,对于行为规范的养成有很大的帮助。很大一部分行为规范的要求,就是从这些理论知识中提炼、整理出来的。了解这些理论知识,了解行为规范的形成过程,有助于理解行为规范。

(二)加强理论联系实践,在做中学

理论来自实践,实践需要理论来指导。理论与实践,从来就是相辅相成的。只有不断加强理论联系实践,才能相互促进、相互强化。对于行为规范而言,最好的提升方式就是实实在在地亲自实践。个人能力,只有在实际的操作中,才能真正得到锻炼和提升。

对于行为规范,如果单单从理论的角度来学习,必然是枯燥而繁琐的。那些条条框框,如果不结合具体的使用环境与使用方法,简单地死记硬背,其结果只能是"知其然,不知其所以然",无法对今后的实际工作产生指导意义。只有不断地实践,才能牢记行为规范的要求,才能内化为一种自觉的职业行为。

(三)注重向前辈学习

与职业道德相比,行为规范带有更大的强制性和制约性。不同于道德所带来的内隐性的代价,违反行为规范所付出的代价则更为直接和惨痛。多与前辈交流,从他们身上吸取经验和教训,是一种最简单的捷径。从身边那些活生生的案例中,我们可以逐步体会到行为规范的重要性与价值所在。用前辈的经验作为我们继续前进的楼梯;用前人的教训作为我们飞跃错误沼泽的跳板。这样的学习过程,往往能更生动、更深刻地将枯燥的行为规范植入我们的脑海中,时时警惕。

小　结

【关键术语】

职业道德　　行为规范

【本章小结】

1. 秘书职业道德,是指秘书在秘书工作中所应当遵循的各项思想要求以及行为规范的总和。

2. 秘书职业道德主要包括爱岗敬业、谦和有礼,甘于奉献、合理展示,处事公道、合作共赢,遵纪守法、勇于创新,诚实守信、严守机密。

3. 秘书职业道德是人格力量的反映,是规范职业行为的内在动力,是事业成功的保证,是用人单位对人才的基本要求。

4. 秘书职业道德的提升途径主要包括加强理论学习、积极实践、开展"三自"活动、学习先进典型、注重自制。

5. 秘书行为规范,是指秘书人员在开展工作时需遵守的各项行为准则及技术操作标准。

6. 秘书行为规范,是衡量秘书职业行为的准绳,是提升秘书工作效率的法宝,是秘书职业发展趋于成熟的标志,是维护秘书正当权益的武器。

7. 秘书行为规范主要包括办文规范、办事规范、办会规范及其他规范。

8. 秘书行为规范的提升途径包括加强理论学习、积极实践、注重向前辈学习。

【知识结构图】

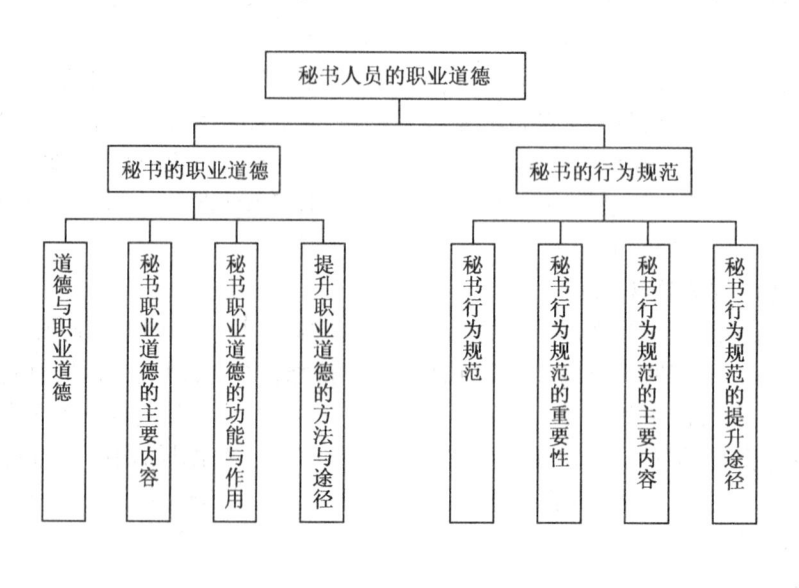

```
                    秘书人员的职业道德
                   ┌──────┴──────┐
            秘书的职业道德        秘书的行为规范
          ┌────┬────┬────┐     ┌────┬────┬────┐
         道德  秘书  秘书  提升   秘书  秘书  秘书  秘书
         与   职业  职业  职业   行为  行为  行为  行为
         职业  道德  道德  道德   规范  规范  规范  规范
         道德  的    的    的          的    的    的
              主要  功能  方法        重要  主要  提升
              内容  与    与          性    内容  途径
                    作用  途径
```

应　用

【案例研究】

案例一:

无人看见的鞠躬

在东京坐过一次小巴。小巴是一种很不起眼的小型公共交通工具,行程为从涩谷车站到居住社区集中的代官山。我一上车就注意到司机是个娇小的女孩,穿着整齐的制服,戴了那种很神气的筒帽,还有非常拉风的耳麦,我们上车的时候她会温柔地说"欢迎乘车",我立刻就觉得这样的车程是温馨愉快的。

路途中,我发现司机最忙的可能是嘴。因为她戴着耳麦,时刻都在很轻柔地说着什么。比如"我们马上要转弯了,大家请坐好、扶好哦","我们前面有车横过,所以我们要稍等一下","变绿灯了,我们要开动了","马上要到站,要下车的乘客请提前做好准备"。

我觉得这样也挺有趣,一边坐车一边还可以猜猜人家说的是什么。到了其中一站的时候,司机讲了很多很多的话。我正在猜测的时候,车门打开,上来一个同样装扮的女司机。她朝车里的乘客们深鞠一躬,说:"接下来由我为大家服务,请多关照。"

哦!原来她们是要交接班了!然后她才下车绕到驾驶位,和之前的司机交接工作。她们简单交谈了几句,然后互相深深鞠躬,大家交换位置。然后新司机握好方向盘,同样温柔地说:"我们马上就要开动了,请大家注意安全。"这时之前的司机在路边对乘客说:"谢谢大家,祝大家一路平安!"

我们开动了。无意中回头,我发现路边的司机静静地朝我们行驶的方向鞠着九十度的躬,许久许久。

我说了这么多这次乘车的细节,重点就在这个无人注意的鞠躬。那天下着小雨,在一条安静的社区小路旁,一个娇小的女孩诚心诚意地对着她的乘客离去的方向深深地弯下腰去。这个场面令我感触很深,从此深深地定格在我的记忆中。

资料来源:何炅著:《最好的幸福》,汕头大学出版社 2004 年版。

问题:

1. 一个无人看见的鞠躬,为什么会引来作者这么大的感慨?
2. 请结合案例分析,职业道德的精髓是什么?职业道德会给工作带来怎样的影响?

案例二:

不给套话者机会

这一天,信达商业集团公司召开经理例会,秘书李明做记录。此次会议主要是讨论在美国硅谷设立分公司的问题。在美国设立分公司,大家都没有异议,但派谁去美国负责分公司业务,分歧却很大。陈副总主张派企划部部长江民去,理由是,他这两年的工作业绩很优秀,而且年轻有为。李明的主管领导宋副总则主张派研发部部长伍一去,理由是,伍一是搞技术出身,工作踏实并富有经验。在会上,这两种意见几乎到了针锋相对的地步,董事长最后决定把这个议题先放一放,下周再议。

次日,午饭过后,李明接到江民的电话,说有事找她帮忙。李明与江民虽然很熟,但并没有多少私交。李明来到江民的办公室,江民告诉她是计算机有点毛病,开机后老进不了系统,请小李给看看。李明想,平时虽然是同事,但交道打得并不多,再说他是男士,怎么会为这点小事找女士帮忙呢?李明试了几次,原来是关机后没把软盘取出来造成的。

李明帮江民重启了计算机后,江民热情地倒茶,请她坐下,说中午没什么事,一直想找她聊聊天。李明只好坐下了。一阵东扯西拉之后,江民问道:"今天上午怎么没看见伍一来上班,是不是昨天晚上和你们喝酒喝多了?"

资料来源:谭一平著:《一个外企女秘书的日记》,学苑出版社 2004 年版。

问题:

1. 假设你是秘书李明,此时你会如何回答江民的问题?

2. 回顾整个事件，指出李明行为的正误点，并分析理由。

【实验实训】

1. 在课堂上举行以职业道德为主要内容的演讲比赛，赛后要求学生针对自身情况写出如何提高职业道德的心得体会。
2. 在课堂上进行职业场景模拟训练，进行正确行为规范的演示与训练，鼓励每位同学积极参与。

【复习思考题】

1. 秘书职业道德主要包括哪些内容？
2. 秘书职业道德的功能与作用是什么？
3. 提升秘书职业道德的方法与途径是什么？
4. 什么是秘书行为规范？
5. 秘书行为规范的内容是什么？
6. 秘书行为规范提升的途径是什么？
7. 请结合你的体会，谈谈当代大学生如何培养良好的职业道德。

第五章

秘书工作的内容与艺术

学习目标

通过本章学习,你应能够:

掌握秘书工作的内容;

掌握基本的秘书工作方法;

理解秘书工作的艺术。

【引入案例】

我的秘书生活

2004年7月,大学毕业后第5天,我来到N市某区直机关报到,开始了我的秘书生活。有人说秘书不过是个打杂的,刚上岗位的我认为此话不假。每天上班的第一件事,就是打扫卫生、打开水、取报纸信件,除此之外,购买文具、办公用品等也由我负责;也就是说,管理办公室内务是我工作的一部分。这些活儿让我相当郁闷。当初单位到学校招聘时,门槛挺高的,要求是学生干部、学生党员、成绩优异,可干的这些活儿初中生都能应付。

可是时间不长,我发现这个"秘书"并不是那么轻松好当的。整理当天要处理的文件、写通知、送文件给有关单位、把文件分类归档,所有的事情,看似简单,却又琐碎烦人。我相信有一些人面对满桌子的文件和一柜子的档案,仍能面不改色,从容应对,甚至十分欢喜。据说比尔·盖茨小时候就曾到一家图书馆不亦乐乎地帮忙整理图书。每把一本久久未能归位的图书放到它原来的位置,比尔都会兴奋地说:"嘿,我又帮它找到家啦!"遗憾的是,我天生就不是那种人,看到堆积如山的材料我就头晕,并且一忙起来就天昏地暗、找不着北。处长布置工作的时候常常是多个任务同时下达,而且思维极具跳跃性,常常弄得我手忙脚乱,不是头脑瞬间空白就是背脊发凉。有时我想,如果自己的脑袋是电脑该多好,可以快速检索。

遇上要开会就比较忙了。会议材料有时比字典还厚,材料出错、遗漏的事情也在所难免,我的头脑屡屡陷入混乱。面对办公室那个高高的文件柜和准备会议材料是我最心慌的时候。文件实在太多,而处长表述时,往往说的是文件的大体内容。一个文件从起草到最终发文,中间一般会产生 N 个相关文件。比如党委评奖的文件,从制订方案到下达通知再到上报党委,一共有 4 个相似的文件。而机关开会的准备,往往很仓促,开会通知早早下达了,但在开会前两三天才真正开始准备材料。处长反复地推敲该使用哪些文件作为材料、定目录,突然删掉一个早就准备好的文件,再加进一个新文件是常有的事。这样一来,我只有暗暗叫苦了,也告诫自己今后做事得细心、细心、再细心。

资料来源:草木著:"我的秘书生活",《中国教育报》,2005 年 2 月 23 日。

问题:根据作者的描述,归纳一下秘书要做哪些工作。

第一节 秘书工作的内容

在现代社会,秘书是各行各业都不可缺少的职位,目前我国秘书从业人员约为2 300万人,这样一个人数庞大的职业群体,他们究竟从事哪些工作?承担怎样的工作职责?或者说,秘书人员究竟应做哪些工作?秘书工作究竟包括哪些内容?

一、秘书工作的界定

秘书工作顾名思义就是"秘书所做的工作",但是不同性质的工作单位让秘书承担的工作大相径庭,且每个秘书承担的具体工作也千差万别,所以界定秘书的工作内容,是对社会上各行各业的秘书所承担的各种工作进行归纳综合,概括出最为普遍的、频率最高的工作内容。

首先,由于我国秘书工作存在公务秘书和一般基层单位秘书两大类,这两类秘书的工作内容相去甚远。前者是政府机关的秘书,所承担的主要是政务工作,即管理国家的行政事务工作,后者承担的是行政管理工作,因此在工作内容上并非完全一致。例如,督查工作、信访工作和机要工作是公务秘书的重要工作内容,在党政机关,这些工作已经形成了完整的制度、程序和组织机构,国家有关部门对此有十分明确、具体的工作要求。可是对于一般企事业单位来说,这几方面的工作还很不成熟,缺乏独立的组织机构,也缺乏相应的工作制度和上级要求,因此这些工作开展的范围比较小。再如,对于企业秘书来说,商务活动是他们经常性的业务,但公务秘书则较少涉猎这项活动。

其次,即使在同一类机关或单位,由于秘书等级不同,所承担的工作内容也有所不同。秘书的不同等级,反映了秘书自身的资质水平、工作能力和工作资历,显示出用人单位对他们的角色定位和工作分配,也体现出他们所承担的工作的难易程度和职责大小。如在档案管理工作中,初级秘书的工作任务是整理档案,这是一项较为简单的具体工作;中级秘书的工作任务是对档案进行分类,这项工作比前者的难度要高一些;高级秘书的工作是编制档案分类方案、制定档案管理制度,这些是更为复杂的工作,要求具有档案管理的理论知识和丰富的档案管理实践经验的秘书方能胜任。

再次,秘书工作内容的差异,还取决于用人单位对秘书人员职务的确定。在政府机关工作的秘书,头衔冠以"行政秘书"的,其主要工作是沟通协调、调查研究、收集信息、拟订方案、协助领导开展全局性的工作;"机要秘书"的工作主要是机密文件的管理、随同领导出行。同样,在企业中,"涉外秘书"的工作以同外商打交道为主;"商务秘书"则以组织和从事商务活动为主。

最后,在一般基层单位,由于各行各业的职能活动千差万别,行政管理的内涵也各不相同,形成秘书的工作内容具有不同的特点。如为领导制定工作日程表和商务旅行行程是企业秘书的一项常规性工作;而对于教育单位的秘书来说,这些工作并不常见,但教学计划督查实施、绩效考核、填写各种统计报表则成为其特色工作内容。

由于上述种种原因形成秘书工作的差别,对秘书工作内容的概括带来了困难。我们对秘书工作的概括和介绍的依据是四个方面:第一,针对一般基层单位的秘书工作,不是以党政机关的公务秘书的工作为重点,而是以现代企业为主的企事业、各种社会组织的秘书工作为重点,因为这个群体的秘书人数更多;第二,以国家有关部门权威文件作为依据,我们将国家人力资源和社会保障部颁发的2006年《秘书国家职业标准》中对秘书工作内容的概括和划分作为秘书工作范围的依据;第三,从我国秘书工作实际出发,结合我国大多数单位秘书机构和秘书所承担的实际工作项目进行归类;第四,参考一些秘书大国对秘书工作内容的说明和规定。

二、《秘书国家职业标准》对秘书工作的概括和划分

2006年,国家人力资源和社会保障部修订并颁布了新版《秘书国家职业标准》,将秘书工作内容概括为三大类,即办会、办事、办文,每一大类又细分为若干小类。

《秘书国家职业标准》对秘书工作三大类工作的划分和概括是:

(1)会议管理。包括会前筹备、会中服务、会后落实。

(2)事务管理。包括接待、办公环境管理、办公室日常事务管理、办公用品与设备的使用和管理、信息管理、商务活动实施。

(3)文书拟写与处理。包括文书拟写、收文和发文处理、文档管理。

在《秘书国家职业标准》中,围绕着秘书工作的三大内容,对国家职业资格五级秘书、四级秘书、三级秘书和二级秘书分别提出了不同的能力要求,这些能力要求是依次递进的,高级别涵盖低级别的要求。这就是说,高级别的秘书必须能够从事所有三个方面的秘书工作,而低级别的秘书只能从事其中一部分的工作。这虽然是对不同等级秘书工作能力的要求,但并非是对每一等级的秘书工作内容的具体规定。在一个具体的社会组织里,对具体的秘书人员来说,高级别的秘书必须承担国家规定的所有的秘书工作内容,而低级别的秘书只承担其中的一部分,但是能力要求也反映出不同等级的秘书所能从事的秘书工作内容的差异性。通过这一规定,我们从中看到国家对秘书所从事的三方面工作所涵盖的具体内容,也领悟到不同等级秘书所从事的具体工作内容。

以下是《秘书国家职业标准》对五级到二级秘书所从事的秘书三大方面工作的职业能力要求:

(一)会议办理

1. 会前筹备

五级秘书要能够:发送会议通知、制作会议证件和指示标识、预订会议室、确认会议住宿、确认最终参会人员。

四级秘书要能够:拟定会议议程、日程,提供会议地点备选方案,布置会场和安排座次,发布会议信息,安排会议食宿车辆,邀请嘉宾,准备会议资料、会议用品,安排会议礼仪服务,检查会议常用视听设备是否正常。

三级秘书要能够:拟订各种会议的筹备方案、督查会务的筹备情况、审核会议文件、与上司沟通会议的有关事宜、拟订会议的应急方案。

二级秘书要能够：拟订会议策划方案、审核会议的筹备方案、组织与培训会议工作人员。

2. 会中服务

五级秘书要能够：接站、完成签到工作、引导与会人员就座。

四级秘书要能够：安排会议值班、联系和接待新闻媒体、进行会议记录、收集与会人员对会议的意见和建议、印发会议简报、安排与会人员的集体合影。

三级秘书要能够：提示会议按计划进行、监督会议经费的使用、处理会中突发事件。

二级秘书要能够：主持会议。

3. 会后落实

五级秘书要能够：安排与会人员返程、清退会议文件资料、整理会议室。

四级秘书要能够：收集并整理会议文件资料、印发会议纪要、结算会议经费、收集会议材料、反馈会议精神的落实情况。

三级秘书要能够：对会议进行总结、评估会议工作。

二级秘书要能够：督查会议决议的落实。

(二) 事务办理

1. 接待

五级秘书要能够：按职业要求着装、接打电话、迎送来访者、招待来访者、填写接待记录与电话记录表。

四级秘书要能够：制订接待工作计划，安排迎送来访团体，安排来访者食宿、交通、行程，安排来访者参观和娱乐活动。

三级秘书要能够：安排涉外礼宾次序、安排涉外迎送仪式、安排涉外会见会谈和拜访、安排涉外宴请、选择馈赠礼品。

2. 办公环境办理

五级秘书要能够：维护接待室、会议室等相关公共区域的环境，维护上司的办公环境，维护本人的办公环境。

四级秘书要能够：布置办公室、检查办公室环境的安全状况、提出办公室安全隐患的处理办法。

三级秘书要能够：选择办公模式、提出办公室布局方案。

二级秘书要能够：实施并监管组织的安全运营、评估办公环境管理状况。

3. 办公室日常事务办理

五级秘书要能够：安排会议室、安排用车、处理邮件。

四级秘书要能够：编制工作时间表，编制、管理工作日志，管理印章和介绍信，安排值班工作，办理现金的使用手续，办理上司的差旅事务，办理上司临时交办的事项，完成文字记录工作。

三级秘书要能够：提出改进办公流程的建议、提出处理突发事件的预防及应对措施、督促检查各项事务的完成情况、制订工作计划、确定承办期限、进行工作评估。

二级秘书要能够：管理团队、陪同协助上司工作、拟订调研方案并组织实施。

4. 办公用品与设备的使用和管理

五级秘书要能够：发放办公用品，使用打印机打印文档，使用传真机收、发文件并对结果进行确认，使用复印机复印文件，使用碎纸机销毁文件。

四级秘书要能够：订购、接收、管理办公用品，使用数码相机拍摄照片，使用扫描仪扫描文件与图片,使用光盘刻录机刻录光盘,使用投影仪显示图文,使用摄像机进行拍摄。

三级秘书要能够:制定办公用品和办公设备的采购程序、提出采购办公用品和办公设备的预算方案、调配办公资源。

5. 信息管理表

四级秘书要能够:收集信息,筛选信息,分类信息,校核信息,用各种方式传递信息,登记、编码、排列、保管信息。

三级秘书要能够:加工、编写信息材料,提供并利用信息,反馈信息。

二级秘书要能够:利用信息辅助决策、制定信息工作制度。

6. 商务活动实施

二级秘书要能够:安排参观活动、安排签字仪式、安排典礼仪式、安排展览活动、安排商务谈判、安排招商活动。

(三)文书拟写与处理

1. 文书拟写

五级秘书要能够:拟写事项性通知、拟写商洽函、拟写传真稿、拟写备忘录、拟写请柬、拟写邀请信、拟写贺信(电)、拟写感谢信、拟写各种类型的启事。

四级秘书要能够:拟写批转、转发性通知、拟写报告、拟写请示、拟写问答函、制发简报、拟写意向书、拟写各种形式的订货单、拟写商品说明书。

三级秘书要能够:拟写通告、拟写通报、拟写决定、拟写请示、拟写批复、拟写函、制订计划、拟写总结、拟写述职报告。

二级秘书要能够:拟写会议纪要、拟写意见、拟写合同、拟写可行性研究报告。

2. 收文和发文处理

五级秘书要能够:签收文书、拆封文书、登记文书、分发文书。

四级秘书要能够:校对文书、缮印文书、传阅文书。

三级秘书要能够:审核文书、拟办文书、承办文书、催办、注办文书。

3. 文档管理

五级秘书要能够:确定归档范围、对文书进行立卷归档。

四级秘书要能够:进行档案分类、编制档案检索工具、鉴定档案、管理档案库。

三级秘书要能够:提供并利用档案、编写档案参考材料、管理电子档案。

二级秘书要能够:制定档案管理制度、选择档案管理模式。

三、秘书工作的内容

根据社会组织和企事业单位中的大多数秘书所承担的实际工作,参照国家人力资源和社会保障部对秘书工作种类的概括和描述,以及参考国内外秘书学界对秘书工作内容的研究所形成的比较普遍和一致的看法,我们将秘书工作内容归纳为事务性工作、业务性工作和管理性工作三大类,具体分为通信联络、接待和礼仪、办公室事务、办公室管理、日程安排、印信工作、临时工作、文稿撰写、文书处理、档案管理、会务工作、网站管理、商务活动、公关工作、参谋咨询、沟通协调、信息工作、调查研究18项工作。

(一)事务性工作

事务性工作是指一些专业性不强、主要依靠经验和责任心来处理的具体事务,主要有通信联络、接待和礼仪、办公室事务、办公室管理、领导日程安排、印信工作、领导临时交办的工作等。

1. 通信联络

通信联络工作包括公务电话的接打、公务信件的收发处理、传真件的收发以及网络通信等。据统计，通信联络工作平均要占用秘书人员30%的工作时间。

秘书部门是一个单位、组织的"窗口"，与外单位的通信来往、与本单位各部门之间的通信联络，都要通过这个"窗口"。接打电话是初级秘书的"第一要务"和"基本功"。秘书要掌握接打电话的要领，按照规范程序和要求操作。例如，养成左手摘机、右手执笔记录的习惯；通话过程中使用礼貌用语；对找领导的电话进行筛选；做好电话记录等。

秘书每天都要处理大量的邮件、传真件和电子邮件。秘书一方面要处理好外来的邮件、电子邮件、传真件，另一方面还要发出大量的邮件、电子邮件和电子信息。对待邮件，秘书除了细心严谨之外，还需掌握一定的程序和方法，处理好邮件的收取、分拣、拆封、登记、分送和邮件的寄发等每一个环节。

对现代通信形式如传真件、电子邮件等，要及时收取、转交、处理和回复，不得延误，避免因处理延误而造成对工作的贻误。

2. 接待和礼仪

接待工作就是一个社会组织对公务活动中的来访宾客迎送、接洽和招待活动，是社会组织间人员相互交往的常用方式。接待是秘书工作的一项重要内容。秘书接待的对象形形色色，有来检查工作的上级领导，有来参观访问的外单位团体，有上门联系工作的个人，还有前来商务考察和洽谈的外宾等，秘书在接待工作中要遵循热情周到、平等尊重、注意礼仪、适度节俭、安全保密的原则。对重要的宾客和团体接待，还要事先拟订接待方案，做好充分的接待准备工作。

礼仪工作不仅是指秘书个人的礼仪修养，而且指接待宾客过程中的合乎国际惯例和各民族风俗习惯的礼节、商务活动中的程序和仪式，如座次排列顺序就不是可以随意安排的。

3. 办公室事务

办公室是机关和企事业单位领导人进行决策、管理的"指挥部"，也是秘书人员协助领导开展工作的工作室，一些信息到这里汇总，一切指令从这里发出，工作、业务联系在此进行，大量的日常事务在此处理。

秘书的办公室事务工作，是指秘书部门和秘书人员在办公室环境中，协助领导处理大量事务性的工作。秘书每天忙忙碌碌，主要就是处理纷繁多样的办公室具体事务，秘书的办公室事务工作，是一个组织的工作正常运转、有序开展的保证。秘书的办公室事务工作包括以下几方面：

（1）办公设备的操作。现代办公室是由现代办公设备装备起来的工作场所，包括计算机、打印机、传真机、复印机、扫描仪、碎纸机等。秘书要对各种现代化办公设备进行操作，计算机操作是秘书必须掌握的最主要的工作技能，文字的输入、表格的制作、文件的网络传送、文章的修改等，都是秘书每天要做的"功课"。此外，接收和发送传真文件、打印和复印文件、使用扫描仪等也是经常性的工作。秘书除了要能够使用计算机和网络，还要能够掌握基本的办公设备故障排除方法，以便使办公设备保持良好的工作状态，保证办公室工作的顺利进行。

（2）各项事务性工作。办公室作为领导的办事机构，有大量的事务性工作，这些工作在每个单位都有，需要秘书人员去做，包括做会议记录、填写各种表格、制作统计报表、员工考勤、制发通知、统计工作、组织活动、经费报销、办公经费的管理、办公用品的采购和供应、员工福利用品的发放、资料和用品的保管工作等。这些工作虽然琐碎,但秘书工作无小事,秘书只有做好这些工作,才能保证组织机器的正常运转。

4. 办公室管理

领导的办公室和秘书的办公室是一个单位和组织的"门面",办公室的环境和氛围,体现了单位和组织的形象,因此,办公室的管理是一个组织的重要工作,而这一工作通常由秘书来做。办公室的管理工作包括:

(1)办公环境的管理。办公环境管理是指办公室的布置、美化和整理。办公室的布置是关于办公室空间的布局和设计,合理的布局有利于工作顺利开展和工作人员心理的调适。办公室的美化是指办公室的绿化和装饰,这关系到提高办公环境的舒适度和营造组织文化氛围。秘书人员要发挥自己的专业特长,出谋划策,优化办公环境。办公室的整理保证领导和秘书的办公场所清洁有序,这对组织的对外形象和提高办公效率会产生积极作用。整理上司和秘书本人的办公区域,是秘书的工作职责。

(2)办公室安全管理。办公室的安全关系到组织对其工作人员安全的保障,工作安全是一个社会组织必须履行的社会责任和法律义务。秘书是办公室安全的管理者,这项工作包括定期排查办公环境的安全隐患,及时采取有效措施,将各种安全隐患消灭在萌芽状态,防止办公场所安全事故的发生。

(3)保密工作。秘书的称呼之所以带有"秘"字,是因为秘书在古代就同秘密文书和接触秘密有关,到了近现代,秘书的工作依然离不开秘密。这是因为,秘书在领导身边工作,这一工作性质决定了他们接触到机密。所谓秘密,就是在一定时间只限于一定范围内的人员知晓的事情。失密将导致工作的失败,给组织的核心利益造成极大的损害。秘书的保密工作包括建立健全保密制度、开展保密教育、进行保密检查、处理失密事件。

5. 日程安排

日程安排是秘书部门或秘书人员协同领导对下一阶段领导所要进行的工作按时间顺序做出合理的计划,使计划得以顺利实施。它是秘书部门或秘书人员的一项重要的事务性工作。做好这项工作有利于领导科学地利用时间,把握工作节奏,提高工作效率;也有利于各领导、各职能部门密切配合,协调行动,从而提高整个组织的工作效率。

日程安排一般要制成一目了然的"日程表"。在安排领导活动日程时要注意:保证领导把主要精力放在大事上,不要让太多的事务和应酬占去领导过多的时间,留有机动空间,注意领导的劳逸结合,对领导的动向保守秘密。

6. 印信工作

印信工作就是印章和介绍信的使用、制发及保管工作。各级组织的印信,是权力的象征和责任的标志,是行使职权和对外联系的凭证,具有法定效力。印信一般由秘书机构保管,各单位、组织必须有健全的印章管理制度,指定专人保管。保管印章的秘书人员必须将印章加锁保管,使用时需要经过领导审批,办理登记手续。

7. 领导临时交办的工作

这类工作是经常性的,但多带有突发性。临时交办的工作包括代表领导参加会议、接见客人、处理事情、为领导出差做准备,甚至到员工家里慰问、去医院探视病人等。这类工作大多是事务性的。

【小资料】

文秘工作内容之一:
1. 接听、转接电话;接待来访人员。
2. 负责办公室的文秘、信息、机要和保密工作,做好办公室档案收集、整理工作。
3. 负责总经理办公室的清洁卫生。
4. 做好会议纪要。
5. 负责公司公文、信件、邮件、报刊的分送。
6. 负责传真件的收发工作。
7. 负责办公仓库的保管工作,做好物品出入库的登记。
8. 做好公司宣传专栏的组稿。
9. 按照公司印信管理规定,保管公章,并对其负责。
10. 做好公司日常费用支出、流水账登记和统计以及各种票据的收纳、保管。
11. 每月各类报表的邮寄及社保的打表。
12. 管理好员工人事档案材料,建立、完善员工人事档案的管理制度,严格借档手续。
13. 统计每月考勤并交财务做账、留底。
14. 管理各种办公财产,合理使用并提高财产的使用效率,提倡节俭。
15. 接受其他临时工作。

文秘工作内容之二:
1. 负责人事处文秘、公章管理。
2. 开具各种信函(包括行政介绍信、证明等)和干部(工人)调动通知。
3. 负责各种文件和通知的收发及督办工作。
4. 负责本部门的信访接待和日常事务工作。
5. 负责人事档案和文书档案的管理工作。
6. 协助做好人事统计报表的统计工作。
7. 负责人事处网页的维护和文件、表格的录入工作。
8. 做好本部门计生、安全保卫、保密等工作。
9. 完成领导交办的其他工作。

资料来源:"文秘工作内容介绍",范文先生网,http://www.fwsir.com/fanwen/HTML/fanwen_20130113205823_205692.html。

(二)业务性工作

业务性工作,是指带有专业性质的常规工作,主要有文稿撰写、文书处理、档案管理、会务工作、网站管理、商务活动、公关工作等。

1. 文稿撰写

对领导来说,秘书最直接、最重要的作用就是"笔杆子"的功能。写作是秘书最基本、最重要的业务能力,文稿撰写是最典型的秘书业务。在企事业单位中,起草各种文稿是秘书的一项"靠你没商量"的任务。

秘书经常撰写的文稿包括法定公文、商务文书、领导发言稿、新闻报道、工作计划、总结、汇报材料、简报、信息汇编等。

文稿撰写是一项艰苦的劳动，也是最能显示秘书综合水平和写作才能的一项工作。

2. 文书处理

对一个单位或组织的行政管理部门来说，其最多的产品就是文书，因此文书处理是最为典型的秘书业务之一，各行各业的秘书一般都会涉及此项工作。它包括公文的制发、公文的处理和公文的整理几方面的工作。公文的制发必须按照行文关系确定行文方式，选择适当的文种，还必须按照公文规范格式制作公文，以保证公文的有效性。公文的处理分为发文处理和收文处理：发文处理一般包括草拟、审核、签发、复核、缮印、用印、登记、分发等程序；收文处理一般包括签收、登记、审核、拟办、批办、承办、催办、注办等程序。公文的整理包括鉴定、分类、组合、排列、编号、编目、装盒、归档。文书处理工作的专业性和技术性很强，秘书需要掌握文书处理的知识、技能和工作经验，才能胜任这项工作。

3. 档案管理

档案是历史的记录，是社会组织的宝贵资料，因此档案工作意义重大。

机关和企事业单位秘书部门的档案工作主要指本机关档案室的档案管理工作。机关档案工作内容主要有：对本机关文书部门或业务部门的文书归档工作进行指导和监督，制定本单位档案管理制度，编制适合本单位的档案分类方案和档案保管期限表，为使档案齐全，需多方收集、鉴定档案以决定它们的存毁，对档案进行系统整理和妥善保管，使档案实体处于良好有序的状态，编制基本的档案检索工具，为档案的利用提供各种服务。

档案管理工作的专业性和技术性很强，对秘书人员的素质要求比较高，秘书人员只有具备强烈的工作责任心、积极的服务精神、保密的观念、耐心细致的工作作风和甘于寂寞的心理素质，才能做好此项工作。

4. 会务工作

会议是现代社会重要的交流和管理手段。无论是政府机关还是企事业基层单位，都要通过大大小小的会议做出决策、布置工作、传达信息、沟通交流、宣传教育、推广经验。会务工作是指直接为召开会议或举行集会服务的工作，从时间上看，包括会前准备、会中服务和会后处理三个阶段，从内容上看包括文字工作和事务性工作两个方面。

会前准备的主要工作有制定会议预案、准备会议文件材料、发送会议通知、落实后勤服务、布置会场、制作会议证件、接站与报到等项。会中服务包括会场签到和统计人数、安排会议发言、会议记录、编印会议简报、起草或修改会议文件、会间生活服务等项。会后处理包括会议决议和纪要等文件的制发、会议文书材料的收集和归档、会议的善后工作、会务工作总结等。

办会是秘书的三大类工作之一。举办一场成功的会议是一项复杂的系统工程，需要秘书人员对各类会议程序的熟知、丰富的办会经验和对大中型会务工作的操控能力。

5. 网站管理

互联网作为信息双向交流现代化工具，被称为继广播、报纸、杂志、电视后的第五种媒体——数字媒体，如今已经被各机关和企事业单位普遍使用。许多单位还建立了自己的网站或网页，作为组织内外联络的窗口和信息交流的平台。

网站的作用是多方面的，地方政府可以把它作为宣传阵地和信息沟通的渠道，企业可以通过它来展示企业风采、传播企业文化、树立企业形象、提高企业知名度，也可用它直接发布产品信息。网站的管理包括技术层面的管理和信息层面的管理，两者都需要应用专门技术。

网站管理是时代赋予秘书人员的新的工作内容。由于互联网的发展潮流，网站与网页已经成为许多单位和组织对外宣传和联络的新窗口、获取外部信息的新渠道。秘书人员擅长文字工作的优势,自然使他们撰写文稿的工作拓展到虚拟空间,由他们负责单位网站与网页信息的发布并对这些信息在政策、法律法规和文字方面进行把关,于是,网站管理就成为当代秘书的一项必不可少的工作内容。

6. 商务活动

在经济全球化背景、市场经济环境、"以经济建设为中心"的大政方针等多重因素的共同作用下,商务活动成为全社会的普遍现象。商务活动名目繁多,包括商务谈判,签订合同,参观考察,召开新闻发布会,商务宴请,招标投标,董事会,股东会,公司成立、撤销、拆分、重组、上市,商业策略的策划等。在领导经常出席的活动中,秘书理应做好辅佐工作。秘书要做好服务工作,必须精通各种商务活动的程序和礼仪,以精湛的业务知识和能力,为领导提供优质的服务。

7. 公关工作

公关工作是一个社会组织运用传播手段使自身与公众互相了解、互相适应以达到和谐的一种管理职能。典型的公共关系活动包括形象调查、活动策划、策划传播、评估结果四个程序。

在市场经济条件下,企业及其品牌的形象直接关系到自身的生死存亡,因此一般都重视公共关系工作。在不设公关部的单位,公关工作由秘书部门来承担。对于一般单位尤其是不设公关部的单位来说,公关工作确实是秘书部门的一项常规业务。

公共关系工作必须坚持以事实为基础,以公众研究为依据,以公众利益为出发点,以科学理论为指导。

(三) 管理性工作

管理性工作是指机关和企事业单位的行政管理工作。它是直接为领导决策服务的综合性工作,在党政机关是政务工作,即政治决策工作;在基层单位主要是行政管理工作。它的任务是辅助领导做好各种管理工作,包括参谋咨询、沟通协调、信息工作、调查研究、信访工作、督查工作。

美国《韦氏秘书手册》关于秘书的行政管理职能是这样表述的:"今天的秘书不再是接待员和打字员,越来越多的经理希望他们的秘书成为行政管理助手,以便使他们自己能够从繁琐的日常事务和某些专门工作中解脱出来。"今天的秘书"要起到行政助手的作用",成为"连接决策者和执行者的纽带"。

【微型案例】

遇到问题先琢磨

小殷是北京嘉铭科贸公司总经理的秘书。这天上午11:00左右,总经理正在与客人谈判,进出口部的冯经理来找小殷商量,问原定明天下午15:00老总与海南琼岛贸易公司的谈判能否提前到今天下午15:30,因为琼岛公司的汤总刚接到家里打来的电话,说其父亲因心脏病突发住进了医院,生命垂危,希望汤总乘今晚最后一班飞机赶回去。

小殷看了看老总这几天的日程安排,调整起来难度很大。如果老总今天下午 15:30 与琼岛公司会谈,就得推迟原定与英国 RM 公司的谈判,而英国 RM 公司的工作人员明天下午要返回伦敦。如果把同 RM 公司的谈判安排在明天上午,那么他们明天上午会不会另有安排呢?即使他们明天上午有谈判时间,原定明天上午拜访中铁公司老总的安排又得推迟……由于会产生这一连串的连锁反应,小殷便对冯经理说,等老总与客人谈完后马上向他汇报。

老总一进办公室,小殷立即作了汇报。不知是谈判刚结束思想还没有转过弯来,还是太疲劳的缘故,老总反问小殷:"这事你看怎么办?"

小殷摇摇头,他根本没想过该怎么办,因为他觉得这个问题应该由老总自己考虑。见小殷摇头,老总非常失望。

资料来源:谭一平著:"遇到问题先琢磨",《秘书》,2010 年第 9 期。

问题:老总为什么对小殷感到失望?

1. 参谋咨询

自从1985年全国秘书长办公厅主任座谈会上将秘书的参谋作用提到助手作用以来,参谋咨询就成了秘书部门的一项常规工作。参谋咨询可能渗透到信息工作、调查研究等其他工作之中,也可能在平时随时提出建议或谏诤。为领导的决策事项提供可行性备选方案是最典型的参谋工作。一般来说,秘书的参谋咨询工作体现在:一是在领导决策之前,协助进行调查研究,摸清情况,收集各方面的信息,为决策做准备;二是协同有关职能部门提出一个或几个方案,撰拟备选方案,供领导参考、选择;三是在领导决策确定后,将决策形成文件,并通过各种形式下达;四是协助领导实施决策并检查决策的执行情况。

秘书人员在辅助决策过程中所起作用的大小,既取决于他是否主动工作,也取决于领导对他的信任程度。此外,还与秘书人员自身的能力有关。

2. 沟通协调

综合协调是秘书部门的基本职能之一,也是领导宏观管理的一项内容。秘书部门的协调工作,就是在其职权范围内或领导授权下,组合和调节各地区、各单位、各部门以及各项工作之间的关系,促使整个系统的工作同步化、和谐化、有序化,以实现组织的整体目标。

秘书的协调工作有一些常用的方法,如文件协调法、会议协调法、个别沟通法等。做好协调工作需要有较高的政策水平和工作经验。

3. 信息工作

准确而全面的信息是科学决策的前提。信息工作是秘书部门的一项重头业务,包括信息的收集、筛选、分类、加工、传递、反馈、储存等程序。

秘书做好信息工作,可以为领导的决策活动提供可靠的信息依据,为组织实行科学管理提供良好的条件。信息工作也是秘书部门做好其他工作的重要条件,例如秘书经常要为领导或机关起草各种文件和材料,其内容必须依赖于平时的信息积累。

秘书部门信息工作的要求是:准确完整、及时高效、适用适量。

秘书部门收集信息的渠道主要有:网络、文件资料、各种传媒、会议、工作交往、调查访问、信访工作。

4. 调查研究

调查研究是秘书人员帮助领导更好地决策和管理的前提。领导由于受时间、精力等条件的限制,无法亲力亲为,就需要通过秘书进行调查研究,搜集并整理所需的信息,作为决策的参考和依据。在决策之后,还需要调查研究,掌握新情况,发现新问题,及时修订和完善决策方案,这种跟踪反馈性的调研工作,也需要秘书帮助领导去完成。

调查研究还是秘书人员完成自身各项工作的基础。秘书的工作,无论是草拟文稿、协调查办,还是处理投诉和意见,都离不开调查研究。

常用的调查方法有开座谈会、现场勘察、个别访谈、问卷调查、电话调查、网络调查、统计调查、专家咨询和论证。

秘书人员还要对调查材料进行分析和研究,将研究结果写成调查报告,才能将感性认识上升到理性认识的高度,才能把零散的杂乱无章的信息变成可供领导参考的重要材料。

秘书人员必须掌握调查研究的基本方法,才能胜任这项本职工作。

【提醒您】

总经理助理的工作内容:

协助总经理制订战略计划、年度经营计划及各阶段工作目标分解;

起草公司各阶段工作总结和其他正式文件;

协助总经理对公司运作与各职能部门进行管理、协调公司各部门关系,尤其是业务部门间的日常工作关系以及事务处理,必要时可单独召开业务沟通会议或工作会议;

配合总经理处理外部公共关系(政府、重要客户等);

跟踪公司经营目标达成情况,提供分析意见及改进建议;

在公司经营计划、销售策略、资本运作等方面向总经理提供相关解决方案;

撰写并跟进落实公司总经理会议、专题研讨会议等公司会议纪要;

协助总经理进行公司企业文化、企业战略发展的规划,配合管理办开展企业文化工作;

完成其他临时交办的任务。

资料来源:http://www.5ykj.com/Article/cygwgwzz/83574.htm。

第二节　秘书工作的原则与方法

【微型案例】

做秘书也要有"三头六臂"

赵娜是某著名大学文秘专业的毕业生,就职于泰华房地产公司。由于公司业务量大,工作非常琐碎,她经常感到焦头烂额。有一件事让她心情郁闷。事情的经过是这样的:当时她正在办公室为总经理起草一份文件,电话响了,是关于总经理要去房产局开会的通知。当她正在边听电话边做记录的时候,专门负责贷款的某银行副行长来到了办公室,可能要找总经理。不过她一手做记录、一手接电话,根本没有时间接待副行长。当她放下电话的时候,副行长已经生气地直接冲到总经理办公室,并且对总经理说赵娜"木"。总经理也非常不高兴,说赵娜不会做事情。赵娜想:我又没有三头六臂,如何能做到面面俱到?

资料来源：孟庆荣著：《秘书工作案例及分析》，清华大学出版社2012年版。

问题：做秘书真的需要有"三头六臂"吗？

秘书工作是秘书活动的形式和内容，是各种社会组织和企事业单位领导实施管理过程中所不可缺少的辅助性工作。从现代企业组织的角度来讲，秘书工作不再仅仅局限于办文、办事、办会，更重要的是秘书要提供参谋性建议或意见，切实成为领导的"智囊"。这就意味着，秘书人员不仅要具备扎实的专业知识和业务经验，还要具备全局意识和管理能力，更要讲究工作的方式方法。如果不注重秘书工作的原则与方式方法，各项工作就很容易杂乱无章地堆积在一起，影响秘书工作的效率和质量。

一、秘书工作的原则

（一）遵纪守法原则

各行各业的从业人员都要遵纪守法，尤其要遵守职业法律和行业法规。这就要求秘书的个人行为要符合法律规范，秘书在工作中更应自觉接受相关法律法规的制约。秘书起草文件或者对领导提意见、建议或者决策方案，必须注意其内容的合法性，绝对不能因为决策权在领导手中，决策失误由领导承担，自己就可以不考虑相关法律制度的约束。在具体的办事过程中，也要注意办事程序符合法律的要求。原则上，决策权在领导手中，领导的法制观念和政策水平应该比秘书高；实际情况未必尽然，尤其是在对具体法律条文、政策规定的熟悉程度方面，领导不如秘书也属正常现象。因此，秘书在工作过程中必须牢固树立法制观念，时刻要以法律为准绳，依法办事，按照公司规章制度办事，避免在工作中出现违规违纪现象。

（二）服从领导原则

秘书工作是以领导工作为中心开展的辅助性工作，这一特点决定了秘书工作的被动性，需要秘书在工作过程中领会领导的意图，服从领导的安排。在每一个特定的组织中，领导是主角，秘书是配角。领导用自己的权力、意志为组织群体决策，对组织群体进行管理，这些特性决定了领导在组织内的领导地位即主角地位。那么，作为配角的秘书，其全部工作只能对领导起辅助作用，在处理任何问题和事务时都只能根据领导的指示来办理，服从领导的安排，绝对不能超出自己的职责范围代替领导自作主张。

（三）团结合作原则

团结合作是现代职场铁律。一个人的力量是微薄的，在社会分工越来越细化的今天，工作任务的完成也越来越依赖于团结合作。对于一个组织来说，任何工作都需要发挥整体的作用，才能达到预定的目标，这就离不开部门之间、人员之间的团结合作。秘书工作的团结合作原则主要体现在三个层面。首先，秘书部门和本机关各个职能部门要建立良好的合作关系，在工作上互相配合、互相支持，形成系统的合力。其次，秘书部门还需要和其他企业组织的秘书部门建立良好的合作关系，在信息互通、资源共享、文书往来等方面，都需要良好的协作关系。最后，秘书部门内部工作人员之间要团结合作，秘书工作的综合性决定了秘书部门内部的分工不可能太细，秘书工作的辅助性决定了秘书部门的工作内容较为繁杂，甚至在时间安排上会出现冲突，这就要求秘书部门的工作人员之间团结合作、相互帮助，齐心协力完成领导安排的工作任务。

【微型案例】

不善合作的秘书

小邵刚大学毕业便进入某外企公司做行政秘书。上任初期,她很想好好表现,以得到外国老板的赏识和同事们的赞许,因此,她每天总是提早半个多小时到岗,整理办公室、调试空调,并为上司准备好饮料。在工作中她总是抢着多干,很多同事也乐于把一些费力不讨好的事塞给她做。开始她干得很卖力,经常加班加点、吃苦耐劳。久而久之,她产生了心理上的不平衡,认为其他同事懒惰、欺生,不珍惜她的劳动,帮其他同事干活本是出于热心,那些同事不但不领情,倒认为她是大家的秘书,谁想使唤她就使唤她。一气之下,她再也不像以前那样积极主动,而是上班踩点,办公室再脏再乱也只当没看见,别的同事求她帮忙,她推三阻四,不伸援手。时间一长,她就觉得在这个公司太压抑,而上司也嫌她太不主动,同事们都觉得她忽冷忽热、脾气无定、性格孤僻、不好相处。她在公司里虽然做事不少,但口碑越来越差,被上司认为在人际处理技巧和业务能力方面都有较大缺陷,最后她只能悻悻地离开公司。

问题:小邵应该如何与别人相处?

二、秘书工作的方法

秘书工作方法是指秘书为完成职能任务而采用的途径、手段和程序。秘书只有采用科学合理的工作方法,才能为切实做好自己的分内之事,为领导完成办文、办会、办事、综合协调、信息沟通、辅助决策等方面的服务;才能不断提高工作效率,确保工作质量。

秘书的职责是辅助领导工作,从某种意义上讲,秘书的工作可以概括为围绕领导开展的"上报下达"工作。秘书要做好"上报下达"工作,必须注意方式方法,同时还应遵守时间管理的原则,进行有效的时间管理。

(一)"上报"工作的方法

秘书的"上报"工作是指秘书将信息以不同的方式转达给领导,请领导裁决。请示、汇报、进言是秘书向领导"上报"信息的三种主要形式。

秘书向领导请示工作一般分为两种情况:一是遇到疑难问题、突发事件需要领导指示;二是遇到问题需要处理而秘书无权处理,需要领导批示或授权。在请示的时候,秘书应明确请示的事项,并准确地将该事项分类:对于常规性工作或自己职权范围内的事项无需请示;一般事务性工作应使用口头请示;对于重大而紧急的事项也应使用口头请示,以节约时间,事后再补写书面请示;对于重大却不紧急的事项则可以直接使用书面请示。

汇报是秘书向领导反映情况或告知重要信息,汇报不需要领导的批准和授权。第一,秘书在选择汇报的形式时,应注意领导的工作习惯。有的领导习惯看书面材料,秘书就应该多采用书面汇报;有的领导习惯听秘书的口头汇报,秘书就应该多采用口头汇报。第二,秘书应注意选择汇报的时间。熟悉领导的工作时间表,根据领导的工作时间表合理安排汇报工作的时间。

进言是指向领导提出建设性意见或劝阻性意见。第一,秘书对领导进言时态度要诚恳谦虚；第二，要选择恰当的时间和地点；第三，要注意语言技巧。

【微型案例】

秘书上报信息要遵守纪律

某地委办公室信息科黄科长采写了一篇较有价值的信息稿，经过一番修改、润色，费了不少心血，然后兴冲冲地呈到地委秘书长的办公桌上。凭经验，他估计这一炮定能打响，并可获得当年全省党委系统的优秀信息奖。

不料，秘书长看后批示："此稿目前不宜发。"看到自己辛辛苦苦采写的稿子被"枪毙"，黄科长心里有股说不出的滋味。"这么好的题材！可惜了！""不行，得想个办法。"

黄科长拿定了主意，回到自己的办公室，又经过一番剪裁，将原稿换了个标题，内容和文字也略作改动，然后拿给地委办袁副主任签发，居然顺利通过了。当然，他没有把真相告诉袁副主任。第二天，黄科长正在为稿件已发而高兴时，被通知到秘书长办公室，在那里他受到了严厉的批评。

资料来源：http://blog.sina.com.cn/s/blog_4aa5d7bd01000985.html。

问题：秘书在上报信息时需要注意些什么？

（二）"下达"信息的方法

秘书"下达"信息主要表现为，传达领导意见和为领导挡驾。

1. 传达领导意见

传达领导意见可以采取书面、会议、口头等形式进行。在传达领导意见时，秘书应注意以下问题：

（1）充分领会领导意图，不可自作聪明地夹杂个人的理解或者随意发挥。

（2）在下达任务时不应该使用领导的口吻，要根据传达的对象和场合采用合适的语气。

2. 为领导挡驾

为领导挡驾是秘书的一项重要工作。挡驾的目的是使领导工作少受干扰，而不是切断领导和下属之间的联系。因此，对于一些领导不愿意接待的来访者，秘书必须做好为领导挡驾的工作。

（1）要与领导进行充分的沟通。在明确来访者的身份、意图后，再做出符合领导意图的决定。需要注意的是，当来访者的问题并非在自己的职务范围内时，一定不能代替发言。秘书所要做的只是礼貌接待，并把问题反映给领导或相关部门。

（2）要发挥语言的艺术。虽然领导出于种种原因一时不便接待某个人，但这人可能是公司内部的员工，也可能是公司的潜在客户，应尽量不要让他们对秘书的挡驾语气产生反感；即便来者是投诉者、推销人员，秘书也应该注意说话的语气，尽量从来访者的角度考虑问题。比如，建议来访者回去等消息，是考虑到他的时间宝贵，但由他来选择是继续等待还是先回去，将该主动权交还给他；或者说，"我一定将你的情况转告领导"，这对来访者是个心理安慰，同时也将要不要回复来访者的主动权交给了领导。

（3）要有不卑不亢的态度。某些来访者没有见到领导，可能会有一肚子的气，秘书一定不能火上浇油,不能为了宽慰对方而一味地指责公司的制度或是站在对方的立场上数落领导的不是。在挡驾的过程中,秘书要保持不卑不亢的态度,不偏不倚地处理问题。

【微型案例】

一个大发雷霆的来电

一个顾客正通过电话向一家大型制造公司的儿童用品部秘书大发雷霆:"你们是怎么搞的?你们保证过按时把这批尼龙儿童棒球衫以每件12美元的价格卖给我们。在这个星期的销售广告中我们已经做了大力宣传,可是你们公司的那个蠢货却通知我们这批货不符合要求,这下可好,你让我怎么办?"

那个秘书面红耳赤地坐在那儿听着,事后她说:"这个客户没完没了地抱怨,说的我直冒冷汗,于是我也变得十分气愤,但我并不能显露出来,我只好平心静气地对他说:'您能稍等片刻吗?让我想想这事怎么办?好吗?'"于是她把话筒从耳边拿开,深深地吸了一口气,然后对自己说:好了,现在应该这么办……

资料来源:http://www.docin.com/p-104288174.html。

问题:如果你是那位秘书,你会怎么办?

(三)时间管理的方法

时间管理是指在消耗同样时间的情况下,为提高时间的利用率和有效性而进行的一系列的计划、组织、协调和控制。时间管理的目的是尽量减少时间资源的浪费,以便有效地完成既定目标。时间管理的意义是面对时间的流动而进行自我管理,其所持的态度是将过去作为现在的参考,把未来作为现在努力的方向,好好地把握现在,运用正确的方法做正确的事情。时间管理并不是要把所有事情做完,而是更有效地运用时间。

1. 时间管理的原则

时间管理除了要决定你该做些什么事情之外,另一个很重要的目的就是决定什么事情不应该做;时间管理不是完全的掌控,而是降低变动性。时间管理最重要的功能是透过事先的规划,作为一种提醒与指引。秘书工作纷繁复杂,更需要秘书进行有效的时间管理,提高工作效率。有效管理时间的方法和规律有很多,秘书想要巧妙地进行时间管理,必须遵循以下原则:

(1)坚持从现在做起的信念原则。时间管理的目的是为了提高工作效率,取得更大的工作成果。因此,对于已经过去的时间不应做过多的追究,应当重视的是,今天的工作不能等到明天来做,今天应该完成的事情一定要在今天完成,不可以无限期拖延。秘书应时刻有一种紧迫感,时刻提醒自己在已设定的时间框架内完成相应的工作;否则工作积压成一堆,为了赶任务,势必出现敷衍了事的现象。

(2)保持时间利用的相对连续性原则。尽管在秘书的工作过程中,各项工作任务是随时分派下来的,但是秘书必须集中自己的时间,切不可把时间分割成零星碎片。心理学家认为,当人们在专心致志做一项工作或思考某一个问题时,最好能够一气呵成,不要中断。因为中断的干扰会破坏人的集中力,要经过相当长的一段时间,才能使精神和思维重新集中起来。例如,当秘书正在撰写公文时,有客人到访,这时候秘书就不得不暂时放下手中的工作进行接待;但是,当接待工作完成之后,秘书应迅速回归到撰写公文的工作中,延续公文撰写的思路,迅速完成,切不可在送走客人之后东想想、西望望或转而做其他的工作。

(3) 保持时间的弹性原则。弹性原则指的是在时间安排表上留有空缺。适当的空缺是非常必要的,只有这样才能富有弹性地安排时间,不至于一会儿忙到焦头烂额,一会儿又找不到事情来做。秘书应注意保持工作时间的弹性,张弛有度地安排工作内容。使用时间要注意劳逸结合,"连轴转"是低能管理者的做法,只能劳民伤财,适当调节才能使工作有持久性,保证高效率。秘书无论是在为自己安排工作任务时,还是在为领导进行工作时间分配时,都应该保持时间的弹性。保持时间的弹性可以使秘书从繁杂的具体事务中暂时解脱出来,审视各项工作的进展情况,防止遗漏重要事项。

【小资料】

麦肯锡 30 秒电梯理论

麦肯锡公司曾经得到过一次沉痛的教训:该公司曾经为一家重要的大客户做咨询。咨询结束的时候,麦肯锡的项目负责人在电梯间里遇见了对方的董事长。该董事长问麦肯锡的项目负责人:"你能不能说一下现在的结果呢?"由于该项目负责人没有准备,而且即使有准备,也无法在电梯从 30 层下到 1 层的 30 秒钟内把结果说清楚。最终,麦肯锡失去了这一重要客户。从此,麦肯锡要求公司员工凡事要在最短的时间内把结果表达清楚,凡事要直奔主题、直奔结果。麦肯锡认为,一般情况下,人们最多记得住一二三,记不住四五六,所以凡事要归纳在 3 条以内。这就是如今在商界流传甚广的"30 秒钟电梯理论"或称"电梯演讲"。

资料来源:http://baike.baidu.com/view/1681621.htm。

2. 时间管理的手段

编制工作时间表是管理时间的一种手段,工作时间表是将某一时间段内已经明确的工作任务清晰地记载和标明的表格,是提醒使用人和相关人按照时间表的进程行动,从而有效地管理时间,以达到完成工作任务这一目的的简单方法。随着办公自动化的发展,一般的电脑系统中都带有类似于工作日志的记录簿、记录表,秘书人员不需要自己动手绘制工作表格,只需将每天的工作任务添加到相应的时间框架内即可。

工作时间表便于秘书人员随时随地记录下自己要完成的工作任务,也可以随时查看自己下一步的工作任务。对于新增加的工作任务,可以直接在工作时间表上添加;对于处理完毕的工作,可以直接从计划表上删除。这样,能够清楚看到任务落实完成的情况。

时间计划表可以分为年计划表、月计划表、周计划表、日程表等。

工作时间表　　　　　　　　　　　　　　　2013 年 6 月 24 日周一

时　间	工作任务
8:00	布置部门会议的会议室,准备会议文件。
9:00~10:00	(1)部门会议803室,下发会议议程表和相关文件;(2)做好会议记录并整理。
11:00~12:00	(1)接待应聘者;(2)为领导预订午餐。
13:00	为领导明天的出差准备相应的文件、物品等。

续表

时间	工作任务
14:00~16:00	陪同接待总部到访人员。
17:00	确定明天上午的销售会议参会人员、地点和议程并进行通知,准备会议文件。
18:00	

3. 合理使用工作时间

秘书必须有计划地使用工作时间,并按计划的安排合理地运用时间,以便消除使用时间的盲目性和随意性。秘书使用时间的计划,应该与领导工作的时间安排相契合。要科学合理地使用工作时间,必须做到以下两点:一是合理分配各项工作使用的时间;二是合理使用零碎的时间。

秘书应根据工作任务的复杂程度和重要程度,制定耗费时间的标准,预测每项工作各需要的时间并对工作时间预先进行大体的分配。例如,秘书应该熟悉自己的"生物钟",找出自己精力最旺盛的时间,用来处理最重要、最困难的工作,而把例行公事放在精力稍差的时间去做,这样可以提高时间利用的有效性。例如,秘书在做接待工作的时候很容易出现这种情况:预约者因为这样或那样的原因延误了见面,需要秘书等待一段时间,那么秘书等待的这段零碎时间也应该被充分利用起来。在零碎的时间里处理一些零散的事务,比如读书、看报、收集一些零散的资料信息、打电话等。合理利用零碎的时间可以有效提高秘书的工作效率。

【微型案例】

日事日清,争取主动

小隋是北京华风科技公司的总经理秘书。下午一上班,总经理递给小隋一份起草好的大纲,说下星期二要参加一个科技论坛研讨会,要求小隋按照这个提纲起草一份不超过3 000字的讲话稿,第二天下班之前交给他。小隋看了看大纲,觉得最多用2个小时就可以搞定,于是对总经理说没问题。下午没什么事,小隋打算给总经理写讲话稿,但一想到昨晚在网上看的长篇小说,心里总是痒痒的,于是决定先把小说看完,反正明天事也不会多,明天再写讲话稿也来得及。可是第二天一上班,小隋就忙得团团转。先是复印一大摞文件,然后是校对一大本产品目录清样。快下班时总经理问起讲话稿,小隋这才想起还有这么一档子事。

案例分析:

秘书中像小隋这样的人不是个例。有些秘书工作量不是很大,时间比较宽裕,就容易产生惰性,养成拖拉的坏习惯,本应上午完成的工作拖到下午,本应今天完成的工作拖到明天……但是,秘书工作中常有许多突发性事件,闲的时候很闲,忙的时候又非常忙。如果养成拖拉的习惯,而不是趁着空闲的时候把工作提前完成,一旦忙起来就有可能一步被动、步步被动,最后难以保证工作质量。时间就是效率,效率就是金钱。如果让拖拉变成了习惯,许多机会就会悄无声息地溜走。所以,秘书一定要养成日事日清的职业习惯。

日事日清就是当天的工作当天完成。秘书最好利用每天下班前10分钟回顾一下当天各项工作的完成情况,比如接待客人、起草文件等,看看自己做得是否合乎规范,有没有提高质量的可能;然后盘点一下第二天的工作,把必须完成的工作填入第二天的日程表,尽量详细,防止疏漏;最后把办公室整理干净,这才算真正结束一天的工作。

资料来源:谭一平著:"日事日清,争取主动",《秘书》,2010年第10期。

总之,在信息高速发展的现代企业中,很多手工操作的秘书工作方法已面临挑战。例如以前秘书做记录工作纯粹是利用一支笔、一个本来完成的,这种传统的记录方式已经完全不能满足现代企业发展的需要,随着速录行业的兴起和发展,许多专业性会议都要求有专业的速录人员用速录机进行会议记录,或者使用录音笔、摄像机等现代办公设备进行会议记录。那么传统的记录方式就可以完全被否定吗? 当然不可以,我们说秘书工作方法的创新是在合理继承基础上的创新,创新的目的在于提高秘书的工作效率和优化秘书工作效果。在实践中,秘书必须根据实际情况需要,勇于创新,灵活选用并综合使用多种方法才能更出色地完成工作。

第三节 秘书工作的艺术

秘书的工作很繁杂也很琐碎,但是作为秘书也要在日常的事务性工作中体现出自身的价值,这就需要懂得秘书工作的艺术。

一、勤于沟通

秘书是联系各个部门的关键人物,也是周旋在领导身边的重要角色,如何把秘书工作做好,就要看秘书是否勤于沟通。在日常事务的处理中,秘书要不怕麻烦、不怕打电话、不怕出错,勤于沟通,把每一项事务性工作落到实处,凡事只有沟通清楚了才能做得更顺手。

【微型案例】

One Thing, Once

今天我正式成为孙总的专职秘书,孙总似乎是有意在第一天就给我来了一个"下马威"。

公司决定参加今年9月份在上海举办的国际展览会,会议的筹备工作由孙总负责。一上班,孙总就让我到他的办公室,向我交代他对筹备工作的一些设想,如参加的部门、人员、经费、进度安排等。我迅速地记录着,以便尽快拿出报告,提交下个星期召开的公司事务会讨论。

"还有,你让黄部长马上过来一下。"孙总最后说。

"对不起,孙总,我没听清楚,您是要找市场部的王子亮部长,还是找研发部的黄云鹤部长?"

由于孙总是南方人,说话"王"、"黄"不分,而这两个部门都要参加展览会的筹备工作。

"One thing, once。"孙总突然说了一句英语。

"嗯?"

由于太紧张,我一下子没明白这句英语的意思。

孙总重复了一次。

我这次明白了,孙总的意思是好话不说两遍。他没有意识到他发音"王"、"黄"不分,而是以为我注意力不集中,所以他火了。

"对不起,孙总,"我看着孙总的眼睛说,"我实在没听清您是要找市场部的王子亮部长还是找研发部的黄云鹤部长。"

宁可挨训,我也得把事情问明白了,不然叫错了人,挨批评是小事,还会耽误更多的事。

我看着孙总,等待挨训,他脸上的线条像刀刻出来似的,难怪玛丽背后老是叫他高总(高仓健)。

"你让研发部的黄云鹤部长马上到我的办公室来。"孙总似乎也意识到自己说话"王"、"黄"不分。虽然最终没有发火,但他的声音仍然是冷冰冰的。

资料来源:谭一平著:《女秘书日记》,江苏文艺出版社2011年版。

问题: 你认为案例中的秘书的做法是否正确?为什么?

二、善于协调

秘书的工作通常需要在各个部门,甚至多个机构之间进行协调,以保障在同一时间内能更有效率地完成领导交办的任务,在协调过程中要不断变换协调的方式,以便达到有效完成工作的目的。

【微型案例】

如此协调

一天,经理把秘书叫到办公室,问小王和小张吵架到底是怎么一回事。秘书说:"您不用担心,她们总是这样吵吵闹闹的,过几天就好了。"经理一听就很不高兴,说:"什么叫总是这样吵吵闹闹的,那怎么工作呢?你去调查一下到底是怎么回事?"秘书说:"听说小王嫌小张做事情磨磨蹭蹭的,小张嫌小王说话的口气不对,就吵起来了。"经理:"什么叫听说?你去把这件事情搞清楚再向我汇报。"

秘书出来,到办公室,对着小张、小王大声喊叫并斥责,然后把她们叫了出来,小张和小王当着秘书的面又吵了起来。这时经理叫秘书到他办公室,告诉她如何去做。秘书回来,把小张叫了出去单独谈了一会,又把小王叫了出去,分别谈完之后又帮助两个人分析问题的所在,告诉两个人这样做的影响,而且把经理的话告知她们。小张和小王当着秘书的面承认了自己的错误,并和好了。

问题: 案例中的秘书为什么第一次协调失败了,而第二次协调成功了呢?

三、服从而不盲从

秘书工作是服务于领导,做到上情下达、下情上报,所以秘书就要服从于领导的命令,按照领导的意图来做事。但是服从并不等于盲从,也不是一味附和,没有自己的是非观念。秘书要通过不断的努力提升自身的综合素质,做一个有思想、有见识的秘书。

【微型案例】

洋 葱

一天,一位美国老板坐车路过一个菜市场,看见路边的小菜摊上摆着一堆堆新鲜的洋葱。洋葱的皮晒得红红的,上边还沾着泥巴。老板的父亲是个农场主,老板小时候跟父亲种过洋葱。他来中国这么久了,第一次看到那么新鲜的洋葱,所以感到很亲切。回到办公室以后,他让秘书派人去给他买几个洋葱回来。可是,当秘书把洋葱放到他办公桌上的时候,那几个洋葱只剩下里面的一点洋葱芯了。为什么会这样?原来行政部门的工作人员将洋葱买回来之后,马上放在水龙头下把洋葱上面的泥巴洗掉了;洋葱交给行政部经理后,经理又把洋葱外面的几层粗皮给剥掉了;行政部经理把洋葱交给秘书后,秘书又把洋葱上的红皮剥掉了。洋葱虽然还是那个洋葱,但早已不是老板最初想要的那个洋葱了。所以,老板看到洋葱后,就把秘书训斥了一顿。

问题: 案例中的秘书犯了什么错误?

四、主动而又热情

秘书应该有一种"管家婆"的心态,积极主动地做事情,把公司当成自己的家,要有工作的热情与积极性。秘书的很多工作都是日常的,甚至有的是突发的、临时的,秘书不能坐等领导安排任务,自己要有一定的主动性,主动找事情做。尤其是对于初入职场的秘书而言,多做一些事会让自己的能力得到更好的锻炼。作为一名职场新人,你的能力不是最强的,但是你要做到,你的态度是最好的。

【微型案例】

称职的"管家婆"

韩静是永恒公司的办公室秘书,由于她为人忠厚老实,踏实肯干,总经理决定把公司的公章交由她保管,介绍信由她出具;但也叮嘱她一定要保管好公章,不能丢失,使用公章和出具介绍信时一定要遵守公司的相关规定,要严格把关。韩秘书掌管公章后,同事们都戏称她为"管家婆",大权在握,了不得了。韩秘书可不这么想,她觉得责任太大,领导信任她,她一定要当个称职的"管家婆"。

为了规范用印制度,韩秘书制作了用印申请表和用印登记表,不管是个人还是部门来盖章,韩秘书都严格审查,是否已经过公司领导签字批准;否则,一律不给盖章。用印完毕,及时进行详细的登记。平时不用印的时候,韩秘书都把公章锁在保险柜里,用印的时候也是用完之后马上放回锁起来。

韩秘书对介绍信的管理也很严格,把介绍信跟公章锁在一起,从来不乱放。在出具介绍信时,她也都根据领导的签字,并在存根上加以记载,按照介绍信编号顺序详细地填写完介绍信和存根的内容后,小心地盖好骑缝章和文末落款章。

有一天,销售科的张副科长来找韩秘书,请她开张介绍信并加盖公章,说他要到深圳出差,洽谈一笔业务。韩秘书请他出示领导的签字,张副科长说:"你知道,老总出国了,两天后回来,可我明天就要出发,飞机票都订好了。要不,你就破一次例吧?"韩秘书坚决地说:"公司有规定,我也不敢破坏,要不,老总该炒我鱿鱼了。"张副科长说:"那你说怎么办?我这可是公事,一大笔买卖,要是耽误了,谁也负不起这责任。"韩秘书想了想,说:"那你去找刘副总签字吧,总经理说过,他不在的时候,刘副总签字也可以。"过了一会儿,张副科长拿着刘副总签字的用印申请单回来了,韩秘书核对过签字后,按程序给张副科长出具了介绍信。

在年终的总结表彰会上,总经理点名表扬了韩秘书认真负责的工作态度。

资料来源:孟庆荣主编:《秘书工作案例及分析》,清华大学出版社2007年版。

问题:韩秘书是怎么做这个"管家婆"的?你觉得她做得对不对?为什么?

五、立足于本职,甘当配角

秘书工作的辅助性特征决定了要做一名合格的秘书就必须立足于本职岗位,安心做好自己的本职工作,摆正自己的位置,当好领导的参谋,甘于做领导的配角,辅助领导完成工作。只有把本职工作做好的人才会有更多被提拔的机会。

【微型案例】

如此露脸

年轻的小王大学毕业以后,应聘到一家规模很大的贸易公司的杭州分公司工作。凭着他的聪明和能力,经过一段时间的努力,他被分公司的经理看中,调到经理办公室当秘书,王秘书干得倒也有声有色。

这些天王秘书很兴奋,因为几天后总公司的张副总经理要来他们分公司视察工作。由于他工作出色,人又机灵,李经理点名让他陪同一起向张副总经理汇报工作。王秘书心想机会来了,他要精心准备一番,一定要在副总经理面前好好表现一把,不光让李经理脸上有光,说不定借此以后还可以调到总公司工作。所以,在张副总经理视察期间,王秘书总是抢着介绍公司的一些具体情况,侃侃而谈,从现状到未来发展趋势、从具体工作到宏观评价无一遗漏。对自己了解得不太充分的情况,也能灵机一动,迅速作出汇报。对张副总经理给公司布置的任务,王秘书也毫不犹豫地承诺下来。视察结束后,王秘书还给张副总经理留了名片,表示今后张副总要办什么事,无论公与私,都可以直接找自己。

送走张副总经理以后,王秘书对自己的表现有些沾沾自喜,可是,他发现李经理的脸色有些不对头,并没有表扬他,只说了一句:"辛苦了。"过了几天,王秘书被调到销售科当业务员去了。他怎么也没有想到会是这个结果,郁闷极了。

资料来源:孟庆荣主编:《秘书工作案例及分析》,清华大学出版社 2007 年版。

问题:王秘书为什么最后被调到销售科了?如果你是小王,你会怎么做?

小　结

【关键术语】

秘书工作　　秘书工作的原则　　秘书工作的方法　　秘书工作的艺术

【本章小结】

1. 秘书工作顾名思义就是"秘书所做的工作",但是不同性质的工作单位让秘书承担的工作大相径庭,且每个秘书承担的具体工作也千差万别。所以界定秘书的工作内容,是对社会上各行各业的秘书所承担的各种工作进行归纳综合,概括出最为普遍的、频率最高的工作内容。

2.《秘书国家职业标准》对秘书工作三大类工作的划分和概括是:(1)会议管理。包括会前筹备、会中服务、会后落实。(2)事务管理。包括接待、办公环境管理、办公室日常事务管理、办公用品与设备的使用和管理、信息管理、商务活动实施。(2)文书拟写与处理。包括文书拟写、收文和发文处理、文档管理。

3. 秘书工作的内容:我们将秘书工作内容归纳为事务性工作、业务性工作和管理性工作三大类,具体分为通信联络、接待和礼仪、办公室事务、办公室管理、日程安排、印信工作、临时工作、文稿撰写、文书处理、档案管理、会务工作、网站管理、商务活动、公关工作、参谋咨询、沟通协调、信息工作、调查研究 18 项工作。

4. 秘书工作的原则:遵纪守法原则、服从领导原则、团结合作原则。

5. 秘书工作的方法:"上报"工作的方法、"下达"信息的方法、时间管理的方法。

6. 秘书工作的艺术:勤于沟通;善于协调;服从而不盲从;主动而又热情;立足于本职,甘当配角。

【知识结构图】

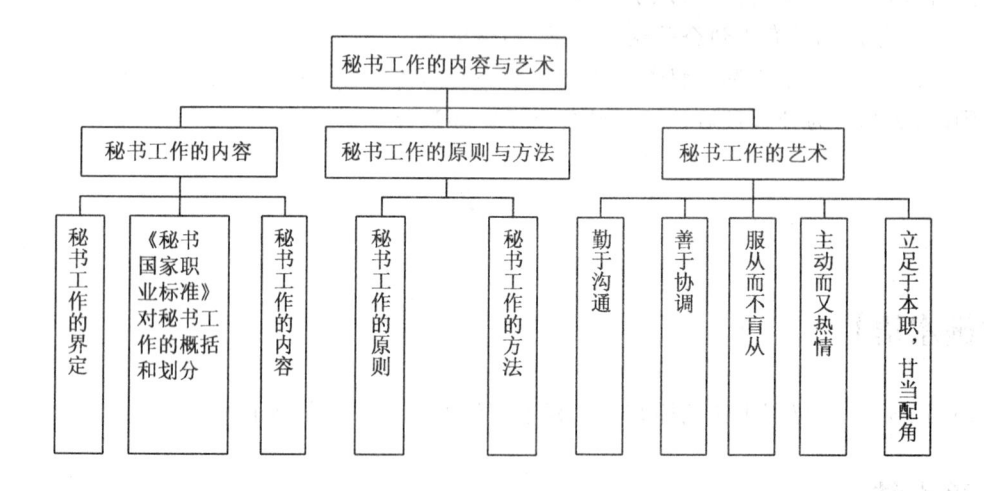

```
                        秘书工作的内容与艺术
           ┌────────────────────┼────────────────────┐
      秘书工作的内容      秘书工作的原则与方法        秘书工作的艺术
      ┌────┬────┐          ┌────┬────┐      ┌────┬────┬────┬────┬────┐
    秘书  《秘书  秘书     秘书  秘书    勤于  善于  服从  主动  立足
    工作  国家职  工作     工作  工作    沟通  协调  而不  而又  于本
    的界  业标准》的内     的原  的方                盲从  热情  职，
    定    对秘书  容       则    法                              甘当
          工作的                                                  配角
          概括和
          划分
```

应　用

【案例研究】

案例一：

谁 的 功 劳

又到年底总结的时候了，秘书李浩然忙碌起来。因为他们处长点名让他负责今年处里的总结，处长要在局里的总结大会上做汇报。与往年不同的是，局里早就明确表示，今年要进行改革，打破奖金发放的平均主义。年底总结，每个处都要上台讲一讲，然后进行评比，哪个处工作做得好，处里人员的奖金就升一级，工作做得不好的，奖金就降一级。

俗话说，"做得好不如说得好"。这句话虽然有弄虚作假的嫌疑，但也说明做得好，也要说得好，否则，不了解情况的人怎么知道你做得好呢？因此各个处都较上了劲，除了工作完成出色外，都在年底的报告上下足了功夫。

李浩然是北大中文系的高材生，平时写文件就是一把好手。刘处长叮嘱他说："今年处里的工作是出色的，能不能让局领导满意，就看你的总结报告是否出彩了。"李秘书接到任务后，连着熬了几个通宵，终于写出了一篇洋洋洒洒、既有文采又有深度的总结报告交给处长审阅。处长看了连连点头，非常满意，高兴地说："今年咱们处这奖金是拿定了。"

果然，在全局的总结大会上，李秘书写的稿子让刘处长声情并茂地一讲，获得了全局一致的好评。会后，局长还专门对刘处长说："老刘，今年你们处的总结不错，很有深度。"刘处长听了很得意。知道内情的人都说这是李秘书的功劳，李浩然知悉后严肃地说："不能这么说，我只是写了个草稿，最后还是处长定的稿。"

问题：

1. 案例中李浩然的做法对不对？

2. 你认为李浩然的秘书工作的艺术体现在哪里？

案例二：

秘书错了吗

苏州市茶叶贸易公司王经理将与英国客商史密斯谈一笔30万英镑的茶叶出口合同。李秘书负责接待工作兼翻译。史密斯一进门，李秘书马上将其引进会客室，王经理已等在那里了，经过一番简单的介绍，他们发现史密斯粗通中文，能听懂不少中国话。王经理与史密斯寒暄的时候，李秘书前去泡茶，她用手从茶叶罐中掐了一撮碧螺春茶放在茶杯内，然后冲上水，把杯子放在史密斯的面前。

王经理和史密斯都看到了这一切。史密斯疑惑地问："听说你们中国在加工碧螺春时，姑娘们要用手沾着唾液把茶叶卷起来，是不是？"王经理还未答话，李秘书立即反应："那种茶叶样子特别好看，特别香呢！"王经理解释说："不、不、不，几十年前是这种情况，但现在茶叶的种植、采集、加工都严格按照国家出口标准进行，不会再出现类似的情况。"史密斯说："刚才那位小姐给我泡茶不是用手抓的吗……"

王经理赶紧转移话题，引导史密斯到茶叶样品桌前，双方就合同事宜谈了起来，在价格问题上双方争执不下。最后，王经理说："我按最低价格打九折给你。"史密斯沉思着，李秘书接口："我们已经给你成本价了，你应该接受了，你连茶都没有喝一口，怎么知道茶叶的质量呢？"

史密斯听了，耸耸肩，说了声抱歉，拔腿就走。

望着史密斯的背影，王经理冲着李秘书一顿责备："好好的一笔大生意，都让你给搅了！"李秘书茫然不知所措："经理，我不是一直在帮你吗？怎么会是我的错？"

问题：
1. 合同没有谈成，秘书做错了吗？她错在哪里？
2. 作为秘书兼翻译，秘书的主要工作应该是什么？
3. 如果你是秘书，在这种场合，你应该怎么做？

案例三：

后悔的秘书

小丽的第一份工作是在一家日本公司当文秘。上班的第一天，一位看起来木木的日本老头给她交代工作，让她把收到的一大叠报纸按各科室订阅的份数发下去。

小丽很快就把报纸分发完。对剩下的报纸，小丽不假思索地往阅览室一堆，就算完事了。

接下来的任务就是为来访的客人斟茶递水，小丽应付地干着。等了十几天，仍没见有调职的动静，小丽有点急了，她跑去问那位木木的日本老头。老头显得有些无奈，他说招你来是打算做总经理秘书的，刚巧负责分发报纸和搞接待的文员病了，总经理说让新来的员工顶几天。总经理每天有去阅览室的习惯，发现每天的报纸都堆在一边，没人把它夹好上架，总经理就问，这是谁负责的工作，当得知是小丽时，当下就发话了："如果连这么简单的工作都做不好，怎么可能干好其他事呢？她哪天干好了，哪天再说。"

问题：

1. 小丽的问题出在哪里？
2. 如果你是小丽，你会怎么做？

【实验实训】

1. 请教师指导学生分组进行接待工作的情景模拟，然后要求学生写对秘书工作的心得体会。
2. 请教师指导学生分组进行会务工作的情景模拟，然后要求学生写对秘书工作的心得体会。

【复习思考题】

1. 秘书工作的内容包括哪些方面？
2. 秘书工作的原则是什么？
3. 秘书工作的方法有哪些？
4. 你如何看待秘书工作的艺术？

第六章

秘书与人际关系

学习目标

通过本章学习,你应能够:

了解秘书的角色定位;

了解秘书角色意识的内容;

了解秘书人际关系的定义与分类;

掌握秘书人际关系的特征、基本原则;

掌握秘书处理各种人际关系的主要手段、原理与注意事项。

【引入案例】

效率第二,人缘第一

对于秘书而言,到底什么才是其制胜的法宝? 有人说,是熟练的专业技能。因为随着秘书职业化进程的加快,秘书工作越来越专业化,只有拥有熟练的专业技能,才能保证秘书工作的顺利开展。有人说,是过硬的综合素质。因为秘书要处理的工作涉及方方面面,所以秘书所拥有的知识不一定要专,但一定要够杂,只有这样才能应对复杂的秘书工作。还有人说,是认真负责的工作态度。秘书工作是十分繁琐的,无数的文件、电话、接待等充斥于秘书工作中,如果缺乏认真负责的态度,就会被这些浩如烟海的事务工作所湮没。

对此,台湾资深秘书石咏琦所在的秘书协会曾对境内外工作两年以上的秘书做过一项问卷调查,然而得出的结论却让人大跌眼镜:"无论办公室大小、人员多少,秘书所做的工作如何繁琐、技能如何熟练,到头来成败结果往往系之乎人际关系是否良好。"结合自身的丰富体验,石咏琦反复表达了这样的理念:"秘书的成败往往不在效率第一,而在人缘第一。"

资料来源:钱世莱著:"角色、条件、关系、发展——论台湾资深秘书石咏琦的秘书观",《秘书之友》,2004 年第 1 期。

问题:秘书工作中,"人缘"为什么会排在"效率"之前?

第一节 秘书的角色意识

角色是人类个体社会性的一个最直观的体现。生活在社会里的每一个人都拥有各自不同的社会身份，并依据不同的社会身份扮演着各不相同的社会角色。如何演绎自己所扮演的这个角色，首先要做的就是正确地认识和了解这个特定的角色，即树立正确的角色意识。

一、秘书的角色定位

（一）角色与角色意识

角色是指人在社会中所处的地位，这种地位赋予人相应的权利和义务，并且要求具有与之相适应的意识和行为。每一个社会人，终其一生都会扮演多种不同的社会角色。按亲缘关系，可分为父亲、母亲、儿子、女儿等；按职业分工，可分为工人、农民、公务员、医生、教师等；按层次高低，可分为上司、下属、同事等。

角色意识是指一个人在社会群体中对自己所处的地位以及由地位所规定的社会职责的感知与认识、自己对周围人的种种角色关系的理解与协调。简言之，就是个人对自己所扮演的这个社会角色的整体认识。这份认识主要包括：对这个角色本身的认识与了解；对这个角色与相关角色之间关系的认识与处理。

【小资料】

什么是角色？

角色，也称"脚色"，本是戏剧、电影的专用名词，指剧中人物。影片中由演员扮演的人物，一般分为主要角色（简称主角）、次要角色（配角）和群众角色等。作品中的角色，是指漫画、小说、戏剧或电影等著作中虚构的人物、动物或者其他生物，乃至机器人。通常来讲，这类角色的首要特征是虚拟性和独创性，其不同于现实生活中体现具体社会关系的真实人物。

（二）秘书角色意识

秘书的角色意识是指秘书对所担任角色的社会地位及由地位所规定的职责的知觉、理解和体验。鲜明而正确的角色意识是从事秘书职业的灵魂所在，没有正确的角色意识，秘书就不能在工作中积极发挥主观能动性，就不会形成敬业、爱岗的职业精神，甚至还会偏离了应有的职业轨道。

秘书角色呈现出复杂的混合特征。概括来说，有三个特征：一是从属性，即秘书的工作活动是依据领导活动的轨迹而运转的。秘书活动，是需要听从于领导安排的。二是辅助性，秘书工作的性质是辅助性的，是领导工作的必要补充，不仅通过完成日常事务让领导从繁杂的事务工作中解放出来，还通过提供一系列的辅助管理为领导分忧。三是服务性，即秘书是为领导服务的，主要体现在秘书的工作内容上，是为了协助领导工作而开展的。

（三）秘书的角色定位

角色的定位，从来就不是一成不变的，而是一个动态的、发展的过程，是一个带有循环性的螺旋上升的过程。

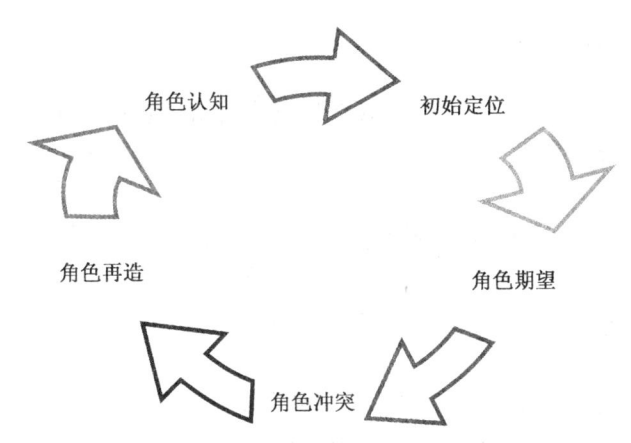

角色认知 → 初始定位 → 角色期望 → 角色冲突 → 角色再造 →（循环至角色认知）

首先，我们通过调动已有的知识储备，用以指导自己对某一特定社会角色的认知，即角色认知。在这一阶段，我们对于这一社会角色的认知是肤浅的、间接的，主要是通过借鉴前人或他人的经验来完成。

其次，以角色认知为基础，通过在认知阶段收集到的各种资料与信息，经过自身的分析与整理，逐渐内化为自身对这一社会角色的初始定位。这时的定位具有一定的系统性，但这种系统性是不全面、不完善的，时有错漏是不可避免的。至此，角色定位的第一轮就结束了。初始定位作为这一轮定位的终点，带有一定的总结性质，具有一定的指导意义。同时，它也是下一轮定位的起点与基础。

第三，通过第一轮的角色定位，我们对这一社会角色已经具有了一定的认识与了解。此时，我们会对这一社会角色产生相应的前景展望，也可以说是角色期望。前景展望，是我们对从事某一社会角色可能会遇到的工作与问题的一次全景式思考。这其中理所当然会包括对工作技巧的掌握、对矛盾冲突的化解等方方面面的考虑。

第四，我们总是朝着好的方向期望。所以，在前景展望的阶段里，大多数人都只会看到这一社会角色中吸引人的那一面。可是，工作永远是实实在在的，有光鲜靓丽的时候，也必然会有灰头土脸的时候。理想与现实之间的冲突，在此体现为角色冲突。

第五，在经过角色冲突之后，我们对职业角色必然会产生出新的理解与认识，进而得出更为客观的结论。同时，也会结合自身的情况，对自己所从事的职业角色进行个性化的改造，即角色再造。

【微型案例】

随着经济的发展，越来越多的秘书在职业大舞台上一显身手，为社会的发展贡献着自己的力量。虽然只是以配角的面目出现，但是秘书的影响力与作用力却是毋庸置疑的。秘书这一社会角色，也越来越引起研究者的注意。通过对秘书工作的观察与总结，有人对秘书这一社会角色提出了一个"4M"标准：like a mother, manager, maid and model；即像母亲一样照顾好上司，像管理者一样管理好上司的日常时间和工作，像女仆一样随传随到，衣着举止像模特一样得体。

问题：上述说法准确吗？对此，你有什么看法？

二、秘书角色意识的内容

想要成为一个合格的秘书,首先应当树立起正确的角色意识。秘书这一职业所需要具备的角色意识主要包括以下几个方面:

(一)责任意识

秘书在领导身边工作,直接为领导服务,在工作中负有重要的责任。为此,秘书必须培养高度的责任意识,培养强烈的社会责任感,这样才能在为领导服务的过程中实现自己的角色价值。可以说,责任意识,是秘书角色意识中最为重要的一环。

(二)服务意识

秘书所从事的主要是服务性质的工作。服务意识,可以说是秘书最起码、最基础的角色意识。只有认识到服务是秘书的本色,正确理解服务的崇高性,才能真正从内心深处树立起自觉服务的意识,才能真正做到甘当配角、乐于奉献。

(三)服从意识

秘书必须坚定不移地贯彻领导的决策、执行领导的决定,这些都需要秘书在工作过程中主动树立起服从意识。服从和贯彻是服务过程中重要的组成部分。服从虽然不是秘书的天职,却是秘书必须要学会的一件事。树立服从意识,是秘书最起码的角色意识。

(四)主体意识

秘书在管理活动中的定位是配角,所以秘书必须树立服从意识。同时,秘书作为秘书职业活动的主体,在处理具体业务工作时则担当主角,所以秘书在处理自己的本职工作时还需要树立主体意识。这种主体意识与服从意识矛盾共存、对立统一,正是由秘书角色自身的双重性所决定的。

(五)公关意识

秘书是领导身边的工作人员,工作中所接触到的人和事往往来自各个部门、各个岗位,由于所处的位置特殊,为了工作更为顺利地开展,秘书需要处理好纵向横向、对内对外等各种人际关系,这就要求秘书具备很强的公关意识。

(六)纪律意识

秘书由于长期工作在领导身边,出于工作上的需要,往往拥有许多旁人无法企及的便利条件。这些便利条件是一把"双刃剑",一方面是提高秘书工作效率的法宝,另一方面也是滋生腐败的温床。越来越多的秘书腐败案例,用活生生的事实告诉我们,秘书必须做到遵纪守法、依章办事,树立牢固的纪律意识,并用来指导自己的工作,约束自己的行为。"管住手、管住嘴",是秘书纪律意识最生动的写照。

(七)形象意识

秘书部门作为企业的窗口部门,代表着企业的形象。秘书作为秘书部门的主要组成人员,其一言一行不仅代表着个人形象,还代表着领导形象、企业形象,是"三位一体"的综合形象塑造。秘书的职业形象主要体现在仪表美与心灵美的结合、外在美与内在美的统一。随着社会的发展、企业文化的兴起,秘书形象增加了新的内容,成为企业文化最直观的载体,是企业形象简洁生动的体现。

第二节 秘书人际关系的内容

美国著名教育家戴尔·卡耐基在调查了无数的明星、巨商、军政要员之后认为,一个人事业上的成功,只有15%是由于他的专业技术,另外85%要靠人际关系和处事技巧。下面具体阐述秘书人际关系包括哪些内容。

一、秘书人际关系

（一）秘书人际关系

在职场中,人际关系的好坏会直接或间接地影响到个人的工作能力以及他人的评价。为了拥有良好的人际关系,首先让我们来了解一下,什么是人际关系。人际关系,简单来说就是人与人之间的交往。具体来说,人际关系也有广义和狭义之分。广义的人际关系包括社会上所有的人与人之间的关系以及人与人之间关系的一切方面;狭义的人际关系则是指人与人之间通过交往与相互作用而形成的直接的心理关系。

秘书人际关系是指在秘书职业活动中,秘书与他人之间传递信息、交流感情、沟通思想、建立人际关系的过程。秘书人际关系是秘书公共关系活动的集中体现,是秘书所应当掌握的一门公关艺术。

（二）人际关系的特征

1. 公务性

秘书的人际交往活动,一般来说,是出于职业和工作的需要而进行的。秘书的人际交往实际上是一种公务行为,带有很强的功利性,涉及一定的利益关系。其中所涉及的交往场所、交往人员、沟通内容,都是以工作需要为目的而展开的。在职场上,所谓的私人交往,也不可以简单地归类为私人感情,一定要清楚地认识到,其中的公务性也可能具有一定的职业含义。

2. 代表性

秘书的人际交往不仅代表着领导,更代表着单位的整体形象,而并非简简单单地代表其个人形象。代表性是公务性的延伸,是由公务性所决定的。秘书在人际关系问题上,要时刻牢记用单位形象来包装自己,力求在对方眼中为自己的单位留下一个良好的印象。在人际交往的过程中,借由自己而推销自己的单位,这正是秘书人际交往中的一个重要目的。

3. 多向性

秘书由于其所处位置的枢纽性、综合性等特点,决定了秘书人际交往过程中所需接触的面相当广泛,比如与主管领导的交际、与其他秘书的交际、与同事的交际、与政府的交际、与传媒的交际等。从交际的方向上,可划分为上行、下行、平行等多向交往。

二、秘书人际关系的分类

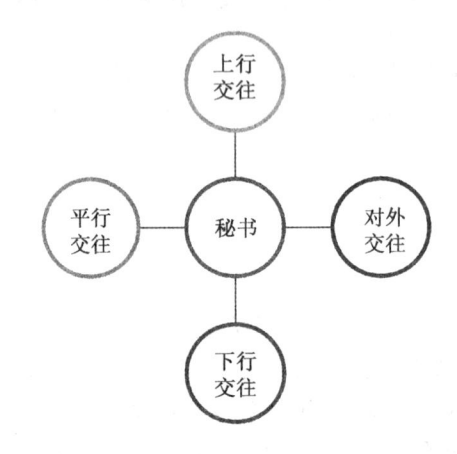

```
        上行
        交往
         |
 平行 —— 秘书 —— 对外
 交往         交往
         |
        下行
        交往
```

(一)上行交往

所谓上行交往,即与领导之间的交往。上行交往,是秘书人际关系中很重要的一部分。这里所指的领导,主要包括两类人员:一是直管领导,即直接对秘书人员进行安排管理的领导,主要是指秘书部门的领导者,如办公室主任、秘书长等;二是上级领导,即秘书人员主要的服务对象,主要是指单位的主要领导人员,如董事长、总经理等。

(二)平行交往

平行交往,即与同事之间的交往。主要包括:与秘书部门内的其他秘书人员之间的交往;与本单位其他部门同事之间的交往。

(三)下行交往

下行交往,即与下属之间的交往。是指与受其管辖的其他秘书之间的交往。下行交往主要是针对秘书部门的领导而言,如办公室主任、秘书长等。一般来说,初、中级秘书不涉及下行交往。

(四)对外交往

对外交往,即与外界的交往。对外交往,是秘书对外联络工作开展的主要手段之一。主要包括:与政府机关和相关职能部门之间的交往;与新闻传媒之间的交往;与本单位的合作伙伴、业务单位及客户等之间的交往。

三、秘书人际关系的重要性

人际关系,是秘书工作中一项非常重要的非物质因素。没有良好人际关系的支持,秘书工作就难以正常开展。拥有良好的人际关系,对提高秘书工作效率会起到巨大的推动作用。这种推动作用主要表现在两个方面:

(一)有利于提高自身的工作效率

良好的人际关系对秘书工作效率的影响主要体现在以下几个方面:

1. 有利于更好地为领导服务

领导作为秘书的主要服务对象,处理好与领导关系中重要的一环,就是了解领导的个人爱好、办事风格、思维模式等方面的内容,而这正是秘书进行有效服务、高效服务的基础和前提。同时,处理好与领导的关系,也有助于提高秘书向领导进言的成功率,从而更好地发挥秘书的参谋咨询职能。

2. 更好地进行协调

由于其位置的特殊性,身处中心枢纽的秘书,在工作中往往更容易遭遇到矛盾与冲突。而良好的人际关系,可以更有效地避免矛盾与冲突。此外,凭借良好的人际关系,秘书在开展协调工作时,往往会更加得心应手,马到成功。有时,别人费尽唇舌都无法解决的事,秘书一出马就解决了,这靠的并不是巧舌如簧,更多的是靠平时在人际关系上的有效积累。

(二)有利于营造良好的工作氛围

工作氛围,作为工作环境中的人为因素,它的好坏直接与工作其中的人息息相关。良好的工作氛围,对于工作人员的工作情绪、积极性、参与度、认同感等,都会产生极大的正面促进效果。一个好的秘书,不仅要善于处理自身的人际关系,同时还要善于打理周围其他人员之间的关系。如化解同事之间的矛盾、解决争端,消除不同人员之间的沟通阻碍,强化团队成员的整体意识、团队精神;换句话说,即成为团队的黏合剂,将所在的团队打造成一个有团队精神的理想团队。

总而言之,在秘书的职业生涯中,必须拥有良好的人际关系。秘书良好的人际关系有利于营造良好、愉悦的工作气氛,使公司充满活力与生机。这样不仅提高了工作效率,而且可以让工作中的人心情舒畅,这样的结果是管理者和员工都希望看到的。

【微型案例】

职场双面人

助理赵刚,今天一大早就西装革履地出发了。总经理今天给他的任务就是负责把公司刚谈拢的合作伙伴王总给陪好了。为了能完成好这项任务,赵刚提前几天就开始准备,制订了几套方案,以便到时见机行事。当王总出现在他面前,并亲切地拍拍他的肩头,说"你这小鬼都长这么大了"时,赵刚脸上有掩饰不住的惊喜:"王哥,真的是你呀。"多年前出国留学的邻居王哥,是赵刚里最深、最快乐的童年回忆,可以说他就是跟在王哥屁股后面长大的。从机场出来,两人沉浸在重逢的喜悦中,一路上他们重温了许多儿时的回忆。然而,一踏进公司的大门,赵刚就发现王哥的神情变得有些不一样了,脸上的微笑含蓄而深沉,一点也不像几分钟前开朗生动。眼神也锐利起来,鹰一般地审视眼前的一切。温和的语气,丝毫没有影响言辞所带来的一针见血与毫不留情,即便是对赵刚也一样。可是,等下了班,王总又变回了从前的王哥,真诚而热情。对此,赵刚很不解,从前那么真诚的王哥,怎么就变成了如今这么一个双面人了呢?

问题:从上述案例中,分析王总前后变化的原因。针对秘书的人际交往活动,我们能从中借鉴到什么?

四、处理人际关系的基本原则

在秘书人际交往过程中,为了建立起良性的人际关系,需要遵守如下六项基本原则:

(一)关系对等原则

人与人之间的交往,最基本的前提就是"平等"。人际交往中,平等是建立良好人际关系的重要前提。没有人乐意与眼高于顶的人交往。平易近人是一种美德,尤其是对那些身处高位的人而言。秘书由于长期在领导身边工作,在不少人眼中秘书就是领导的红人,是领导的代言人。虽然这种说法不正确,但从某种程度上也反映了秘书自身位置的特殊性。

人际交往中所说的平等是指人格平等,主要包括尊重他人的人身权利、自尊心、感情,不涉及他人的隐私权等方面的内容。

(二)互利互惠原则

职场上的各种人际交往,有一定的感情成分,但究其根本,还是以利益为最终目的的。所以,互利互惠原则在此显得尤为重要。只有互利互惠,这样的人际关系才能维持得最长久、最稳固。

这里所说的互利互惠主要包括两方面内容:一是精神利益共享。在鲜花与掌声面前,不要忘了你的搭档,记得与他们一同分享这份喜悦,这会让彼此之间的关系更上一层楼;二是物质利益均沾,将所获的物质利益分给你的合作伙伴,让他们在分享你的喜悦的同时,更收获一份实实在在的利益。

(三)诚实守信原则

在秘书工作中诚信有着重要的价值。诚信不仅对个人,甚至对单位而言,都是一种无形资产,而且是一种会不断增值的无形资产。秘书在人际交往中彰显出"诚信"的人格魅力,客观上能增加他人的信任,提升自身的亲和度,从而成为人人乐于合作的对象,这样就能充分发挥自身能力,得到他人或组织的支持、鼓励,更好地体现自身价值。

(四)宽容忍耐原则

宽容指心胸宽广、忍耐力强、不计较个人利益得失。"海纳百川,有容乃大。"人际交往中要求秘书严以律己、宽以待人,关心人、理解人,大事要清楚、小事不糊涂,原则要坚持、方法要灵活,以德报怨、得理让人。

(五)慎独原则

秘书在工作内外都要遵章守纪,坚持道德品格操守,防止误入歧途。老子曰:"慎终如始,则无败事。"怎样"慎独"?一是要慎"浮躁",即戒骄戒躁,惯于自省,让自己时刻保持清醒的头脑,认清自己的角色与位置;二是要慎"交友",正所谓"近朱者赤,近墨者黑",避免在社会圈子里栽跟头;三是要慎"私欲",欲望是个无底洞,一旦不加控制,会吞噬一切的良知与理智,会让人沦为欲望的奴隶,深陷犯罪的泥沼而不能自拔。秘书应远离一切腐朽的、低级趣味的东西,用道德与理想来战胜欲望。

五、处理人际关系的方法

人际关系,在很多人看来,都是极其复杂而难办的。凡事都有其规律和解决方法,处理人际关系也是一样。

(一)塑造良好的第一印象

塑造良好的第一印象,对于秘书而言,是十分重要的。究其原因主要有两点:

其一,这是由秘书的工作性质决定的。秘书人际交往具有交际目的的多样性、交际时效的临时性、交际对象的不确定性等特点,这使得秘书没有过多的时间去积累好感,以"日久见人心"的传统方式来一一进行每一次人际交往。为此,秘书必须在最短的时间内取得对方的好感,促进交往的达成,以便后续工作的开展。而良好的第一印象,正是一块好的敲门砖,可以省掉许多时间,直接切入正题。

其二,这是由经济社会的快节奏决定的。"快"已经成为这个时代的一个最流行的形容词。在生活节奏如同飞速奔驰的列车的现代社会,很少有人会愿意花更多的时间去了解一个留给他第一印象不好的人。对于秘书而言,给人留下良好的第一印象,则是留住他人目光的最有效、最经济的手段。只有吸引对方的注意力,真正的人际交往才能正式开始。

【小资料】

奇特的"首因效应"

在心理学中,"首因效应"也叫"第一印象效应",即在短时间内以片面的资料为依据形成的印象。心理学研究发现,与一个人初次会面,根据对方的表情、姿态、身体、仪表和服装等信息,在45秒钟内就能产生出第一印象。这一最先的印象对他人的社会知觉产生较强的影响,并且在对方的头脑中形成并占据着主导地位。首因效应本质上是一种优先效应,当不同的信息结合在一起的时候,人们总是倾向于重视前面的信息。即使人们同样重视了后面的信息,也会认为后面的信息是非本质的、偶然的,人们习惯于按照前面的信息解释后面的信息,即使后面的信息与前面的信息不一致,也会屈从于前面的信息,以形成整体一致的印象。

(二)加强感情投资

人际关系说到底就是一种情感交流,是人与人之间以情感为基础的交流。"公关者,攻心为上",说的就是加强感情投资的重要性。所谓感情投资,主要是指感情的联络与沟通,即向对方倾注真挚的感情,并在力所能及的范围内尽力帮助其解决问题和困难,使对方感到愉悦,从而建立起良好的人际关系。由此可见,在人际交往过程中,感情的投入是必需的,也是不可或缺的。

这里所讲的感情,一定要以真诚为基础,必须是真心实意的,而不能是虚伪做作的。那种"明里一盆火,暗地一把刀"的人,或许会迷惑对方一时,但最终会在实际中露出"狐狸尾巴"。而到那时,前期建立在虚伪基础上的社交成果,就会化为乌有,甚至会影响到众人对其人品的质疑,进而对其未来的社交活动带来难以逆转的负面影响。

与此同时,我们还应当牢记的是:加强感情投资并不等于用感情代替一切。这里我们所谈到的人际关系,是秘书在工作中开展的一项活动,是秘书工作的一部分。只要是工作,我们就应当遵守"公私分明"这一原则。不讲感情,我们就无法开展人际活动,无法打开社交局面;但过分强调感情因素,带来的则是失业的危机。秘书工作是一项原则性很强的工作。在工作中,在规章制度允许的范围内,可以讲感情,但是绝对不能让感情因素占据上风。

(三)求大同、存小异

在人际交往过程中,矛盾与摩擦是不可避免的。因为每一个人都是有着独立思想的个体。这个世上,没有完全相同的两片树叶,同样,也没有完全相同的两种思想,没有完全相同的两个人。每个人因为生长环境、受教育程度、生活经历、社会地位等的不同,在观察问题、思考问题的时候,会得出千差万别的结论。而这就是人与人之间矛盾与分歧产生的根源。这种个体间的差异是客观存在的,是无法改变的事实,是我们在处理人际关系时必须正视的问题。同时,它也是一个必须要得到重视的问题。有时,一个看似很微不足道的分歧,如果处置不当,就会形成矛盾,进而引发争执;争执不下,矛盾就会升级,上升为派系斗争,最后可能会引发不可收拾的后果。

既然分歧不可避免,那么可取的处理方法就只剩下"调和"——"求大同、存小异"。即争取大方向、大原则的统一,同时,允许方式、方法、个性、兴趣上存在一些小小的差异。其目的就在于争取尽可能广泛的同盟军,团结一切可以团结的力量。具体来讲:首先,要找出双方的共同之处,,即求大同。只要在大的方向上是一致的,就是我们所要团结和争取的对象。人对于"同",有一种天然的亲切感,寻找到了"共同之处、大同之处",对方心中的敌意和不满就会消除大半以上。对立感的消退,是人际交往得到继续深入的必要基础。其次,就是要允许彼此间存在细枝末节上的不同。正视不同的存在,是对客观规律的尊重,是实事求是的表现。存小异,是将一些非本质性的、非关键性的差异暂时搁置起来。

【小资料】

求同存异

求同存异,是中国对外关系中遵循的基本方针之一,由周恩来1955年4月在万隆会议上首次提出。他宣布,"中国代表团是来求同而不是来立异的"。亚非国家都经受过或正在经受着殖民主义造成的灾难和痛苦,有求同的基础。它们中存在不同的思想意识形态和社会制度,"不妨碍我们求同和团结","我们的会议应该求同而存异"。此后,他将这一方针的应用扩大到所有国家。他说,世界各国为了共存,"应该撇开不同的思想意识、不同的国家制度",寻找"共同点",保留不同点。这一方针是周恩来外交思想的重要内容之一,并为越来越多的人所接受。

资料来源:《中国外交大辞典》,世界知识出版社2000年版。

(四)换位思考

换位思考,即站在对方的立场或角度去观察问题、思考问题,"将心比心"地寻找沟通的最佳方法。有道是"山穷水尽疑无路,柳暗花明又一村"。换个角度来想问题,往往会得到新的思路,找到新的出路。同样,在人际交往过程中,适时的换位思考,可以让自己从固有的思维定势、感情因素、立场观念中走出来,从一种新的角度、用一种新的视角来思考问题。

多做换位思考,即多采用善解人意的方式,多站在对方的立场上考虑问题。正所谓"己所不欲,勿施于人"。成功的交际者总是善于听取对方的言论,善于理解对方的意见和意图,总是能站在对方的立场上考虑问题,设身处地为对方着想,考虑对方的需要、利益、兴趣、爱好和方便,减少给对方带来的麻烦。在交往中尽管为此而付出了代价,但给组织或个人带来的利益将是稳定的、长期的。

【微型案例】

燕子的道歉信

日本古都奈良风景优美,游客络绎不绝。每年一到春天,就有大量的燕子从南方飞来,争相在旅馆的檐下筑巢。可是招人喜爱的燕子随处排泄,让服务员和房客都不胜其烦。

一家旅馆专门成立了一个团队应对这个问题,但数月后仍没有任何结果。团队主管没有放弃,他提醒大家,赶燕子走不现实,不如试着变换角色,把自己想象成房客或燕子,也许

能找到出路。最后这个团队真研究出一个巧妙的解决办法:以燕子的名义给房客们写一封信。信是这样写的:

"女士们、先生们:我们是刚从南方赶到这儿过春天的小燕子,没有征得您的同意,就在您的窗前安了家。我们的小宝贝不懂事,习惯也不好,经常弄脏您的玻璃窗和走廊,给您造成不必要的麻烦。但请您一定不要埋怨服务员,她们是经常擦洗的,只是擦不胜擦,这完全是我们的过错,请您稍等片刻,她们很快就会来擦洗。您的朋友小燕子。"

房客们见到这封妙趣横生的信,怨气马上烟消云散了。这个办法也被其他旅馆纷纷效仿。

资料来源:唐铁龙著:"巧提建议五则",《秘书工作》,2012年第7期。

问题: 案例中所采用的这个巧妙办法,到底妙在何处?

第三节 秘书主要人际关系的处理

在了解了秘书人际关系的重要性之后,现在让我们来看看该如何处理好秘书的主要人际关系。秘书的人际交往对象,大概可以分为三类:与领导、与同事、与外界。现在,让我们一一分析秘书应当如何处理这三类关系。

一、秘书与领导的关系

处理好与领导的关系,是身为秘书要处理的首先问题。领导是秘书的主要服务对象,秘书与领导的关系在秘书与领导的交际中是最为复杂、最为微妙的。其中不仅存在着领导与被领导、服务与被服务的工作关系,同时也交织着人与人之间在思想、知识、情感等方面的交往关系。

(一)秘书与领导关系的特点

1. 人格上的平等性

人格上的平等,是一切人际交往的起点。不管秘书与领导在职务、地位上有多悬殊,但两者在人格上永远是平等的。保持人格上的独立性,"不为五斗米折腰",是秘书所应保留的骨气。

2. 工作上的从属性

在两者的关系中,领导是理所当然的主导者,而秘书则是从属者。秘书作为领导的助手,在工作上为领导服务,以领导的工作目标为目标,以领导的工作任务为任务,时时注意在各方面配合领导的工作,与领导保持一致。

3. 知识上的补充性

作为领导的得力助手,秘书与领导之间应当是一种相辅相成的关系,两者在知识结构中,应当既有共同之处,又各有侧重、各有所长。领导,是秘书学习的对象。

(二)秘书与领导关系的处理原则

1. 摆正位置、主动服务

在与领导的人际交往过程中,首先要做的就是定位准确,摆正自己的位置。秘书人际关系中的从属性,在秘书与领导之间的关系上体现得最为明显。秘书要时刻牢记自身的职责,做好执行者、协助者的本分,不越俎代庖,充分尊重领导的职权、维护领导的权威。在任何情况下,都不能故意破坏领导的威信,不能散布有损领导威信的言论。

尊重领导、服从领导,完成领导交代的各项工作,认真仔细、一丝不苟地为领导服务,是秘书最重要的本职工作。作为一个现代秘书,在尊重领导的前提下,不应该唯命是从,而要充分发挥自己的主观能动性,主动为领导着想,多站在领导的角度想问题,协助领导出谋划策,协助领导制定决策。同时,当领导的工作出现失误或错漏时,还应当主动做出提醒与暗示,以防止一些不可挽回的事情发生。

2. 领会意图、忠实贯彻

秘书要围绕领导的意图开展工作,准确领会、忠实贯彻、认真执行领导的意图,是秘书处理好与领导关系的基本出发点。秘书是为领导服务的,只有了解了领导的想法,领会了他的意图,才有可能去贯彻和执行。为了更好地为领导服务,秘书首先应当弄清领导想要表达的意思,弄清他话语中的意思以及话语背后的意图。

贯彻领导意图时,应注意以下几个问题:一是及时传达。对于领导的意图一定要及时传达,不可以用任何理由予以延误。二是准确传达。三是灵活贯彻。在贯彻领导意图时,不可避免会遭遇到一些困难,比如同事的抵触、政策的调整、环境的改变等。此时,秘书既要坚持原则,忠实地贯彻和执行领导的意图;同时,还要根据实际情况,对具体的操作进行调整,灵活机动地去开展工作。

3. 加强沟通、形成默契

沟通是默契的前提,默契是沟通的结果。良好顺畅的沟通,是彼此了解的基础,相互了解才能积极合作,多次有效地合作才能最终形成默契。形成工作上的默契,是为了更好地为领导服务。加强沟通、相互了解,可以避免工作中的失误和纠纷,增强双方的信任。形成默契,才能更好地为领导服务,工作才会更有效率,心情才会更愉快。

对于秘书而言,加强沟通,首先是要了解领导。秘书应当在日常工作中循序渐进,慢慢地去观察和琢磨,了解领导的工作内容、性格特征、工作习惯、价值观、社交范围以及一些家庭私事等。其次是让领导了解自己。既然要形成默契,了解就必须是双向的。所以,秘书不仅有责任去了解上司,而且有义务让上司了解自己。通过一些日常工作表现,向领导展示自己,在适当的时机,以适当的方式向领导表达自己的意愿与要求。

4. 联络感情、成为诤友

工作上的默契,并不能完全消除彼此间产生分歧和争执的可能性。秘书与领导之间,联络感情,奠定良好的感情基础,首先是利于工作的更好开展。领导作为秘书的主要服务对象,秘书与之联络感情,一方面是出于尊重与交流,另一方面是为了更好地向领导学习,要认可领导的优势与长处,走近领导,只有这样,才能真正地了解领导。其次,与领导联络感情,也有利于提高秘书向领导进言的有效性。要让领导接纳你的观点,应在尊重的氛围内,有礼有节,有分寸地磨合。不过,在提出质疑和意见前,一定要拿出详细的、足以说服对方的资料,从而创造一个和谐的环境,充分发挥自己的能力。

5. 维护团结、集体为重

在与多位领导相处时,一定要以事业为重,从工作出发,尽力维护领导班子的团结与威信,不论是在思想感情上,还是行为活动上都不能产生倾斜度;不能表现出靠近谁、疏远谁,听从谁、不听从谁的行为;不能当甲领导的面吹捧乙领导、当乙领导的面吹捧丙领导;当领导之间产生分歧时,更不能主动地、单向地瞎掰扯、乱搅和,或者冷眼旁观,只能被动地双面劝慰、弥合、消除,本着工作上的支持、关系上的爱护、感情上的友谊去做。要始终与多位领导保持经得起考验的革命同志式的纯洁、真诚的友谊。

【微型案例】

两个上司同时交办工作

琳达是春城石油公司总经理办公室的秘书,她平时负责帮两位副总经理李总和刘总处理日常杂务。这天上午一上班,李总就让琳达为自己准备明天的会议资料。琳达刚坐下准备会议文件,刘总就来电话,让她到楼下大堂帮他订一张后天出差的飞机票。面对这种情况,琳达应该怎么办?下面有5个选项:

A. 因为李总需要的会议材料不是一时半会儿能准备好的,所以对刘总说,先给李总准备会议资料。

B. 两人交办的工作所需的时间不同,关于谁的先做,与两位上司商量,听听他们的意见。

C. 按照先来后到的原则,先给李总起草会议资料,如果刘总再催自己的话,就下楼去帮他订机票。

D. 因为给李总准备材料要很长的时间,所以悄悄下楼先给刘总订机票。

E. 给刘总订机票要不了多长时间,所以对李总说,先给刘总订机票。

资料来源:谭一平、吴竞著:《秘书人际关系与沟通实务》,外语教学与研究出版社2009年版。

问题: 请从上面5个选项中挑选出1个你认为最合适的,并说明理由。

(三)处理与领导关系的注意事项

1. 忌越位、越权、越级上报

不做越位、越权、越级上报的"三越"事,实质上就是尊重领导。在工作中,秘书要时刻牢记自己与领导之间的地位关系,尊重领导身为上司的权力与地位。"三越"中的任何一项都会让秘书与领导之间的关系出现紧张,甚至恶化。

2. 忌公私不分,不注意场合

处理与领导的关系,一定要牢记公私分明。私交归私交,公事归公事,不可以将两者混为一谈。不管身为秘书的你与领导之间的私交有多好,在公共场合、正式场合,必须牢记彼此之间的主次关系。不能把私底下谈话的语气带到台面上,尤其是批评,更不能直接提出。

3. 忌过分亲近、刻意疏离

与其他人员相比,秘书出于工作需要,常常会与领导走得比较近。但有这个"近"应是有界限的,是在工作范围内的"近",而非无条件的亲近。与领导过分亲近,也会给其他人员造成一些不良影响,从而影响自身的职业形象。有些秘书为了避免因此而招来攀龙附凤的闲言闲语,就采取一种极端的方法:刻意远离领导。领导作为秘书的服务对象,刻意与领导疏远,必然会造成一些工作上的不便利、不顺畅,从而影响自身的工作效率。秘书与领导之间以保持适度的距离为宜。

4. 忌阳奉阴违、狐假虎威

对于领导交办的工作,表面应承,实际上消极处理,"人前一套,背后一套",这也是一大忌。领导也是从下属岗位一步步上来的,不要以为他看不到你的小动作。你在他面前要这些小伎俩,迟早会被他加倍奉还的。而狐假虎威,得罪的不仅是领导,还包括那些被你吓唬的人。这样做的结果,只会使你在今后的人际交往中更加举步维艰。

二、秘书与同事的关系

人一生中大部分时间是在工作,而在工作中接触最多的人是谁? 不是你的领导,而是你的同事。如何处理好与同事的关系,是秘书必须要学习的一项重要课题。

(一)秘书与同事关系的特点

1. 人格上的平等性

秘书在办公室与同事之间相处是办公室人际关系的重要部分。撇开在岗位设置、部门划分等方面的差异性,秘书与同事均是不依附对方而存在的独立个体。作为各有特色的独立个体,他们的人格地位应当是平等的,不应当存在任何程度的俯视与仰视。工作上的合作、配合,都不能影响两者之间在人格上的平等关系。把握好人格上的平等性,是正确处理与同事关系的前提条件之一。缺乏这种人格上的对等关系,秘书人员往往会采取以下两种错误的态度:一是目空一切、唯我独尊的自大;二是事事小心、处处畏缩的卑微。

2. 利益上的冲突性

同为员工,秘书与同事之间必然存在着这样或那样的利益关系。职场中,由利益关系而引发的利益冲突,包括经济利益、专业利益、个人声誉、发展前途等。而这些又关系到切身利益,如升迁、进修、加薪等。这正是职场人所最看重的,也往往是同事之间矛盾与问题的症结所在。

3. 个性上的多样化

由于同事的范围广,涉及人员数量庞大,不同的人有不同的个性特点和性格特征,和不同的人打交道要选择不同的交际方法。而个性上的多样性、复杂性,导致秘书与同事之间的这种横向关系,成为不少秘书人员面前过不去的一道坎。这正是秘书与同事关系复杂性的根源所在。

【提醒您】

与人相处的"多一点"与"少一点"

多一点鼓励,少一点批评。多一点理解,少一点指责。
多一点自励,少一点自负。多一点奉献,少一点索取。
多一点善良,少一点伤害。多一点沉稳,少一点过激。
多一点努力,少一点抱怨。多一点宁静,少一点狂躁。
多一点谦让,少一点霸道。多一点平和,少一点浮躁。
多一点坚强,少一点软弱。多一点拼搏,少一点遗憾。
多一点责任,少一点杂念。多一点体谅,少一点怨言。

(二)秘书与同事关系的处理原则

人际关系的确像一张"网",它既有纵向的"经"线,又有横向的"纬"线。然而,在实际工作中,许多秘书往往只看到人际关系的"经"线,着重搞好与上司的关系;而忽视人际关系的"纬"线,不注重与同事之间关系的协调。如果秘书过分强调以上司为中心的纵向的上下级人际关系,就有可能给自己的工作带来不必要的阻力。

1. 平等相待、相互学习

平等，是一切人际关系的基石。只有平等相待，才能获得他人的友谊；只有真心相对，才能获得他人发自内心的尊重。由于秘书工作的特殊性，秘书必须在领导和同事之间传达指示、反映情况、沟通协调等。同事自然而然会把秘书当成领导的传声筒，而领导则会把秘书当成所有员工的代言人。然而，秘书并不能因这些而故意自抬身价，以"二首长"、"代首脑"自居。这样的过于张扬、贬低同事，势必会造成与同事关系的紧张。而平等相待，正是解决这一问题的最佳途径。

秘书部门是一个综合部门，对整个公司的运营状况和业务流程，秘书可能比职能部门的人了解得多一些，但是具体到某一个部门的业务，秘书就不一定比职能部门的人占优势了。所以，在与职能部门的工作人员沟通时，秘书最好先抱着当学生的态度多学习、多了解、多询问、多做功课。同时，秘书之间要加强相互学习。由于各公司和部门的具体情况不同，不同秘书的日常工作也各不相同，很多工作中的技巧来自长期的实践，需要靠经验丰富的老秘书言传身教，以及彼此间的相互交流与学习获得。

2. 宽容大度、利益均沾

在与同事交往的过程当中，不可避免会出现分歧和争执。身为秘书人员，在遇到这种情况时，势必需要做出一些不违反原则的退让。对于这种退让，秘书人员必须以一种宽容大度的心态来面对。正所谓"退一步海阔天空"。有时候这种包容与退让，反而可以让问题出现转机，继而得到更为圆满的解决。

同时，针对存在利益关系的同事，秘书要牢记"利益均沾"这一原则。面对精神利益，可以与人共享；面对物质利益，可以与人分享。将利益分给他人，必然会收获他人的感谢与尊重。这时的"舍"，必然会在另一个时间、另一个场合换来你所需要的"得"。

3. 维护团结、真诚相对

秘书的桥梁作用不仅体现在上下关系之间，还体现在左右关系之间。尽力维护同事之间的友谊与团结，也是秘书人际交往的重要任务之一。

真诚是人际交往中最基本的因素。所有的人际关系都应当建立在真诚的基础之上。倘若你在人际交往中只投放了假惺惺的做作，你肯定无法从中收获真诚的友谊。如果你想得到他人的真诚相对，首先你必须付出你的真诚。

(三)处理与同事关系的注意事项

秘书人员在办公室与同事相处，应切忌以下几点：

(1)别进小圈子：私底下每个人都有自己的交际圈子，可是在职场上，拉帮结派是极其错误的，保持中立，才是最佳的选择。职场忌讳拉小圈子。

(2)别做"广播站"：如果实在忍不住要八卦，记住只听别讲。

(3)管好自己的情绪：每个人都有自己的情绪，可是别把所有的情绪都挂在脸上，别把牢骚挂在嘴上，这会让大家给你贴上"生人勿近"的标签。

(4)别做"墙头草"：趋炎附势、攀龙附凤，或许可以给你带来一时的好处，可是这也会毁了你在其他同事心目中的形象，让大家对你的操守与能力产生质疑。

(5)别当"祥林嫂"：你在工作和生活上有什么不如意，悄悄地放在心里就好了，不要逢人诉苦，没完没了。

(6)别特立独行：在能力表现上鹤立鸡群一把，倒是不妨；可行为上还是大众化一些比较好。故作姿态、举止特异的人，往往会吓跑大多数心理接受能力不强的普通群众。

【微型案例】

怎样化解同事关系危机

在职场中,要想成为一个优秀的管理者或职业经理人,除了个人能力突出、工作业绩优秀之外,能否得到所在团队成员的认同,也是很重要的。对此,应注意以下几点:

一是保持开朗的心境。不管工作和生活中碰到多么不舒心的事,都不能成为你在工作场合绷紧脸的理由。

二是远离各种复杂的人际关系。复杂的人际关系不利于个人的职业发展,一旦工作团队中出现人际关系问题,做一个旁观者是你最好的选择。

三是在一个团队中,彼此之间的竞争是在所难免的,但不要为了竞争而不择手段,要给自己和他人一个公平竞争的机会。在职场中,获得他人的尊重远远比你取得竞争胜利重要许多。

资料来源:金旺著:"怎样化解同事关系危机",《秘书之友》,2010年第2期。

问题: 从秘书人际关系的角度,谈谈你从这段话中得到的启示。

三、秘书与外界的关系

秘书与外界之间的人际交往,主要是起到一个公关与宣传的作用。

(一)外界关系的分类

(1)业务往来单位,如供货厂商、销售单位、代理商、会计师事务所、律师事务所等。

(2)各类政府机关及事业单位,如省、市各级党政机关,工商、税务等政府职能部门等。

(3)各类媒体宣传单位,如各大报社、电台、电视台、杂志社、网站等。

(4)其他相关单位,如行业协会等民间组织。

(二)秘书与外界关系的特点

1. 时间上的短暂性

秘书在对外交往时,时间是很有限的。不可能像与领导及同事之间的交往那样,可以通过平时的积累,用一种"日久见人心"的方式完成人际交往的目的。在此类交际活动中,更多地需要在最短的时间内,完成尽可能多的交际任务。

2. 对失误的零容忍

在对外交往的过程中,一次小小的失误,就可能会引发严重的不良后果。同时,由于这次对外交往,往往不可能出现更多的时间与机会用于改正错误,所以在对外交往中,对于失误应采取零容忍的态度,即杜绝出现任何失误。

(三)秘书与外界关系的处理原则

1. 立体打造第一印象

给人留下良好的第一印象,是顺利开展人际关系的前提条件。对于秘书而言,在进行对外交往的过程中,通过各种手段,立体地塑造良好的第一印象,是极为重要的。

在进行对外联系时,不可避免会借助信函、电话、电脑等通信手段。礼貌的语言、亲切的语气、柔和的声音,这些都会通过你所使用的通信手段,抵达被联系者的内心。初次见面时,亲切的微笑、真诚的态度、礼貌的举止、不俗的谈吐等都是提高自身形象分的有利武器。同时,秘书在对外交际时,还要注意不断补充自己的专业知识,提升自身的专业素质,只有这样才能更好地打造自身的职业形象。

2. 灵活幽默,善于打开局面

仅有良好的第一印象,是远远不够的。善于打开局面,才能真正打开交际之路。作为秘书,每天都会接触到很多不同的人。面对这些来自不同公司、处于不同地位的交际对象,秘书首先要做的就是打开交际局面。比如,一个真诚的微笑,就是消除戒备心理的必备利器;一个幽默的自我介绍,更容易给人留下深刻印象;一个真诚的赞美,则是拉近双方心理距离的第一选择;而选择一个适合的话题,更是交际得以深化的最简单、最有效的方式。灵活的思路、幽默的语言、广博的知识面、注意倾听,都是打开交际局面的必杀技。

3. 加强联系,乐于助人

人际关系并不是一劳永逸的,而是需要时时维护的。平时勤加浇灌,把时间投资在培养人际关系上。用电话、卡片、传真、电子邮件等方式与他人保持联络,通过这种日常的行为培育出彼此的信任与支持,让彼此间友谊的嫩芽逐渐成长为繁茂的大树。

在对外交往过程中,及时向有需要的对方伸出援手。对方在接受了帮助的同时,一定会感受到帮助背后的那份诚意。将心比心,对方也同时会在你有需要的时候,向你伸出援手。

(四)处理与外界关系的注意事项

秘书人员进行对外交往时,应切忌出现以下几种情况:

1. 忌衣冠取人。衣冠取人,从根本上说,就是对尊重原则的忽视。秘书在处理与外界的关系时,一定要给予对方相应的尊重,只有尊重他人,才能赢得他人的尊重。平等相待则是尊重他人的一个重要表现。不因对方的身份而改变自己的态度。特别是在接待陌生的外来人员时,尤其要注意调整自己的语气与态度。不能仅仅通过对方的衣着打扮、身份职业,就轻下判断。

2. 忌直言拒绝。在进行对外交往的时候,常常会碰到需要说"不"的局面。对此,秘书人员切忌直接而生硬地拒绝他人,一定要注意运用拒绝的艺术。既要完整、正确地表达出自己拒绝的意愿,又让对方可以欣然接受,心中不存芥蒂,避免为今后的交际工作埋下任何隐患。

3. 忌临时抱佛脚。"平时不烧香,临时抱佛脚",这种临时行为是不可能产生真正有效的结果的,更无法建立起真正稳固的人际关系。缺乏平时的联络与交流,那些所谓的朋友就只会停留在名片上、停留在电话簿里,而无法成为真正的朋友。闲时不理,急时相求,只会让对方因为你的功利而对你产生负面看法,进而对你的要求百般推脱。缺乏平时的感情交流,那些被收在名片簿里的名字,是无法在你需要的时候为你提供任何帮助的。

【微型案例】

赞美的力量

唐纳德·麦克马亨是纽约一家园艺设计与保养公司的管理人。他讲了这样一件事情:

有一次，我替一位著名的鉴赏家做庭院设计。这位主人走过来做了一番交代,告诉我他想在种一些石楠和杜鹃花。

我说道:"先生,我知道你有一个爱好,就是养了许多漂亮的小狗。听说每年在麦迪逊广场花园里的展览,你都会拿好几个蓝带奖。"

这一小小的称赞所引起的效果非常大。

鉴赏家回答我:"是的,我通过养狗得到了许多乐趣。你想不想看看它们?"

他花了差不多一个钟头的时间,带我去参观各种狗和所得的奖品,甚至给我讲解血统如何影响狗的外貌与智慧。

后来,他转身问我:"你有没有小孩儿?"

"有,"我回答,"我有一个儿子。"

"啊,他想不想要只小狗呢?"

"当然啦,他一定会很高兴的。"

"那么,我要送一只小狗给他。"鉴赏家说道。

他告诉我小狗怎么养,讲了一半却又停下来。"你大概不容易记下来,我要写一份说明书给你。"于是,他走进屋里,打了一份血统谱和饲养说明书给我。

他不仅送给了我价值数百美元的小狗,还在百忙中挤给我75分钟的时间。

资料来源:[美]戴尔·卡耐基著:《人性的弱点全集》,中国发展出版社2008年版。

问题:结合案例分析,对他人的赞美在打开交际局面的过程中会起到何种作用?

小 结

【关键术语】

角色意识　　人际关系

【本章小结】

1. 秘书的角色意识是指秘书对所担任角色的社会地位及由地位所规定的职责的知觉、理解和体验。秘书角色意识主要包括责任意识、服务意识、服从意识、主体意识、公关意识、纪律意识、形象意识。

2. 秘书的角色定位主要分为角色认知、初始定位、角色期望、角色冲突、角色再造五个步骤。

3. 秘书人际关系是指秘书在工作中,与人传递信息、交流感情、沟通思想、建立人际关系的过程。

4. 秘书人际关系主要有三大特征:公务性、代表性、多向性。秘书人际关系可分为上行、平行、下行、对外四种交往。

5. 处理人际关系的基本原则:关系对等、互利互惠、诚实守信、宽容忍耐、慎独。处理人际关系的基本手段:塑造良好的第一印象、加强感情投资、求同存异、换位思考。

6. 秘书与领导关系的特点:人格上的平等性、工作上的从属性、知识上的补充性。处理与领导关系的原则:摆正位置、主动服务;领会意图、忠实贯彻;加强沟通、形成默契;联络感情、成为诤友;维护团结、集体为重。注意事项:忌越位、越权、越级上报;忌公私不分,不注意场合;忌过分亲近、刻意疏离;忌阳奉阴违、狐假虎威。

7. 秘书与同事关系的特点:人格上的平等性、利益上的冲突性、个性上的多样化。处理与同事关系的原则:平等相待、相互学习;宽容大度、利益均沾;维护团结、真诚相对。注意事项:别进小圈子、别做"广播站"、管好自己的情绪、别做"墙头草"、别当"祥林嫂"、别特立独行。

8. 秘书与外界关系的特点:时间上的短暂性、对失误的零容忍。处理与外界关系的原则:立体打造第一印象;灵活幽默,善于打开局面;加强联系,乐于助人。注意事项:忌衣冠取人、忌直言拒绝、忌临时抱佛脚。

【知识结构图】

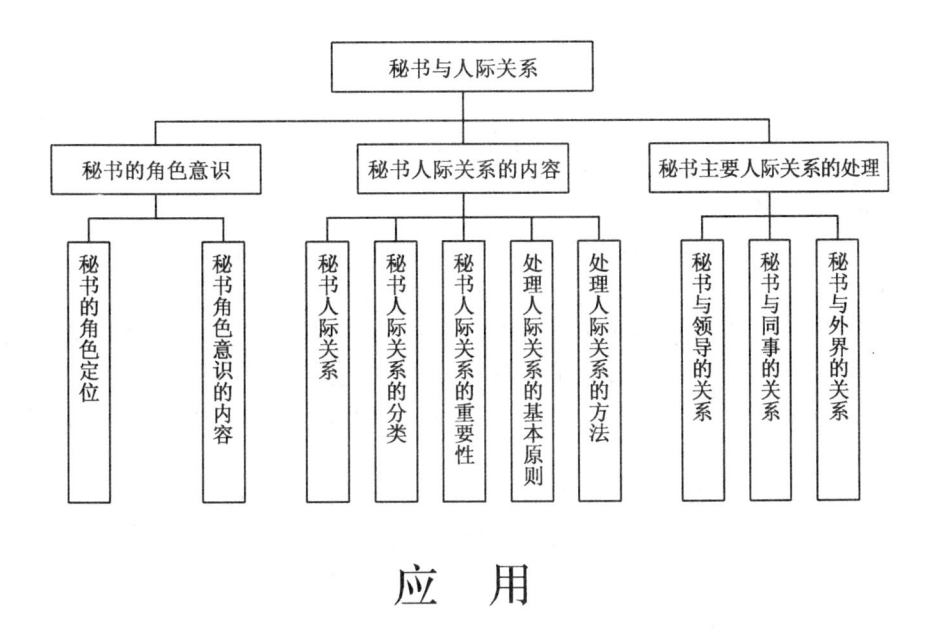

```
                    秘书与人际关系
         ┌───────────────┼───────────────┐
    秘书的角色意识    秘书人际关系的内容    秘书主要人际关系的处理
      ┌────┴────┐    ┌────┬────┬────┬────┐   ┌────┬────┬────┐
   秘书的    秘书角色   秘书  秘书  秘书  处理  处理  秘书  秘书  秘书
   角色     意识的     人际  人际  人际  人际  人际  与领  与同  与外
   定位     内容      关系  关系  关系  关系  关系  导的  事的  界的
                           的分  的重  的基  的方  关系  关系  关系
                           类   要性  本原  法
                                     则
```

应　用

【案例研究】

案例一:

拿破仑战舰与原子弹

1939年,爱因斯坦等科学家联名给美国时任总统罗斯福写了一封信,建议加快研制原子弹,理由是德国正在开展此项研究。总统顾问萨克斯将信呈交给罗斯福,并试图说服他。不料,罗斯福听了之后,冷淡地说:"我听不懂什么核裂变理论,现在政府无力投入巨资研制新炸弹,你最好不要管这件事情了。"

事后,罗斯福觉得自己有点过火,于是邀请萨克斯第二天共进早餐。而萨克斯也准备利用这个机会主义说服总统,他知道总统喜欢历史。

一落座,罗斯福就说:"昨天我态度不好,但科学家们老爱异想天开,今天你不许再提原子弹的事了!"

"那我就谈一点历史吧。"萨克斯心平气和地讲了起来,"当年拿破仑横扫欧洲大陆,但在海战中却不尽如人意。有一天,一个名叫富尔顿的美国人来见他,建议他砍断法国战舰的桅杆,装上蒸汽机,把船板换上钢板,并说这样就会所向无敌,很快将会占领英伦三岛。拿破仑心想,船没有桅杆和帆肯定无法行驶,换上钢板肯定会沉没。他认为富尔顿是个疯子,竟然把富尔顿赶走了。"

听到这里,罗斯福神色严肃起来,他沉思片刻后说:"我们马上着手研制原子弹!"

资料来源:唐铁龙著:"拿破仑战舰与原子弹",《秘书工作》,2012年第7期。

问题:

1. 结合案例分析,面对领导的拒绝,秘书应当怎样做?
2. 拿破仑的战舰在此次进言中充当了一种怎样的角色?
3. 从萨克斯身上,我们可以学到哪些人际沟通技巧?

案例二:

最牛的秘书

这个称号非 Lily 莫属。

一次例会上,老板请 Lily 倒杯咖啡。Lily 的回答是:"对不起,我在整理您明天的发言资料,现在很忙。"然后昂首走出会议室。众目睽睽之下,老板只好尴尬地起身,自嘲道:"自己动手,丰衣足食啊。"Lily 偶尔也帮着倒咖啡。比如心情好的时候——收到了朋友的礼物,或者晚上要看演唱会;有事请老板帮忙的时候——想提前半小时下班去学拉丁舞;或者对老板的辛苦表示同情的时候——老板又要熬通宵了。当然,泡完咖啡,后面的一句话就是:"老板,我可以先走了吗?"

同事们体会到 Lily 的厉害是因为一次复印事件。那天,Lily 正在帮老板复印一堆资料,一个同事走过来,拿着一份文件对她说:"麻烦复印10份,好吗?"Lily 很客气地回话:"对不起,这不是我的职责。我只担任老板的秘书,并不担任你们所有人的秘书。"

你可千万不要以为 Lily 很不称职,或者人缘很差。事实恰恰相反。她把老板的日程安排得非常出色,总是能够聪明地回绝掉老板不想听的电话,在老板不愿会客的时候说:"老板在开会。"不管老板的手机是处于关机状态,还是待在离我们刚好有12小时时差的地方,Lily 总有办法让大家所有的问题在当天得到批复。

大家喜欢她还因为她口无遮拦。老板有天对创意总监大发雷霆,狠狠地批评了一个户外广告,指着那个画面说:"这样庸俗的画面,白领怎么会喜欢呢?"恰好 Lily 走进来,看了一眼说:"很好呀,我真的觉得很好呀。我好几个朋友都很喜欢这个广告。"一句话让创意总监感激涕零,尽管他的谢意并不被 Lily 接受。

资料来源:薛莉著:《白领极限生存》,上海人民出版社2005年版。

问题:

1. 请结合案例分析,秘书 Lily 到底算不算是一位称职的秘书?
2. 以人际交往为例,我们可以从 Lily 身上学到什么?

【实验实训】

1. 以"打造最受欢迎的我"为主题,开展一次策划比赛,要求学生针对自身特点,设计出个人交际方案,以班级为单位进行交流、评比。

2. 组织一次联谊会,邀请外班同学参加。结合本章内容,开展个人交际活动,以期通过真实的人际交往,提高学生的交际能力。

【复习思考题】

1. 什么是秘书的角色意识?秘书的角色意识主要包括哪些内容?
2. 秘书处理人际关系的基本原则是什么?
3. 秘书处理人际关系的方法是什么?
4. 秘书处理与领导关系、与同事关系、与外界关系的原则是什么?
5. 在秘书人际交往过程中,有哪些注意事项?怎样才能避免让自己成为众矢之的?
6. 假设你是一个新手秘书,你打算如何在新的工作环境中开展人际交往?

第七章

秘书职业资格标准与职业生涯

学习目标

通过本章学习,你应能够:

了解秘书职业资格标准的含义和意义;

了解我国的双证书制度;

理解英国、德国、韩国等国外学历证书和秘书职业资格证书的衔接;

了解我国秘书职业资格鉴定的类型;

掌握秘书职业生涯规划及其重要作用;

掌握制定秘书职业生活规划的四个步骤。

【引入案例】

失意的麦瑞

麦瑞身材高挑,面容姣好,能说一口流利的英语,是一家进出口贸易公司的前台秘书,平时的工作主要是接打电话、接待来访人员,负责公司公文、信件、邮件、报刊的分送等。这些工作对于麦瑞而言早已驾轻就熟,她认为秘书(包括总经理的秘书在内)平时所做的无非就是这些简单机械的工作。

不久,公司总经理的秘书朱华升职去了总部,麦瑞想,自己和朱华同在一家公司工作,又同样都在秘书的岗位,朱华的离职对自己来说应该是一个机遇,总经理秘书做的事情自己一样也可以把它做好。果然,朱华去总部任职后,总经理很快任命麦瑞做了总经理秘书。成为总经理秘书的第一天,麦瑞就遇到了一系列的问题:如何接待公司的竞争对手——宏达对外经贸有限公司的王经理?年度报告怎么写?公司档案如何有效地收集整理?……

对此,麦瑞感到失意万分,原来同是秘书岗位,只是层次不同,秘书的工作内容就有很大的不同。

问题: 上述案例告诉我们,秘书的层次不同,工作内容就有很大的差异。你知道如何区分秘书的层次吗?秘书的职业资格标准是什么?

第一节 秘书职业资格标准

国家人力资源和社会保障部从2000年开始陆续制定并颁布了国家职业标准,截止到2002年2月,国家人力资源和社会保障部会同有关部门制定了104个职业(工种)的国家职业资格标准并已公布实施,其中就包括秘书职业(编码3-01-02-01)。同时,随着经济、技术的不断发展,企业对劳动力素质提出了更高的要求,秘书职业资格标准也处在一个变化发展的过程之中。秘书职业资格标准的制定有助于提高秘书工作的职业化、专业化。

一、秘书职业资格标准的含义

职业是指人们在社会中所从事的作为谋生手段的工作。从经济活动所需要的人力资源角度来看,职业是指不同性质、不同内容、不同形式、不同操作的专门劳动岗位。

职业资格,是指个人从事某项工作所必须具备的学识、技能和能力的基本要求。职业资格包括从业资格和执业资格。从业资格是指从事某一职业所需学识、技术和能力的起点标准。执业资格是指政府对某些特殊行业实行准入控制,是依法独立开业或从事某一特定专业(工种)学识、技术和能力的必备标准。职业资格分别由国务院劳动、人事行政部门通过学历认定、资格考试、专家评定、职业技能鉴定等方式进行评价,对合格者授予国家职业资格证书。只有获取职业资格证书,才意味着个人达到了从事该项职业的基本要求。每个职业都有既定的职业资格标准。职业资格标准指的是从事某项工作或某个行业所需的特定能力、条件的规范和标准。获取职业资格证书,达到行业所需的职业资格标准,是做好某行业工作的前提条件。

秘书职业资格标准,就是指从事秘书工作的人员应具备的秘书职业素养和秘书专业技能的规范和标准。在工作节奏越来越快的现代社会,可以说各行各业中均设有秘书部门,以便更好地辅助领导开展工作。对于不同行业的秘书,所从事的具体工作有所不同,但就整体而言,秘书工作还是存在着一些普遍适用的方法和规律,由此,国家人力资源和社会保障部制定了秘书职业资格标准,用以规范秘书职业和秘书工作。建立完善的秘书职业资格标准,有利于维护秘书人员的合法权益,推动秘书职业的规范化和标准化。

二、制定秘书职业资格标准的意义

秘书职业化是我国改革开放深入发展的必然结果,这已成为现代秘书工作发展的总趋势。秘书职业化,既体现在从业人员有良好的职业精神和熟练的专业技能,同时又体现在秘书职业本身能建立完善的行为规范和行为标准,并能用这种行为规范和标准来衡量、鉴定进入秘书岗位的人员。

(一)制定秘书职业资格标准是规范秘书工作的内在要求

制定秘书职业资格标准,实现秘书职业化,关键在于推行国家秘书职业资格证书制度。通过秘书职业资格鉴定与考评,获得秘书职业资格证书,是秘书具备相关职业技能的佐证,是企业招聘秘书人员的有效依据,是企业加强劳动人事管理和实现工资福利分配的有力工具。

(二)制定秘书职业资格标准是维护秘书人员合法权益的有力保障

制定秘书职业资格标准可以使秘书人员能够清晰地认识到自己的工作职责,知道哪些工作在自己的职责范围内、哪些工作不在自己的职责范围内。简言之,秘书职业资格标准明确地告诉秘书什么事情该做、什么事情不该做。在某些特殊场合下,在面对领导不合理要求或者社会公众的误解时,秘书人员应知道依据职业资格标准,拿起法律武器来维护自身的合法权益。

三、我国的"双证书"制度

"双证书"制度是我国目前高等职业教育的一种理想的培养模式。"双证书"是指学历文凭证书和职业资格证书。学历文凭证书是学制系统内实施学历教育的学校或者其他教育机构,对完成了学制系统内一定教育阶段的学习任务的受教育者所颁发的文凭。职业资格证书是表明劳动者具有从事某一职业所必备的学识和技能的证明,它是劳动者求职、任职、开业的资格凭证,是用人单位招聘、录用劳动者的主要依据,也是境外就业、对外劳务合作人员办理技能水平公证的有效证件。

1993年11月,党的十四届三中全会通过的《关于建立社会主义市场经济体制下若干问题的决定》指出:"要制定各种职业的资格标准和录用标准,实行学历文凭和职业资格证书制度。"首次提出要在我国实行学历文凭和职业资格两种证书制度。2002年7月,在全国职业教育工作会议上,国家人力资源和社会保障部、人事部、教育部在《关于进一步推动职业学校实施职业资格证书制度的意见》中明确提出:"推动职业学校实施职业资格证书制度,是落实中共中央、国务院关于'在全社会实行学历证书、职业资格证书并重制度'要求的重要举措,对于提高劳动者的素质,推动就业准入制度的实施,促进职业教育的改革和发展,增强职业学校毕业生的实践、创新能力和就业创造能力具有重要意义",要"积极推动职业学校深化教育教学改革,引导职业学校进一步转变观念,努力使职业学校专业设置和教学内容与劳动力市场需求紧密结合、与国家职业标准相衔接"。国务院《关于〈中国教育改革和发展纲要〉的实施意见》进一步明确:"大力开发各种形式的职业培训。认真实行先培训后就业、先培训后上岗的制度;使城乡新增劳动力上岗前都能受到必需的职业训练,在全社会实行学历文凭和职业资格证书并重的制度。"《国家中长期教育改革和发展规划纲要(2010—2020年)》指出,高等职业教育应"积极推进'双证书'制度,推进职业院校课程标准和职业技能标准相衔接"。上述这些要求,为高职教育实行"双证书"制度提供了政策保证。

我国已经颁布和实施的《劳动法》和《职业教育法》为国家推行职业资格证书制度和开展职业技能鉴定提供了法律依据。《劳动法》第八章第六十九条规定:"国家确定职业分类,对规定的职业制定职业技能标准,实行职业资格证书制度,由经过政府批准的考核鉴定机构负责对劳动者实施职业技能考核鉴定。"《职业教育法》第一章第八条明确指出:"实施职业教育应当根据实际需要,同国家制定的职业分类和职业等级标准相适应,实行学历文凭、培训证书和职业资格证书制度。"

"双证书"制度在全国高职院校的推广,对于推进高职教育体制改革和大学生就业具有深远影响。高职教育的任务在于培养应用型、技能型、复合型人才,注重学生实践能力和职业能力的培养。学生的实践能力可以通过校内外的各种社团活动等加以培养,通过对这些活动组织策划的情况来评判学生的实践能力。学生的职业能力培养则需要使学生真正进入职业角色,通过课内外实训练习、社会兼职等形式进行培养,能否取得职业资格证书正是考评学生职业能力的一个重要依据。为了适应社会需求,促进大学生就业,更好地培养高职学生的实践能力和职业能力,高职教育必将围绕"双证书"制度推进院校课程标准和职业技能标准的衔接,建立健全职业教育课程衔接体系,推进高职教育的体制改革。在就业压力日趋增大的现代社会,推行"双证书"制度可以提高学生的实践操作和就业竞争力,帮助大学生尽快熟悉职业要求,进入职业角色。

第二节 我国秘书职业资格鉴定标准

为提高我国秘书职业从业人员的业务素质,并逐步推行秘书职业资格证书制度,国家人力资源和社会保障部从1998年上半年开始在全国开展了秘书职业资格鉴定的试点工作。鉴定对象主要是在企事业、涉外机构等组织中从事办公室程序性工作、协助领导处理政务及日常事务的秘书人员(不含公务员)和有志从事秘书工作的人员。秘书职业资格鉴定分初、中、高三个等级进行,实行先试点后逐步开展的原则。北京市、上海市、天津市、重庆市、湖北省、广西壮族自治区、四川省等地首批开展了秘书职业资格鉴定。

秘书职业资格鉴定的影响力在逐年扩大,根据劳动部相关统计,2002~2005年,全国通过资格认证的秘书从业者近51万人;截至2006年,全国有近6 000多万人报名参加秘书职业资格鉴定,平均年鉴定量达到1 000多万人。与此同时,参加全国统一鉴定的人群也在呈现出多样化发展的趋势,由原来较为单一的文秘专业学生、在职秘书群体,转变为现在的文秘和非文秘专业高校学生、非秘书岗位的在职人员等。由此可见,秘书职业资格鉴定已成为劳动力市场的职业通行证。

一、国家秘书职业资格鉴定

国家秘书职业资格鉴定作为一种国家级的执业证书标准和资格鉴定,具有很高的权威性。国家秘书职业资格证书是1997年国家人力资源和社会保障部推出的第一个全国统考秘书职业资格证书,也是秘书行业的入门标准证书。此证书具有普遍认可性,不仅获得国家承认,随着世界各国职业证书互认制的开展,也将获得国际的承认。此外,拥有国家秘书职业资格证书更是一般公司和企事业单位文秘招聘的入门准则。

国家秘书职业资格证书的适用对象是从事办公室工作、日常事务性工作、协助上司处理工作、为上司决策及实施提供服务的从业人员。国家秘书职业资格证书全国统一鉴定由国家人力资源和社会保障部管理,是国内唯一的秘书从业人员资格证书。全国统一教材、试卷、考试时间,证书全国通用。获取秘书资格证书的申报条件如下:

(一)五级秘书(具备以下条件之一者)

(1)经五级秘书正规培训达规定标准学时数,并取得结业证书。

(2)在本职业连续见习工作2年以上。

(二)四级秘书(具备以下条件之一者)

(1)取得五级秘书职业资格证书,连续从事本职业工作2年以上,经四级秘书正规培训达规定标准学时数,并取得结业证书。

(2)取得五级秘书职业资格证书,连续从事本职业工作3年以上。

(3)连续从事本职业工作4年以上。

(4)取得经人力资源和社会保障行政部门审核认定、以四级秘书技能为培养目标的中等以上职业学校本职业(专业)毕业证书。

(三)三级秘书(具备以下条件之一者)

(1)取得四级秘书职业资格证书,连续从事本职业工作4年以上,经三级秘书正规培训达规定标准学时数,并取得结业证书。

(2)取得四级秘书职业资格证书,连续从事本职业工作5年以上。

(3)取得大学本科毕业证书,连续从事本职业工作2年以上。

(四)二级秘书(具备以下条件之一者)

(1)取得三级秘书职业资格证书,连续从事本职业工作4年以上,经二级秘书正规培训达规定标准学时数,并取得结业证书。

(2)取得三级秘书职业资格证书,连续从事本职业工作6年以上。

(3)取得大学本科毕业证书,连续从事本职业工作4年以上。

秘书职业考核的内容以《秘书国家职业标准》和《秘书国家职业资格培训教程》为依据。考核的内容包括职业道德、基础业务素质、案例分析、工作实务四项基本内容。涉外秘书增加涉外英语考核部分,秘书职业资格二级增加业绩评估范围。

【小资料】

国家职业资格等级

根据人力资源和社会保障部规定,国家职业资格分为五个等级,从高到低依次为高级技师、技师、高级技能、中级技能和初级技能。其框架结构如下:

1. 国家职业资格五级(初级技能):能够运用基本技能独立完成本职业的常规工作。

2. 国家职业资格四级(中级技能):能够熟练运用基本技能独立完成本职业的常规工作;并在特定情况下,能够运用专门技能完成较为复杂的工作;能够与他人进行合作。

3. 国家职业资格三级(高级技能):能够熟练运用基本技能和专门技能完成较为复杂的工作,包括完成部分非常规性工作;能够独立处理工作中出现的问题;能够指导他人进行工作或协助培训一般操作人员。

4. 国家职业资格二级(技师):能够熟练运用基本技能和专门技能完成较为复杂的、非常规性的工作;掌握本职业的关键操作技能技术;能够独立处理和解决技术或工艺问题;在操作技能技术方面有创新;能组织并指导他人进行工作;能培训一般操作人员;具有一定的管理能力。

5. 国家职业资格一级(高级技师):能够熟练运用基本技能和特殊技能在本职业的各个领域完成复杂的、非常规性的工作;熟练掌握本职业的关键操作技能技术;能够独立处理和解决高难度的技术或工艺问题;在技术攻关、工艺革新和技术改革方面有创新;能组织开展技术改造、技术革新和进行专业技术培训;具有管理能力。

资料来源:中国职业教育与成人教育网,http://www.cvae.com.cn。

【提醒您】

一、职业资格鉴定理论知识

项　目	五级秘书(%)	四级秘书(%)	三级秘书(%)	二级秘书(%)
职业道德	10	10	10	10
基础知识	30	25	20	15
会议管理	15	15	20	25
事务管理	20	25	25	25
文书拟写与处理	25	25	25	25
合　计	100	100	100	100

二、职业资格鉴定技能知识

项　目	五级秘书(%)	四级秘书(%)	三级秘书(%)	二级秘书(%)
会议管理	30	30	30	30
事务管理	45	45	40	40
文书拟写与处理	25	25	30	30
合　计	100	100	100	100

二、上海高校学生秘书类职业资格鉴定

随着国家秘书职业资格鉴定工作的开展，全国各地的秘书资格鉴定工作迅速发展起来，在国家秘书职业资格鉴定标准之下，各地区根据鉴定对象层次的不同以及具体行业对秘书需求的不同，纷纷出台了细化的鉴定标准，并获得了社会的广泛认可。细化的秘书职业鉴定标准对于拟从事秘书工作的人提出了更高的要求，也为企业选拔、考评合适的秘书人才提供了可靠依据。以上海市为例，在国家秘书职业资格鉴定标准之下，上海市人力资源和社会保障局与上海市教育委员会共同开展了针对高校学生的"高校学生秘书类职业资格鉴定"。

当前，我国职业教育已经进入体系构建阶段，职业教育发展主要从数量发展转向内涵发展。随着"双证书"制度的确立和推进，各大高职院校均以职业能力的培养为核心，采用适当的方式和机制将学历教育与职业资格培训融为一体。在这样的背景下，在上海市教育委员会、上海市职业技能鉴定中心的领导下，2002年12月2日，由上海大学高等技术学院牵头，正式组建了上海市高校秘书类职业资格鉴定所。由该鉴定所负责制定鉴定标准，并组织实施鉴定考试。2003年1月进行了第一次鉴定考试。目前该考试已经纳入上海市人力资源和社会保障局职业技能证书考证系列。

【小资料】

一、秘书(五级)鉴定方案

1. 鉴定方式

秘书(五级)的鉴定方式分为理论知识考试和操作技能考核。理论知识考试采用闭卷计算机机考方式；操作技能考核采用现场实际操作、面试方式。理论知识考试和操作技能考核均实行百分制，成绩皆达60分以上者为合格。理论知识或操作技能考核不及格者可按规定分别补考。

2. 理论知识考试方案（考试时间为 90 分钟）

考试方式		鉴定题量	分值（分/题）	配分（分）
判断题	闭卷机考	60	0.5	30
单项选择题		70	1	70
小计	—	130	—	100

3. 操作技能考核方案

项目名称	单元编号	单元内容	考核方式	选考方法	考核时间（分）	配分（分）
秘书实务	1	办公设备使用	操作	必考（抽2题）	16	20
	2	办公室事务与管理	操作	必考（抽2题）	16	20
	3	文书拟写及计算机技术应用	操作	必考	48	60
合计					80	100

二、秘书（四级）鉴定方案

1. 鉴定方式

秘书（四级）的鉴定方式分为理论知识考试和操作技能考核。理论知识考试采用闭卷计算机机考方式；操作技能考核采用现场实际操作、面试方式。理论知识考试和操作技能考核均实行百分制，成绩皆达 60 分以上者为合格。理论知识或操作技能考核不及格者可按规定分别补考。

2. 理论知识考试方案（考试时间为 90 分钟）

考试方式		鉴定题量	分值（分/题）	配分（分）
判断题	闭卷机考	60	0.5	30
单项选择题		140	0.5	70
小计	—	200	—	100

3. 操作技能考核方案

项目名称	单元编号	单元内容	考核方式	选考方法	考核时间（分）	配分（分）
秘书实务	1	办公设备使用	操作	必考	8	10
	2	办公室事务与管理	操作	必考	8	10
	3	文书档案处理	操作	必考	8	10
	4	综合能力	面试	必考	15	20
	5	文书拟写及计算机技术应用	操作	必考	46	50
合计					85	100

第三节 秘书职业生涯规划

【引入案例】

哈佛大学长达 25 年的一项调查

哈佛大学曾对一群智力、学历、环境等客观条件都差不多的年轻人做过一项长达 25 年的跟踪调查,调查内容为职业生涯规划对人生的影响。结果发现:

87%的人,人生规划模糊或没有自己的目标和规划;

10%的人,有清晰但比较短暂的人生规划;

3%的人,有清晰且长期的人生规划。

25 年后这些调查对象的生活情况如下:

3%有清晰且长期的人生规划的人,25 年来一直在为实现目标不懈努力,25 年后他们几乎都成为了社会各界顶尖的成功人士,他们中不乏白手创业者、行业领袖、社会精英。

10%有清晰但比较短暂的人生规划的人,大多生活在社会的中上层,他们的共同特征是,那些短期人生规划不断得以实现,生活水平稳步上升,成为各行业不可或缺的专业人士。

87%人生规划模糊或没有自己的目标和规划的人,几乎都生活在社会的下层,也没有特别的成绩。

资料来源:金常德主编:《秘书职业概论》,重庆大学出版社 2010 年版。

问题:根据案例,请谈谈你对职业生涯规划的理解。

一、秘书职业生涯规划概述

(一)秘书职业生涯规划的含义

职业生涯规划是指个人与组织相结合,在对一个人职业生涯的主客观条件进行测定、分析、总结研究的基础上,对自己的兴趣、爱好、能力、特长、经历及不足等各方面进行综合分析与权衡,结合时代特点,根据自己的职业倾向,确定最佳的职业奋斗目标,并为实现这一目标做出行之有效的安排。职业生涯管理是一种互动式的管理,员工个人和组织必须都承担一定的责任,因为有些工作是对方不能替代的。

秘书职业生涯规划是指秘书结合自身情况以及眼前的机遇和制约因素,为秘书职业确立发展方向和奋斗目标,选择适合秘书职业发展的路径,并为实现秘书职业生涯目标而制订行动方案。秘书职业生涯规划按期限一般划分为短期规划、中期规划和长期规划。短期规划为 3 年以内的规划,主要是确定近期目标,规划近期完成的任务。中期规划一般为 3~5 年,在近期目标的基础上设计中期目标。长期规划为 5~10 年,主要设定长远目标。从个人角度看,职业生涯规划必须由自己决定,要结合自己的性格、兴趣进行设计。职业兴趣是制定职业生涯规划的前提条件。职业兴趣分为两种:一种是直接兴趣,例如,一个人真正喜欢秘书工作,对于干好本职工作的过程有极大的乐趣,感觉拟写一份合同、组织一次会议都是让人开心的事情;另一种是间接兴趣,例如,一个人真正想当的是企业家,而他知道秘书岗位可以积累更多的经商经验,因此在其职业生涯的某一个阶段,他对秘书职业产生了浓厚的兴趣。间接的职业兴趣可以转化为直接的职业兴趣。

秘书的职业兴趣主要表现在以下三个方面：

(1) 对秘书专业知识的兴趣。喜欢阅读秘书专业的书籍、杂志以及与秘书职业相关的一切信息，甚至对于那些比较枯燥的秘书理论知识也产生浓厚的兴趣。

(2) 对秘书工作经验的兴趣。经常向有经验的秘书请教问题，善于总结自己秘书工作的经验和教训，积极听取领导、同事的意见和建议，不断从别人和自己身上找寻解决工作问题的满意答案。

(3) 对秘书工作方法的兴趣。对有利于完成秘书工作的新技术、新方法产生强烈的好奇心，努力掌握办公自动化技术，了解办公手段的最新发展动态。

职业兴趣与工作效果有直接关系，职业兴趣是做好本职工作的强大驱动力，通常在某一行业取得突出成就的人都是对自身的职业有着浓厚兴趣的人。秘书要培养自己对秘书工作的兴趣，树立切合实际的职业观。据统计，现代社会有近40%的人对自己目前所从事的职业并不满意，认为自己要养家糊口，才不得不从事现在的职业。换个角度思考，尽管这40%的人的职业兴趣不在自己现在所从事的职业上，可在他们的内心肯定装有比较理想的职业，如果把现在的职业视为自己理想职业的铺路石，是向理想职业进发的阶梯，那么就可以培养自己对于现在职业的间接兴趣，让自己从工作中找寻到乐趣。

由此可见，想要制定合理的秘书职业发展规划，就要对秘书职业有直接或间接的兴趣，要有从事秘书职业的恒心和毅力，并非一时的心血来潮。离开职业兴趣以及对自身性格爱好的正确认识，再细致周详的秘书职业规划都只能是空洞的书面计划，无法落到实处。

【小资料】

自我测试：你的职业竞争力如何

不管是在生活中还是在职场中，这是一个讲求竞争力的时代。缺乏竞争力就等于缺少生存能力。特别是竞争的心态，更是从根本上决定了你的职业竞争力。在前来上海向阳生涯管理咨询有限公司寻求职业咨询专业帮助的客户中，这种情况普遍存在——很多缺乏职业竞争力的职业人都是由于比较缺乏竞争意识而导致的。因此说，竞争心态如何在很大程度上直接决定了职业竞争力的大小。如果你目前在职业上出了些问题，请首先考虑一下你的竞争状态如何。

以下问卷是由向阳生涯职业咨询专家提供的小测试，以帮助我们了解自己的竞争状态，以此及时做出调整。

1. 在职业的选择上，你希望找一份很稳定的工作吗？
   A. 不是　　　　　　B. 是　　　　　　C. 不一定
2. 为了适应环境，人们应该：
   A. 视情况而定　　　B. 对不同的人讲不同的话
   C. 对不同的人讲不同的话是滑头的表现
3. 在平时的工作中，你非常想超过别人吗？
   A. 经常这样想　　　B. 有时这样想　　C. 从未想过
4. 与过去相比，你是否更愿意参加各种竞赛，以检验自己能力的高低？
   A. 愿意　　　　　　B. 无所谓　　　　C. 不愿意
5. 你认为对于竞争的正确态度是：

A. 竞争能发挥个人才能,应该积极参与

B. 竞争不关我的事

C. 竞争会带来很大的压力,造成心理紧张

6. 业余时间,你最喜欢读的书籍是:

  A. 名人传记类   B. 文艺小说类   C. 娱乐类

7. 现代社会竞争激烈,为保证在事业上胜过别人,不能把自己知道的信息告诉别人,你的态度是:

  A. 反对   B. 不太同意   C. 同意

8. 我认为对于朋友的选择应:

  A. 选择志同道合的朋友   B. 非常慎重   C. 广交朋友

9. 一个人应该从事任务重、风险大、收入高的工作。你对此观点的态度是:

  A. 同意   B. 不一定   C. 反对

为方便统计,记分方法如下:A 为 2 分,B 为 1 分,C 为 0 分。请将每题的分数累加。

12~18 分:你是一个喜欢竞争的人,也能选择正确的竞争观,但你会更加喜欢竞争本身,而非竞争的结果。通常你在职场上是较爱出风头的人,你对自身要求也较高,总体来说你的职业竞争力很强。对你而言,选择合适你的职业方向显得非常重要,因为你通常走得较别人快,一旦走错了方向,错得也会较远。

7~11 分:你是一个不怕竞争的人,在竞争面前能够从容处事,能用理性的思维看待问题,而不会在强大的压力之下盲目地做出决定。但也许会因为缺少主动性而丧失很多机会,所以一份长远的职业规划将能够弥补这一不足,并且使你的抗压能力发挥得更好。

0~6 分:你是一个回避竞争的人,甚至是一个害怕失败的人。但你千万别忘了,这是一个竞争的社会,没有竞争意识就等于缺乏生存力。虽然你害怕失败,但通常失败的经历常会找到你,职业发展上常常会出现各种各样的问题。通常,你是最需要帮助的那一类人。

资料来源:中国教育在线,http://www.eol.cn/pc_8757/20091120/t20091120_423068.shtml」

(二)秘书职业生涯规划的作用

秘书职业生涯规划对秘书职业发展有着重要的作用。主要体现在以下两方面:

1. 导向作用

秘书职业生涯规划为个人今后的职业发展指明了方向。它要求个人在准确分析公司环境和个人性格优、缺点的基础上确立自己的奋斗目标,采取实际行动,脚踏实地地实现职业规划。

2. 激励作用

秘书职业生涯规划可以激励个人突破并塑造全新的自我,发挥自我的强项,发现并能够牢牢把握职业机遇,增强职业竞争力。例如,当秘书在繁杂的工作中丧失继续奋斗的意志时,想想自己未来三年、五年的职业规划,想想秘书职业的美好前景——坐在行政经理的办公室里从容自得地进行着招聘工作,或是坐在公司总经理的办公室里神采飞扬地接听电话。回过头来再看当下的这些工作,或许感觉就没有那么繁杂了。

📄【小资料】

职业生涯规划的技巧

1.职业生涯中每一次质的飞跃都是以学习新知识、建立新观念为前提条件的。在职业生涯早期,对自己锻炼最大的工作是最好的工作;在职业生涯中期,赚钱最多的工作是最好的工作;在职业生涯后期,实现人生价值最大的工作是最好的工作。

2.在职业生涯发展的进程中,什么时候你的工作热情和努力程度不为工资待遇不高或不为上级评价不公而减少,从那时起你就开始为自己打工了。

3.不要把主要精力放在帮助上级改正缺点和错误上,用同样的时间和精力,能从他人身上学到的优点,一定多于从他身上发现的缺点。

4.在职业生涯发展的道路上没有空白点;每一种环境、每一项工作都是一种锻炼,每一个困难、每一次失败都是一次机会。在职业生涯发展的道路上,只要不放弃目标,每一次挫折、每一次失败都是有价值的。

5.在职业生涯初期,我们可能做的是自己不喜欢而且不想从事一生的工作。要分清:是否喜欢这份工作是一件事,是否应该做好这份工作、是否有能力做好这份工作是另外一件事。切记:职业生涯发展是从做好本职工作开始的。当还没有能力做好一件工作时,就没有资格说不喜欢。正确的角色定位需要理智,及时的角色转换需要智慧。

6.成功的人和不成功的人就差一点点:成功的人可以无数次修改方法,但绝不轻易放弃目标;不成功的人总是修改目标,就是不改方法。职业生涯没有目标不行,目标太多不行,总变动也不行。对目标的处理方法是:选择、明确、分解、组合,加上时间坐标。企业不仅是赚钱谋生的场所,更是学习进步、实现人生价值的舞台。

资料来源:葛红岩主编:《人力资源管理》,上海财经大学出版社2010年版。

二、秘书职业生涯规划的步骤

制定秘书职业生涯规划一般要经历以下四个步骤:深入分析、慎重选择、积极行动、及时调整。

(一)深入分析

作为制定秘书职业生涯规划的第一个步骤,应主要从自我分析、环境分析、职业分析这三个方面着手。

自我分析包括自我兴趣的分析、自我优势的分析、自我劣势的分析。自我兴趣的分析主要是通过对自我业余爱好、喜欢的书籍和音乐等内容的分析来了解自己、认识自己,从而找出自己的职业兴趣,进一步将自我兴趣和职业兴趣联系起来。自我优势和自我劣势的分析主要是通过自我的内省和外人的客观评价来获取信息,从而更加清楚地了解自己的优点和缺点,了解自己今后在秘书工作的哪些领域可以更好地展示自己的才能。

环境分析也是对职业生涯机会的评估,主要是评估各种环境因素对自己职业生涯发展的影响。环境因素评估主要包括组织环境、政治环境、社会环境、经济环境。

职业分析则是通过自我职业价值观、职业兴趣、职业性格等方面的内容进行更多的了解,同时结合当下社会的经济发展态势、就业法规政策和微观企业组织环境等进行深入剖析。一个人的职业定位最根本地要归结于他的职业能力,而其职业发展空间的大小则取决于他的职业潜力。对于职业潜力的了解应该从做事的韧力、临事的判断力,以及知识结构是否全面、是否及时更新等方面着手去认识。通过对自我、环境、职业三方面的深入分析,结果就显而易见了,对于自己能否胜任并做好秘书工作这一问题应该有了非常清晰的答案。

【微型案例】

怎样从秘书到经理

一、背景

我叫杜菁,是一个十分漂亮的女孩子,青春、有朝气,举止言谈显得精明、干练。26岁的我是一家大型房地产公司的总经理秘书,从事秘书职业已近3年。有上进心,工作努力,是个追求理想的女孩儿。

我是学政治经济管理专业的,本专业发展空间有限,由于喜欢该公司的环境,也挺喜欢秘书这个职业,所以大学毕业后就进了该企业做秘书。我一直努力地做好每一件事,也抓住一切时机学习新东西,每学到一点新东西都很快乐,工作热情也很高。现在升到总经理秘书,做了有大半年了,工作起来也挺顺手,没什么大的困难。

可是随着时间的推移,我发现我的工作都是一些打字、复印、接电话、订票等琐碎的事务性工作,原来可以学习的东西早已经学完了,没什么新的东西可学、新的内容去接触,我的能力就再也没有什么长进。久而久之,工作热情也不知道跑到哪儿去了。

我也听说过"职业倦怠"等说法,也问了一些人,寻找过一些解决问题的方法,比如缓解压力、放松心情、参加朋友聚会……可事实证明,任何努力都缓解不了我现在这种郁闷的心情、这种无精打采的状态。我不知道问题到底出在哪儿?

我不想做秘书了,可又不知道能做什么。秘书的收入不低,真担心别的工作满足不了我基本的生活需要。曾经想转行做销售,可又怕自己做不好;继续现在的工作,又提不起丝毫的热情。我真的快郁闷死了,我不知道该怎么办?

二、职业建议

白玲(资深职业顾问):结合杜菁的描述与测评结果,她是典型的高成就动机者。这类人,要不断地挑战自我,创造新生活,才能产生成就感。在做秘书期间,学习、升迁就是她的目标。而现在秘书工作她已做得很好,用她自己的话说,"没什么可学的了",其实是"没什么可升的了"。所以,她最想要的不是某个特定的职位目标,而是在前进中实现自己的价值、拥有发展的空间。

显然,继续做秘书对于她来说已经没什么发展的空间了,当然也就得不到她热情的投入。因此,她应该挑战一个新的职位。根据她原有的工作积累,三年的房地产公司秘书经历,她可以考虑房地产领域的市场工作。并且,跟随老板多年的她,在房地产及相关社交圈里肯定有相当多的熟人,无论是找工作还是开展工作,都有相当大的优势。

有两种途径可以助她"跳":一是在本公司,做内部调整;二是换一家公司,开始新的生活。

三、后记

杜菁听了咨询师的建议，决定去一家新成立的房地产公司，那家公司是海外集团刚在国内建立的分部。如今，杜菁已经是那个集团国内分部的市场部经理了，她风采依旧，更加干练，也更加充满朝气。

资料来源：金常德主编：《秘书职业概论》，重庆大学出版社2010年版。

问题：从上述案例中，你能得到什么启示？

（二）慎重选择

凡事"预则立，不预则废"。要想成为一位优秀的秘书，就必须为自己制定好职业生涯目标。职业生涯目标的设定，是职业生涯规划的核心。一个人事业的成败，很大程度上取决于有无正确适当的目标。其抉择是以自己的最佳才能、最优性格、最大兴趣、最有利的环境等信息为依据。

确立好职业生涯目标之后，关键的问题就在于秘书要选择怎样的发展路线。在这个过程中，秘书可以将自己的职业生涯目标细化，将总目标分解成若干个分项小目标，分项小目标要具有可操作性，为每个分项小目标规定好开始时间和结束时间，使得这些目标经过一定时期的努力能够实现。在总目标的分解过程中，可能会被迫列出或平行或交叉或曲折迂回的分项小目标，此时，秘书要慎重找出职业发展的关键路径和机遇，避免陷入曲折迂回、原地打转的路径中。

例如，某公司前台秘书的职业发展规划的总目标是总经理，关键路径是：前台秘书—行政经理—总经理。而实际工作过程中，她的职业发展规划的总目标被分解为：前台秘书—销售部秘书—研发部秘书—行政经理—总经理。那么销售部秘书和研发部秘书就是两个平行的分项小目标，这位前台秘书就应该尽可能主动地缩短实现这两个小目标的时间。

（三）积极行动

行动是人类存在和发展的前提。正是通过个体的行动，一些"小人物"变成了大人物，人生发展只能通过行动来实现，人生价值和意义也只能由行动来展现。行动是最好的老师，也是人生最宝贵的财富。只有积极行动，人生之门才会开启，人生之路才不断向前延伸；只有积极行动，才能获得人生的智慧，才能抓住人生的发展机遇，才能战胜人生中的各种困难，实现人生的目标和理想。这里的行动，是指落实目标的具体措施，主要包括工作、训练、教育、轮岗等方面的措施。

秘书不论选择了什么目标和职业生涯路线，都必须制订计划和措施，以实现自己的职业目标。例如，在工作方面采取什么措施提高工作效率，在业务素质方面计划学习哪些知识、掌握哪些技能、提高哪些业务能力，在潜能开发方面采取什么措施等，都要有具体的计划和明确的措施，并且这些计划要特别具体，以便于定时检查。

（四）及时调整

秘书职业生涯规划是对未来职业的预设和计划，因为未来情况随时都可能发生变化，制定出来的计划就难以做到一成不变。尽管我们在制订计划时预见了未来可能发生的问题并制订出应对预案，但是，情况在不断变化，计划往往赶不上变化，所以，要定期检查职业生涯规划，如果情况已经发生了变化，就要及时调整规划或者重新制定规划。这就像航海家一样，必须经常核对航线，一旦遇到障碍就要绕道而行。职业生涯规划的总目标不变，但实现目标的进程可以因情况的变化而随时改变，必要时可以根据当时的情况作必要的检查和修订。其修订的内容包括：职业的重新选择；职业生涯路线的选择；人生目标的修正；实施措施和计划的变更；等等。

【提醒您】

大学生要做好职业生涯规划,应从以下几方面入手:

一、认识自我,了解社会。在制定职业生涯规划之前,每个大学生应明确"我是一个什么样的人、我将来想做什么、我能干什么、环境能支持我干什么"等问题。

二、确立目标,规划未来。在认识自我、了解社会的前提下,大学生应从自身实际和社会需要出发,确定职业发展的方向,明确达到职业目标需要具备的素质,以及实现目标所具有的优势和劣势。

三、构建合理的知识结构。大学生不仅要具有相当数量的知识,还必须形成合理的知识结构。

四、培养职业需要的实践能力。大学生的综合能力和知识面是用人单位选择的依据。用人单位不仅考核其专业知识和技能,而且还考核其综合运用知识的能力、对环境的适应能力、对文化的整合能力和实际动手操作能力等。

五、积极参加有益的社会实践和职业训练,增强适应工作的能力。职业训练包括职业技能的培训、对自我职业适应性的考核、职业意向的科学测定等。

六、加强自我修养与锻炼,培养良好的心理素质。未来职业生涯的成功,首先应该确定一个切合实际的职业定位和职业目标,并且把目标进行分解,然后设计出合理的职业生涯规划图,并且付诸行动,经过不断努力和调整,最终实现职业发展目标。

资料来源:中国教育在线,http://career.eol.cn/hang_ye_fen_xi_4371/20121203/t20121203_876003.shtml。

【微型案例】

做好大学期间的规划

华向东是广州某职业院校工商管理专业的2004级本科毕业生,现就职于上海一家知名外企。他在总结自己的成功求职经验时这样评价职业规划的作用:

我遇到过很多同学,他们在进入大学后对于自己将来的发展并没有一个明确的打算,走一步算一步。很多人在大学期间没有为将来的发展累积必要的资本,到毕业时才发现无论是升学还是工作都显得力不从心。我想,每个人都必须明确的一个重要观念是,尽管求职的过程并不漫长,一场面试或是笔试更是短短的几十分钟,但是所谓"台上一分钟,台下十年功",没有你平时在校期间一点一滴的积累,想要在激烈的求职竞争中脱颖而出,我想并不容易。

所以,对于一些低年级的同学而言,做好自己大学期间的规划,是关乎最后求职成功与否的万里长征的第一步。我并不主张所有的毕业生都要一毕业就开始工作。因为,即使不考虑经济因素或其他方面的原因,单从专业方面考虑,我个人也认为,有些专业适于毕业后直接工作,而另一些专业学科直接深造到更高的学历也许会更有助于职业生涯的发展。

我是学管理的，众所周知，很多国内外的商学院对于MBA(工商管理硕士)研究生的录取，最重要的指标之一就是要有相应的工作经验。可见这样的专业对于知识本身和实际工作的结合有着较高的要求。因此，即便你足够优秀，本科毕业后直接进入这类专业研究生阶段的学习仍然被认为是不合适的。对于这样的学科专业，我个人认为，大学毕业后先工作并积累一定的工作经验，在明确自己的专长和发展方向后再继续深造，对于个人的发展，或许会更合适一些……

资料来源：金常德主编：《秘书职业概论》，重庆大学出版社2010年版。

问题：你如何看待案例中华向东的建议？

小　结

【关键术语】

秘书职业资格标准　　"双证书"制度　　职业资格鉴定　　职业生涯规划

【本章小结】

1. 职业，是指人们在社会中所从事的作为谋生手段的工作。从经济活动所需要的人力资源角度来看，职业是指不同性质、不同内容、不同形式、不同操作的专门劳动岗位。

2. 秘书职业资格标准，是指从事秘书工作的人应具备的秘书职业素养和秘书专业技能的规范和标准。

3. 我国目前主要的秘书职业资格鉴定标准：(1)国家人力资源和社会保障部"国家秘书职业资格鉴定"考试；(2)上海市人力资源和社会保障局与上海市教育委员会共同举办的针对高校学生的"高校学生秘书类职业资格鉴定"考试，目前该考试已经正式纳入上海市人力资源和社会保障局职业技能证书考证系列。

4. 职业生涯规划，是指个人与组织相结合，在对一个人职业生涯的主客观条件进行测定、分析、总结研究的基础上，对自己的兴趣、爱好、能力、特长、经历及不足等各方面进行综合分析与权衡，结合时代特点，根据自己的职业倾向，确定其最佳的职业奋斗目标，并为实现这一目标做出行之有效的安排。职业生涯管理是一种互动式的管理，员工个人和组织都必须承担一定的责任，因为有些工作是对方不能替代的。

5. 秘书职业生涯规划，是指秘书结合自身情况以及眼前的机遇和制约因素，为秘书职业确立发展方向和奋斗目标，选择适合秘书职业发展的路径，并为实现秘书职业生涯目标而制定行动方案。

6. 秘书职业生涯规划的作用：(1)导向作用：秘书职业生涯规划为个人今后的职业发展指明了方向。它要求个人在准确分析公司环境和个人性格优、缺点的基础上确立自己的奋斗目标，采取实际行动，脚踏实地地实现职业规划。(2)激励作用：秘书职业生涯规划可以激励个人突破并塑造全新的自我，发挥自我的强项，发现并能够牢牢把握职业机遇，增强职业竞争力。

7. 职业生涯规划的步骤：(1)深入分析；(2)慎重选择；(3)积极行动；(4)及时调整。

【知识结构图】

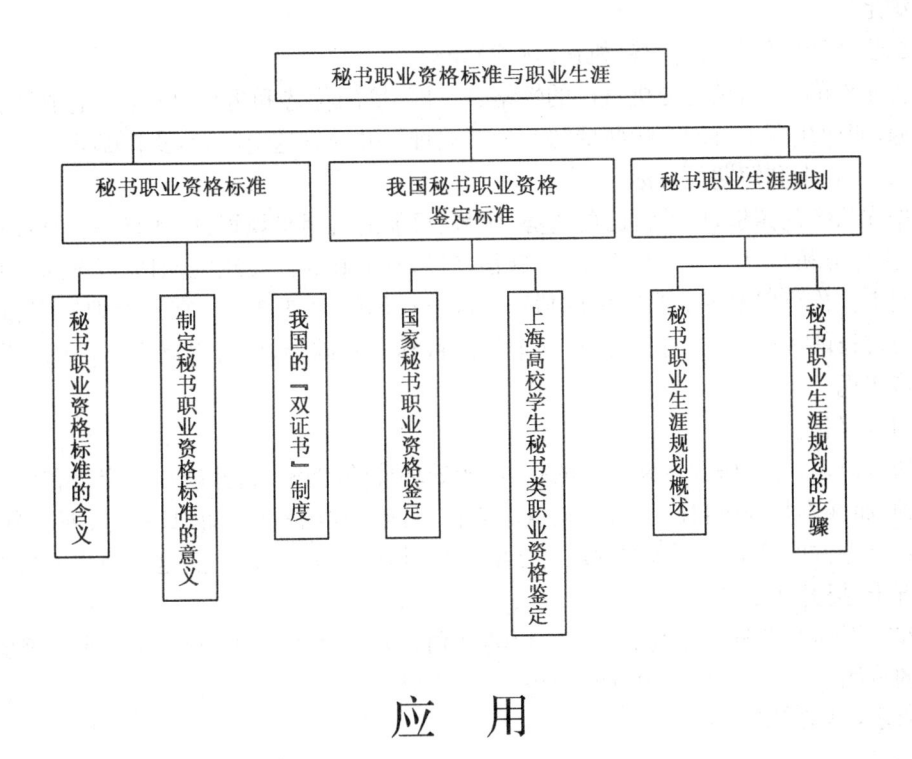

```
                    秘书职业资格标准与职业生涯
         ┌──────────────────┼──────────────────┐
    秘书职业资格标准      我国秘书职业资格       秘书职业生涯规划
                          鉴定标准
    ┌────┬────┐         ┌────┬────┐         ┌────┬────┐
  秘  制  我          国   上               秘    秘
  书  定  国          家   海               书    书
  职  秘  的          秘   高               职    职
  业  书  "           书   校               业    业
  资  职  双          职   学               生    生
  格  业  证          业   生               涯    涯
  标  资  书          资   秘               规    规
  准  格  "           格   书               划    划
  的  标  制          鉴   类               概    的
  含  准  度          定   职               述    步
  义  的                  业                     骤
      意                  资
      义                  格
                          鉴
                          定
```

应　用

【案例研究】

案例一：

大学生职业规划：自我分析七步走

对于今年的大学毕业生来说，"这个冬天有点冷"。在这样的一个社会环境下，大学生更应尽早做好职业生涯规划，认清自我，并不断探索、开发自身潜能的有效途径或方式，只有这样才能快人一步，更准确地把握人生方向，塑造出自我幸福、他人认可的成功人生。

实践证明，在职业生涯中能够取得成功的人，往往是那些有着清晰的职业生涯规划的人。因此，大学生应在学校期间开始进行职业规划，定位自我。

职业生涯规划的重要性，在个人层面上主要表现为：有助于使个人认清自己发展的进程和事业目标，作为选择职业与承担任务的依据，把相关的工作经验积累起来，充分利用有关的机会与资源，指引自我不断进步与完善。

那么，大学生应如何进行自己的职业生涯规划呢？关于职业生涯规划的制定，已日益变成一个专业化的领域，通常会采用下列思考模式来进行初步的自我分析：

第一步：分析你的需求

你也许会问：这一步怎么做呢？不妨试试以下两种方法。一种方法是开动脑筋，写下10条未来5年你认为自己应做的事情，要确切，但不要有限制和顾虑哪些是自己做不到的，给自己的头脑充分的想象空间。第二种方法更直接,完成这个句子:"我离开这个世界的时候会满足,如果……"假设你即将离开人世,什么样的成绩、地位、金钱、家庭、社会责任状况能让你满足?

第二步:SWOT(优势/劣势/机遇/挑战)分析

分析完你的需求,试着分析自己的性格、所处环境的优势和劣势,以及一生中可能会有哪些机遇,职业生涯中可能有哪些威胁。尝试去理解并回答这个问题:我在哪儿?

第三步:长期和短期的目标

根据你认定的需求,以及自己的优势、劣势、可能的机遇来规划自己的长期和短期目标。例如,如果你分析自己的需求是想授课,赚很多钱,有很好的社会地位,则你可选的职业道路会明晰起来。你可以选择成为管理讲师——这要求你的优势包括丰富的管理知识和经验、优秀的演讲技能和交流沟通技能。在这个长期目标的基础上,你可以制定自己的短期目标并一步步实现。

第四步:阻碍

确切地说,写下阻碍你达到目标的缺点、所处环境的劣势。这些缺点一定是和你的目标相联系的,而并不是分析自己所有的缺点。它们可能是你的素质、知识、能力、创造力、财力或行为习惯等方面的不足。当你发现自己的不足时,就下决心改正它,这能使你不断进步。

第五步:提升计划

现在写下你要克服这些不足所需的行动计划。要明确,要有期限。你可能会需要掌握某些新的技能,提高某些目前的技能,或学习新的知识。

第六步:寻求帮助

能分析出自己行为习惯中的缺点并不难,但要去改变它们却很难。相信你的父母、老师、朋友、职业咨询顾问都可以帮助你。外力的协助和监督会帮助你更有效地完成这一步骤。

第七步:分析自己的角色

制订一个明确的实施计划:根据计划,你要做什么。那么现在你已经有了一个初步的职业规划方案。如果你心目中有未来希望工作的公司或职位,你就可以参考现有市场开始分析,这类公司或职位会对应聘者有怎样的要求和期望,做出哪种贡献可以使你在这样的公司中脱颖而出。大部分人在工作后趋于麻木,对自己的角色并不清晰。因此,就像任何产品在市场中要有其特色和卖点一样,你也要培养一些能力,当你不断地对照公司的需求来评估自己需要创造的价值时,接下来需要做的就是不断完善自我,创造出自己的思想闪光点和执行能力,为未来的职业之路埋下更好的伏笔。

不要因为在校园的温馨生活中,就忘记了社会生活的紧张节奏,要尽早做好自己的职业生涯规划,不断完善自我。在走出校园后,尽快融入社会的角色,成就幸福人生!

资料来源:中国教育在线,http://career.eol.cn/hang_ye_fen_xi_4371/20121203/t20121203_876009.shtml。

问题:

1. 职业生涯规划重要吗?谈谈你的看法。
2. 请根据案例制定一份你的职业规划。

案例二：

30岁前的六大关键诀窍，决定你未来收入的90%

在世界上发光发热的人，35岁前都已掌握了某些"诀窍"。大前研一出版处女作《企业参谋》是在其32岁的时候。当时他进入麦肯锡工作才不过3年，但是这本书不仅在日本大为畅销，同时也席卷了世界各国。因此，这本书可说是将大前研一推到世人面前的"出道作品"。传奇投资顾问藤卷健史35岁转至摩根士丹利银行工作。毕业后进入三井信托银行任职时，也曾做到公司里的超级业务员，不过真正让他登上全球舞台散发光芒的契机，还是在于35岁的转职。一名青年大学毕业后进入佳世客（JUSCO）超市工作，并在9个月后离职，转到父亲经营的小郡商事上班。35岁时，他没有继续贩售父亲公司主打的男士服装，而是在广岛开设了第一家休闲风格的服饰店——"Unique Clothing Warehouse"。这家服饰店的店名简称为"UNIQLO"（优衣库），而这名青年就是日本首富柳井正。

从学校毕业后上班，一直到30岁的这段期间，要运用任职公司的资源发掘自己想做的事情，以及适合自己的工作模式，并且不断锻炼自我。也就是说，这段期间正是商务人士"职业技能锻炼的8年"。如果能够牢牢掌握这一点，就能够培养出一生受用的"商场资本"——自己。

在30岁前完成基础学习，30岁可称为"最初也是最后的一年"。

首先，就锻炼自我而言，30岁就要完成。不对，是非得完成才行。今后漫长的人生，如果不想生活在不安之中，就应该在30岁前锻炼自己，完成职业技能的锻炼。30岁是"锻炼自己的最后一年"，也是"与他人产生联系的第一年"。换个方式来说，真正的职业生涯是从30岁开始。30岁之后，就是让之前不断磨炼的自己踏入社会活动，也是从"Me"转换成"We"的时期。直到30岁为止的期间，要专注地奋斗、埋头苦干、持续努力。如此将自己磨炼到闪闪发亮后，一边感受实际成果，一边慢慢地测试自己究竟能够爬多高，这不就是30～35岁该做的事情吗？磨炼自己直到30岁为止的8年期间，坦白说会相当乏味，根本称不上有任何的"快乐"。在锻炼职业技能的期间，付出的努力远远大于获得的成果，或许有人会因此感到这段时期"太过漫长，无法忍受"。然而，人生漫漫。多数情况下，每个人的人生应该会远比8年要长。只要忍耐8年，就可以获得未来充实的30年，不是非常值得吗？对于眼前正要开始职业技能锻炼的人来说，会觉得这段时间非常漫长，为了消除这样的不安与焦虑，在此介绍各个年龄阶段的职场蓝图。

一、职场第1年，要从夕阳产业开始

针对刚毕业的职场新人，或是30岁上下想换工作的人士，给予一点建议。无论是大型企业或中小企业，具有最大附加价值的，就是正在急速成长的最尖端产业。以现今的情形而言，有希望获得超出自己能力以上高额薪资的，应该不外乎IT、金融或投资产业。

但是，30岁之前禁止踏入这些产业！

因为，30岁前，虽然收入会比同年龄层的所有朋友都多，但是到了30多岁时，应该成为最大本钱的自己却满是缺漏，而生活水平又无法降低，类似这样的悲剧频仍发生。

热门产业处于开创期时，尚未形成完整的企业模式，既缺乏专业的教育知识，也没有累积出经营智慧，在这样的产业里怎么能够学到东西？

而且，急速成长中的企业有时会一口气招聘大量员工，因此就算是考试录取，也不代表自己的价值获得肯定。换句话说，许多情形下，这家公司并不是真的需要你，只不过是认为

"反正想先招聘一百人,就挪出其中的一个名额",才让你进入公司。

如果一心向往进入最尖端产业工作,建议选择"刚开始成长、人数相对较少的企业"。如果是在员工未满10人的时候进入公司,一旦公司急剧成长,活跃于第一线的机会就会来临,说不定还可以分配到公司的股票。相对来看,Google之类的最尖端产业早已发展成熟,如今才加入的话,除非有出类拔萃的能力,否则极难获派到第一线工作。

清楚了选择最尖端产业的长处、短处和风险后,试着思考一下应该选择何种产业工作。

建议是:选择夕阳产业。只有在濒临倒闭的公司才会积累许多的经营智慧。所谓"夕阳",代表曾有过发光发热的历史,因此才能够西斜。

在连锁企业,优秀的店长必定会被派去负责新店的开张营业,或是亏损店铺的关闭收尾工作。从店铺倒闭的经验中,真的能够学到许多事情。连锁企业的管理者应该也都明白,拥有开始与结束的两种经历,日后必定能够派上用场。

公司倒闭是很宝贵的机会,能让人站在经营者的角度,学到公司的运作架构。导致公司倒闭的致命错误是什么?是资金的问题吗?经营者的判断有没有差错?犯下错误时采取的因应做法是什么?此时也能体会被逼入绝境者的心理。

曾经辉煌的公司自行宣布解散,许多离职者都是优秀的人才。这些转换工作的金融人士熟知财务与企业,而且见识过公司的鼎盛与衰败,因此当然会变得优秀,而且他们还具有危机意识,知道"公司总有一天会倒闭"。

公司如果轰轰烈烈地倒闭,是很难得的机会。如果真心想要锻炼职业技能,建议下定这样的决心:前往夕阳产业工作。

二、职场前3年,拿出全力贡献公司

从学校毕业进入公司到25岁,即职业生涯最初的3年,是将全部精力贡献给职场的时期。进入公司的前3年,面对第一份工作要舍弃自我。

许多人能够获得今日的成就,也是因为过去曾有一段全神贯注于工作的时期。开始工作后,就别再胡思乱想,要彻底下定决心,让自己成为公司3年的奴隶。

上司如果说右,就不敢往左;上司如果说左,就不敢往右。就算你聪明绝顶,上司的做法和你自己习惯的做法一相比较,成功率高的明显会是上司的做法。先照着吩咐工作,精通"成功执行的模式",然后再去摸索自己的做法也不迟。如果执著于自己习惯的做法,不但无法顺利执行,还会养成奇怪的毛病,让自己拘泥在自己筑起的小框架内。

"活出年轻特有的感性!经验不足的部分,就靠创意一决胜负!"这样的想法可说是错得一塌糊涂。能够发挥出年轻人独特创意的,只有极少数的天才而已。99%的人在这个年纪,需要的是智慧的头脑与勤劳的双手。商业交易的构造,说穿了就是将自己充足的东西提供给缺乏这些的人,借此来获得金钱。新人拥有的,唯有时间和体力。将自己的时间贡献给忙碌又没有时间的优秀上司或资深员工,可以说是新人唯一能够进行的交易。

三、进入职场5年,要建立自己的代表作

要完成一件能让众人清楚知道是"自己的功劳"的事项。这个时期要认真地挥出一记职场全垒打。

在这个阶段,同期进入公司的人之中,会分成将来有希望出人头地的类型,以及毫无希望的类型。区分的界线在于公司内部是否认同"这家伙还挺有一套的!"除此之外,还要写下让人一目了然的实际成绩,树立"自己的功劳",无论多小都好。

而且,重要的是让上司站在自己的一方,让上司想要"试着将这份工作交给自己"。第一步是将功劳献给上司。借由自己的能力，协助上司成功。抱持着这样的心态，竭尽全力地为上司工作。

如此一来，就会被委派处理重大工作，能够有机会挥出职场全垒打。这样的过程中，也会逐渐了解自己的长处。成功不是转眼就能到手的事。成功就像是一场倍数游戏，拥有成功体验的人以自己的体验为本钱，然后才能获得更大的成功。

四、29岁是年薪的转折点

刚毕业时，新人领到的薪水都没有太大的差距，之后的加薪则会照着公司定好的规章调整。依据公司的制度，薪水会逐步上调。如果是在创投企业，29岁的年薪要拿到百万元并不是梦。相对来说，有些公司就算再怎么催促，也不会帮自己调薪。于是，就会造成过高的薪水与过低的薪水并存的情况。

要注意的一点是，无论薪水的高低都与市场价值无关，只不过是公司内部的评价而已。

多数任职于大型企业的人在想要换工作时，想到的是，用自己的能力与工作量换算，应该能够拿到大概与现在差不多的薪水；也就是说：现在的高薪等于自己的价值。然而，愿意出同样高薪的公司很难找到，而且去找职业中介讨论时，得到的答复是："从你的资历来看，没办法谈到这么高的薪资。"

相反，如果拿到的薪资低廉，与自己的能力根本不符的话，去新的公司面试时，当你提出低廉的希望年薪时，面试官心里会想："咦，只要这么一点就够了吗？"换句话说，如果以市场价值计算，这个人的资历明明能够拿到50万元的年薪，然而在先前公司的年薪却只有30万元，于是一直以为自己的价值就是如此。

"公司的评价并不等于市场价值"，这一点请先了解。即将迈入30岁时，应该能够察觉到两者的差异。如果只了解一家公司，彻底认为该公司的评价绝对正确，一旦公司倒闭时，就会不知所措，而且或许一辈子都会将自己便宜地卖给该公司。

如果想要真实评价自己，换工作会是很好的学习机会。

五、30岁前，要把视野拓展到公司外

30岁之前两年，是见识世面的时期。无论是组织的一分子、自由工作者，还是经营者，眼界只局限于自己公司的话，将无法有所成就。

无论是选择哪一种工作模式，首先要试着了解整个业界，尤其要与合作厂商建立牢靠的往来关系，或许其中就有日后的客户或合作伙伴。即使是同业的经营者或自由工作者，如果彼此能够有交集，在决定今后的工作模式时，这些人就会是很好的参考模板。

刚进公司的新人，就算是参加拓展人脉的宴会，连话题也找不到，根本就没有意义。不过到了30岁这个年纪，就能够建立起今后非常有用的人脉网络。

换工作、去看看别家公司也是一种做法。理想的情况是事先挥出一记"业界的职业生涯全垒打"，而不是只有"公司内的职业生涯全垒打"。如此一来，自己会受到其他公司的注意，也可能会被"挖角"。由于人们主动地集中到自己身边，人脉自然就会形成。

六、31岁起，掌握领导力

30岁的时候，职业技能锻炼虽然结束了，不过还要延长一年的时间，也就是学习重要事项的附加时期，直到31岁为止。这一年应该首先学习的事项，就是管理。

30岁为止建立的成就只是一个人的成就，能够达成的工作量有限。30岁前打出个人独秀的职场全垒打就足够了，不过今后重要的是能够运用团队力量。能发挥到什么程度，关键就在于个人素养。

希望领导多大规模的组织,以及是否具备领导能力,从这两个问题的答案就能决定自己究竟适合当经营者还是自由工作者。在这一年内,即使是身为组织底层的员工,应该也能弄清楚待在什么样的公司、站在哪一种立场是适合自己的工作模式。

由此可知,30岁时如果能够完成职业技能的锻炼,定下自己的工作模式,就已经准备好在35岁以前掌握某些关键"诀窍"。

资料来源:中国人力资源网,http://blog.hr.com.cn/html/00/n-97800.html。

问题:

1. 对于案例中的内容,谈谈你的看法。
2. 案例给你的启示是什么?

【实验实训】

1. 结合自己的学习体会,谈谈"双证书"制度给你带来的影响。
2. 以小组为单位开展讨论,并制定自己的秘书职业生涯规划。

【复习思考题】

1. 什么是秘书职业资格标准?
2. 我国目前主要的秘书职业资格鉴定标准有哪些?
3. 如何为自己制定秘书职业生涯规划?

第八章

国外秘书工作

学习目标

通过本章学习,你应能够:

了解国外对秘书职业的观点和秘书职业的概况;

了解国外秘书的分类和分级、秘书资格考试、秘书的培养;

了解国外对秘书的素质要求和秘书的工作内容;

掌握国外秘书职业的发展趋势。

【引入案例】

硅谷的秘书

在那些声名显赫的总裁、首席执行官的背后,忙碌的则是秘书。他们每天不仅仅在打字、冲咖啡,也在参与决策。

他们不必穿得一丝不苟,不必不停地记录老板的命令,不必为老板冲上一杯咖啡,在公司股票上涨的时候他们的薪水不会止步不前。他们是硅谷的秘书,有男有女,但以女性为主。在技术革命持续不断的氛围中,硅谷秘书显得与众不同。

Sun 公司首席执行官斯科特·麦克尼利的秘书凯伦·霍尔斯汀知道老板的电子邮箱密码,如果老板需要,她会帮他打开邮箱,查看新来的电子邮件。凯伦说:"如果他想喝咖啡,他会自己冲上一杯。"

Sun 公司是一个拥有 100 亿美元资产的商用电脑系统生产商,它与其他数千家公司如惠普公司、英特尔公司、苹果公司等,将硅谷打造成国际高新技术经济的中心。

Notel 网络公司是硅谷的一家公司,公司总裁戴维·豪斯的执行助理戈温·卡尔德威尔说:"如果我每天穿着套装走进某栋高楼后所做的一切是接接电话、日复一日地做时间表,那我肯定会厌倦的。"相反,卡尔德威尔女士在公司里有很大的影响力,她和她的同事起草信函、研究竞争对手公司的情况、向管理层谏言、组织谈判等。

硅谷的秘书们在帮助公司成长的同时,他们的收入也稳步攀升。美国秘书职业的平均年收入在2.5万～3.5万美元。硅谷有些秘书的年薪则是他们的3倍以上,平均在6万～10万美元。而且,许多硅谷公司的秘书入了股,如果公司发展得好,他们将获得红利。Sun公司的凯文·霍尔斯汀女士年薪6.5万美元,还参与公司的分红。

不过,硅谷秘书们的工作压力也相当大,他们每周通常要工作60～70小时,紧张程度也不言而喻。他们每时每刻都在协调世界各地雇员的工作,这不是普通人所能承受的。

近几年来,美国的秘书行业发生了不小的变化。据美国国际人力资源管理协会的一项调查表明,1/3的秘书负责监督其他秘书的工作,45%的秘书负责培训,78%的秘书负责办公室工作。

资料来源:"硅谷秘书不一般",大秘书网,2005年8月31日;http://www.damishu.cn/News/msjc/200508/29315.html

问题:通过上述案例,你了解到国外的秘书角色发生了哪些变化?

第一节 国外秘书职业资格标准

秘书是一种全球性的职业,世界上所有的国家,无论是发达国家还是发展中国家,无论是在西方社会还是在东方社会,都有秘书这个职业。秘书已经成为现代社会办公室工作中人数最多的职业群体。在英国,秘书是第一大职业群;在美国,秘书是第三大职业群。秘书从业者分布广泛,上至政府机关,下至个人、名流,各行各业都有秘书工作的身影。并且,越是经济发达的国家和地区,秘书从业人数越多。"他山之石,可以攻玉",了解世界其他国家秘书职业和秘书工作的基本情况,借鉴他国秘书工作和管理的经验,对于促进我国秘书职业的发展,培养更多高素质的秘书,进而推进现代化的进程,其必要性都是不言而喻的。

一、国外秘书的分类分级

由于秘书工作的领域广泛,所承担的职责种类繁多,一些国家对秘书进行了分类,区分他们所属的不同行业和工作。

(一)美国秘书的分类分级

美国是当今世界经济最发达、科技最强盛的资本主义国家。在美国,秘书是一项兴盛的职业,数百万秘书分布于各行各业,形成一个庞大的职业群,其职业化程度相当成熟,专业化水平相当发达,为各国现代秘书职业的发展提供了可资借鉴的经验。

美国秘书按其所在行业、资历、作用等不同的标准,划分成不同的种类。美国劳工部依照下述三个方面的标准对秘书进行了分类。

1. 根据秘书所服务的管理人员的级别高低进行分类

管理人员级别的高低,一是根据其管理组织的规模大小、人数多少等因素确定,二是根据其在组织中所具有的地位确定。如果管理人员所管理的组织规模大、人数多,并且担任正职主管,其级别相应就高,为其服务的秘书的类别也相应较高。按此标准,秘书类别从低到高一共分为四类:LS-1级、LS-2级、LS-3级和LS-4级,简称"LS"类。

2. 根据秘书所担任的职责大小进行分类

按此标准,秘书一共分为两类,即LR-1级和LR-2级,简称"LR"类。LR-1级秘书是较低一级的秘书,其职责是根据管理人员的总的指示精神,独立完成按照程序安排的办公室正常工作,即主要从事事务性服务工作。LR-2级秘书除了完成与LR-1级秘书类似的正常工作之外,还要根据自己的知识、经验技能和判断能力,主动完成一些较为复杂、难度较大的工作任务。

3. 根据秘书职位所规定的职务性质进行分类

按此标准,美国秘书分为政府秘书、行政秘书和专业秘书三大类。

(1)政府秘书。

他们或是在美国首都华盛顿从事秘书工作的联邦政府雇员,或是在州政府、市政府和当地县级以下政府工作的秘书,或是在驻外使馆和领事馆、军事基地等地工作的秘书,人数远远超过任何工商部门的私人秘书。政府秘书等级的划分和任命根据考试成绩而定。凡欲从事政府秘书工作的,须先取得打字速记等专业技能的证书,并通过秘书能力的口试和笔试。被录用者第一年为试用期,三年后转为固定职业,并有资格申请担任联邦政府中任何机构的秘书工作。

(2)行政秘书。

行政秘书是指在各类机关、公司、企业中担任行政性职务的秘书,是美国国际人力资源管理协会划定的秘书种类之一,也称行政助理、管理秘书,占美国秘书职位的大多数。行政秘书按照其职权可以分为两类:一类是属于领导职位的秘书,如秘书长、公司秘书等,担任这类职位的人员已经不是一般意义上的秘书,为高级行政参谋人员,全面负责秘书和行政工作,以减轻经理日常管理方面的琐事。他们具有相当大的权力,人数较少。另一类是一般行政秘书,其主要职责和任务是记录上司或者经理的口述内容,接答电话并转达上司,接待来访人员并安排与上司的约会,打印信函和文件,处理各种邮件,为上司起草信函、讲话稿、报告、备忘录,为上司查阅有关资料,代上司阅读、签署、寄发某些信件,编辑核对文件,选购办公设备等。

(3)专业秘书。

专业秘书实际上是根据秘书所从事的专业工作这一标准进行分类后,对与从事行政事务的行政秘书相对应,在各种具体的专业领域、专业部门或者专业人员身边从事秘书工作的人员的一种总称,它是包含多种秘书职位在内的一类职位,简称OT类。美国的专业秘书主要有以下几类:

①法律秘书。

指在美国司法机关、律师事务所、工商企业的法律部门作为法官或者律师个人助手的秘书。这类秘书负责起草法律文件和相关的信函文件,如传票、诉状、向法院提交的申请等。所以,法律秘书应该懂得相关的法律,熟悉法律事务和相关的程序、名词术语,能够处理好法律文书,有的还要求具有公证人资格,以便能签署公证。

一般从事法律秘书的人员,开始多是做速记员,具有5年以上该专业工作经历后,加入全国法律秘书协会,再申请参加该协会组织的法律专业秘书人员考试,考试合格方可获得合格证书,被授予"法律秘书"称号。这种考试较为严格,考试内容主要有书写、通信技能与知识、人际关系、法律术语和程序、法律秘书技能等。

职业法律秘书的薪金在秘书界是最高的,许多法律秘书由此可升为律师。

②医学秘书。

指主要受聘于各类医院、医生个人、政府医疗保健部门、大公司的卫生部门、生活医药医疗用品的大公司、医学研究机构和医药图书出版部门等处的秘书。这类秘书主要的职责和任务是:与病人预约就诊时间,办理病人的就诊手续,为医生指定的就诊病人联系会诊医院,打印病人的医疗记录并负责归档整理,记录医疗陈述,向病人收取医疗费用并负责结算,递送医疗账单,订购医疗器械、药品和材料等。有的还负责为病人保管病历、测量体温等工作。医学秘书要具备良好的医德,熟悉较多的医学知识、医疗常识和工作程序,并掌握会计、保险方面的知识和技能。要当一名合格的医学秘书,可以到专门的培训学校学习。美国的医务助理协会设在芝加哥市,它通过考试发给合格人员合格证书。

③教育秘书。

指主要受聘于各类教育机构和教授个人的秘书。其职责根据服务的对象不同而有较大的差异。如一个大学教授的秘书,要负责接听电话,起草信函,安排约会和活动日程,收集相关的专业书信,整理各种学术会议上的文献,为教授准备讲义或者科研资料,制作图表、录音带、幻灯片等。一位大学教授往往得有两三名秘书,才能完成教学、科研任务。

服务于中小学校的教育秘书,主要负责起草信函、备忘录、公告等,还要接收并处理用于学生午餐、学校设备、学生活动等的经费。而地方性学院办公室的秘书人员,任务以整理材料、管理和复制文件、安排有关会议、接待参观者,以及与学生、教师、家长进行联系等为主。

美国的全国教育秘书协会是教育秘书自己的组织,隶属于全国教育协会。该协会为改善教育秘书的工作条件、增加薪金、保证退休福利、维护教育秘书的合法权益等有关事项而努力。

④通信秘书。

指受聘于美国公司中专门担任文字处理事务的秘书。这类秘书在执行职务时所需要的设施和技术都是高度专业化的,需要熟练使用现代化文字处理装置并具有较高的语言文字水平。美国国际人力资源管理协会将通信秘书划分为首席文字处理员和文字处理员。

首席文字处理员属于中高级通信秘书,职责是操作各种文字处理设备,从复杂的信息源中制作和修订难度很大的各种文件,检索以往输入的各种原文、数据,领导低级文字处理员等。所以,他们除必须具备较高的业务能力外,还需要有一定的组织和领导能力。

文字处理员属于低级通信秘书,职责是按照规定的时间和质量输入、编辑、修改、转送中等难度的打印文件,编辑、核对文字工作等,也有的承担一般性的秘书事务。所以,他们除能操作文字处理设备外,还必须通晓本部门技术性术语和本公司经营情况。

⑤技术秘书。

指主要受聘于政府技术部门、科研机构和工程技术公司,作为高级科学研究人员助手的秘书,他们通常不是在办公室而是在实验室工作。技术秘书的职责主要是承担实验室事务性工作,具体工作任务除一般的秘书业务外,还包括从起草文稿到邮政事务的全部或者大部分对外联络工作,负责有关专业书籍的收藏、资料的收集、校对文稿、剪辑科技报告、准备工程报告等。技术秘书必须掌握专业需要的科学技术及数学、会计学、物理学等知识,熟悉工程技术术语,精通技术性口述的记录等。美国有专门的科学技术方面的秘书培训公司。

⑥财经秘书。

指主要受聘于各类企业或者企业领导人,协助其管理财务的秘书。这类秘书一般负责管理企业或者公司的资金,以及与企业或者公司有关的财务事项,有的还负责管理雇主的私人财务。具体任务包括进行银行存款、开支票、调节银行结单、处理小额保证金、记录收入的资金等。财经秘书必须具备丰富的金融和银行工作程序等知识。

4. 美国秘书的职级

在美国,对秘书职级的划分非常细密,不同职级的秘书,其任职资格、职责范围和工作报酬都有明确的规定。美国秘书统称"一般管理、文书、事务"职业大类，下分41个细类，分为14个工资等级，从低层次秘书到专职秘书，再到管理阶层的秘书，形成规范的体系。6级及6级以下的秘书人员工作内容较单纯，技术要求较低；6级以上的秘书人员工作复杂，技术要求也较高。

美国国际人力资源管理协会在借鉴和综合美国劳工部秘书分类标准的基础上，兼顾了美国劳工部进行秘书分类时依据的管理人员级别、秘书职责大小及专业工作标准这三条分类标准，又将一般的行政秘书分为三个级别，即B级秘书、A级秘书、经理秘书，另外还单设一类"法律秘书"。

(1) B级秘书。

B级秘书的服务对象的级别相当于LS-1级至LS-2级，即小公司的管理人员或者大公司的低层管理人员，工作职责是"执行范围有限的秘书职务"，相当于LR-1级。工作任务大致包括口授、安排约会和公务旅行、答复日常信函和保管文件档案等，内容以事务性事项为主，范围比较确定。

(2) A级秘书。

A级秘书的服务对象的级别近似于LS-3级，即中级管理人员，工作职责介于LR-1级至LR-2级之间，是"执行范围不定的秘书职务"。工作任务较为复杂，要求具有关于本公司的经营实践和组织结构等方面的知识，具有中级以上的秘书工作和行政工作技能。

(3) 经理秘书。

经理秘书也称行政助理，其服务对象的级别相当于IS-4级，即高级行政首脑或者企事业单位中的高层决策人员，工作职责近似于LR-2级，是"执行全部秘书和行政职务"的职位。工作任务包括负责计划、方案的制订和调整，并负责使之按时完成，还要为经理办理各种行政方面的具体事务等。因此要求具有关于本公司的经营实践和组织结构等方面的知识，并掌握秘书和行政工作的高级技能。

可以看出，B级秘书、A级秘书和经理秘书，实际上是分别为各类企业组织和社会团体的基层、中层和高层领导人配备的三种秘书职位，其职级分别属于低级、中级和高级。至于另设的法律秘书则与OT类中的法律秘书相同，完全是从专业角度划分的。

美国政府机关的秘书，属于其文官阶层的一部分。担任这类工作，必须经过申请和考核，成为正式秘书后可以按规定逐级升迁。美国政府机关的秘书人员，统一由文官委员会管理，该委员会由低至高将秘书分为助理秘书级、文书级、执行级和行政级四个等级。对后两类秘书人员，要求知识丰富、头脑灵活、思维缜密、性格完美。他们被视为行政首脑的得力助手。

美国的秘书职位分类和分级，对于欧美国家均有一定影响，并在实践中产生了积极作用。

(二) 加拿大秘书的分类分级

加拿大的秘书职业化程度很高，秘书分类很细，每一种类的秘书都有不同的要求和工作特点。根据加拿大行政管理协会分类，秘书被分成以下几个类别：

1. 企业秘书

是指为公司经理服务，负责安排会议、起草信件等工作的秘书。

2. 行政助理秘书

是指为公司高级行政管理人员当参谋，负责全部秘书工作的秘书人员。

3. 法律秘书

是指为司法部门服务，具备一定的法律专业知识的秘书。

4. 政府秘书

是指专门服务于政府部门的秘书。

5. 教育秘书

是指专门服务于教育系统的秘书。

(三) 英国秘书的分类分级

英国的秘书职业也很发达，而且发展比较稳定，对世界现代秘书工作的发展有一定的影响。尤其是其秘书职业教育相当完善。英国秘书主要有以下几类：

1. 政府秘书

指在英国政府机关中供职的秘书。他们属于文官中的事务官，是公务员，供职任期为终身制，不受内阁更替的影响。他们的任用、职权、责任、利益、晋升均有严格的规定，并划分为行政级、执行级、文书或者办事员级、助理文书级四级。

(1) 行政级秘书。

他们是担任政府各部部长主要助手的高级秘书官，相当于秘书长或者办公厅主任。其职责为代部长草拟提交国会或者内阁会议讨论的政策方案，沟通并协调内部各部门关系，改进机关结构和工作方法，对机关内行政人员进行管理和考核、监督。他们必须具有丰富的学识和很强的组织、判断、创造能力，并规定不得参加任何政党活动以保持中立的非政府性地位。他们大多毕业于名牌大学，并受过良好的专业训练。

(2) 执行级秘书。

他们是中级秘书官，相当于秘书科长、办公室主任。其职责为对法规范围外次要的、特定的案件作检讨性分析，对较重要的案件或问题进行主动观察与考察，对较小范围或者较少分量的事务进行直接领导。有的还负责机关内部的管理、考核，解决公务中的纠纷，支持较重要工作的进行等。他们一般毕业于文官学院或者其他大学。

(3) 文书或者办事员级秘书。

他们是一般秘书人员。其职责为按一定的法规、指示处理特定事务，按规定格式准确记录，回答问题及统计资料，作简单的文书草拟，收集、提供、保存资料，为上司决策提供依据。他们一般为大专或者中专毕业生。

(4) 助理文书级秘书。

他们为初级秘书。其职责为打字、速记、缮印、接打电话、接待来客等。他们大多为高中或者中专文化程度的女青年，年龄大多在18～20岁之间。伦敦及各地均设有此类专门学校，培养这类人员。

2. 执行秘书

指英国工商企业中受高级经理雇佣的一种私人秘书。他们是雇主的得力助手和私人代表，必须对雇主的活动和工作范围有详细的了解，为雇主分担许多具体事务，在一定范围内有决定权，并能代表雇主进行业务洽谈。

3. 公司秘书

指英国公司中的高级行政职员。英国《公司法》规定，每个公司必须配备一名专职秘书，同时可配备助理秘书或者代理秘书，以备公司秘书缺席时代行职责。公司秘书的职责除从事一般性行政事务、保证公司业务活动符合公司法及公司规章外，还包括：

(1)新成立的股份有限公司正式营业前,必须向公众作出法定宣告;
(2)签署年度损益表及其附件;
(3)如公司被法院下令解散,必须向官方证实清算声明书;
(4)如公司解散后的清算人是由债权人任命,则必须向清算人提交经其证实的清算声明书;
(5)股份有限公司转化为无限公司、无限公司转化为有限公司,均应在申请书上签字。

4. 私人秘书

他们是被雇主雇佣、为雇主个人服务的秘书。在英国雇佣私人秘书相当普遍,私人秘书不仅需要熟练掌握打字、速记技能,还必须有丰富的商业知识和秘书知识,要求颇高。

欲谋得私人秘书职位,必须经专门考试,持有合格证书方能应聘。英国还有不少私人秘书团体。

(四)日本秘书的分类分级

日本的秘书工作吸取了欧美国家秘书工作的经验,又结合本国国情,自20世纪70年代以来取得了长足的发展,既注重实务、技能,又开展理论研究,秘书教育也很发达,成为东方资本主义国家秘书工作的典范。

1. 日本秘书的种类

日本秘书大体可以划分为如下几种:

(1)公务秘书。

也称政治秘书,指在国会、政党、内阁供职,具有公务员性质的秘书。其中在国会、官厅、地方公共机构工作的秘书,除了要求了解国会、政党、内阁的结构外,还要求精通法律制定程序和有关机关详细工作程序,国会议员秘书还得将与自己所居之地联系的工作作为重要任务。

(2)事务秘书。

指在医师、律师等专业人员身边工作的秘书。他们除具有秘书工作的知识和技能外,还必须具有相当程度的专业知识,如医师的秘书要配合医生接收病人,从事社会保险等与医疗事务有关的工作;律师的秘书要协助接待委托人,调查案件,与法院联系,代替律师与委托人预谈,整理材料等;会计师、税理师的秘书要掌握簿记、会计知识;大学教授、研究人员的秘书要善于搜集、剪贴资料并整理立卷等。

(3)外事秘书。

指擅长外语、在外资企业和各国驻日使馆供职的秘书。随着日本外资企业和各国的大使馆增多,这类秘书数量日益增多。他们必须精通外语,能将上司的话当场速记下来并打印出来,还要求能以优美、准确的日本语进行翻译,能用日文准确无误地拟写文件书信,能为外国来客当向导,陪同观看歌舞等文娱表演,懂一些茶道、花道以及日本其他文化历史知识。

(4)企业秘书。

也称公司秘书,即董事长和经理的专职秘书,主要从事接待来客、接打电话、联络事务等工作,以女性居多。这类秘书特别需要有高度的服务精神,有愉快、和蔼、亲切、礼貌、爽快、幽默感等职业素质,以反映出企业的良好素质。

(5)私人秘书。

日本党政要员、议员、大企业家、有名望的学者、教授,以及影视、体育明星等社会名流都雇佣私人秘书,少则一两名,多则几十名。这些私人秘书负责对外联络,接待,公关,安排雇主一天、一周或者一旬的工作日程。

2. 日本秘书的职级

日本秘书学教授森胁道子在其专著《女性秘书入门》中，依据秘书业务水平而将秘书划分为初级秘书、中级秘书和高级秘书三个层次等级。

(1)初级秘书。

初级秘书一般能完成上司指定的工作，基本了解秘书职责和工作方法，已有2~3年的工作经历，除能熟练地处理见习秘书的各项业务外，还能承担文书收发、信函起草、预订票据等业务。其工作能力基本得到上司和同事的认可，已具备作为上司个人秘书的候选资格。

(2)中级秘书。

中级秘书必须能主动分担上司杂务，减轻上司行政工作的负担，并能够独立进行工作，一般已有4~5年的工作经验，以指导新秘书的业务。其主要工作是为上司安排日常活动日程，必要时也代表上司对外谈判。

(3)高级秘书。

高级秘书必须能够给上司以有力的协助，能够提供解决问题的有效方案，工作中能够发挥作用并取得相应成绩。他们是上司名副其实的助手，基本上不处理具体日常事务，主要负责秘书课(室)的领导工作；在公司召开董事会时，则是上司的高级参谋。

另外，在实际工作中还有见习秘书。见习秘书未受过专门的秘书教育，从事秘书工作不足1年，对整个秘书工作尚不熟悉。其主要职责为值班、接电话、接待来客等服务性工作。

二、国外秘书的职业资格考试

秘书职业的发展，使秘书成为一项专业化程度很高的职业，为了提高秘书的素质，促进秘书专业化的发展，世界一些发达国家设置了秘书资格考试，在国外从事秘书工作必须通过考试，取得职业证书后才能够执业。世界著名的秘书资格考试包括国际行政管理者协会举办的"特许职业秘书资格"(CPS)考试，以及美国管理协会(AMA)举办的"合格行政管理人员"CAM考试；英国有特许秘书和行政人员工会组织的"秘书专业资格"(ICSA)考试；法国有秘书的职业培训和考试制度，还在国家行政学院通过严格择优培养高级秘书人才；德国专门开办了"欧洲秘书培训班"，并由欧洲秘书协会和国际贸易协会联合主持考试，合格者成为驻外机构的秘书；日本有由日本秘书协会主持的CBS资格考试；等等。

(一)美国的秘书资格考试

1."特许职业秘书资格"考试

这是世界范围内最有影响力的秘书资格考试，是由国际行政管理者协会举办的高级秘书资格考试，合格者获"特许职业秘书资格"证书(CPS)。

考试定于每年5月第1周的周五、周六两天，在世界250个考试中心同时进行。报考条件非常严格，规定高中生秘书工作经历要满6年、大学生学习年限加秘书工作经历要满6年才允许报考，有学士学位的人具有1年经过证明的工作经验也能报考。

考试科目为企业法、企业行为科学、经济与管理、会计学、秘书技能、办公室工作程序等。考试连续进行12小时。

在美国，所有秘书都期望获此资格，以求个人有所发展，但这项考试的合格率仅为20%。

2. 美国"合格行政管理人员"证书考试

美国最有影响力的秘书资格考试之一，自1970年9月始，是由美国管理协会举办的为商业界谋求监督和管理人员地位的秘书职位资格考试，合格者获"合格行政管理人员"证书（CAM）。

欲获取此证书者，必须先申请加入该协会，并达到如下标准：

(1)通过协会组织的"人事管理"、"财务管理"、"调节和经济"、"行政机构"、"系统和信息管理"、"特殊疑难问题的管理技术"等科目考核；

(2)有两年的行政管理经验；

(3)有优秀的个人品行以及一定的专业管理水平；

(4)近年来曾在一个自发组织内参与或者直接从事领导工作，并有可信的证据；

(5)以口头或者书面方式为制定有效管理方法、原则作出过贡献。

凡经过考核达到上述标准者，即发给此证书，并允许在自己的署名后面写上"CAM"，以示具有此种资格。

(二)英国的秘书资格考试

英国的秘书考试制度非常规范，被众多国家仿效，在国际秘书界颇具影响力。

重要的考试名目有以下几种：

1. 英国"秘书专业资格"考试

英国特许秘书和行政人员工会统一组织的"秘书专业资格"（ICSA）考试，在英国及加拿大、澳大利亚等英联邦国家和地区举行，每年两次。考试合格颁给特许状，即"秘书专业资格"证书，该证书在英联邦国家和地区具有权威性。

考试课程为17门，分别为：

(1)基础课：经济学、定量研究学、法律入门、组织行为、办公室管理入门。

(2)专业基础课：会计入门、商业法、信息网络学、人事管理。

(3)专业课：共8门，其中：必修课4门，即会议学、公司法、系统管理、管理原理和技巧；选修课4门，可以选修与秘书工作密切相关的秘书业务、财务会计、税收学、商业财务等，按所在公司或者机关的性质、任务不同而异。

2. 英国秘书学习证书

英国伦敦工商会颁发的私人秘书资格证书之一。欲获得此证书必须通过通信往来、商业知识、办公室日常工作、速记—打字，或者听录音—打字（记录）等考试。合格者被授予此证书，供谋求初级秘书和速记—打字员职务之用。

3. 英国私人秘书证书

英国伦敦工商会颁发的私人秘书资格证书之一。欲获得此证书须通过通信往来、办公室组织机构和秘书规律程序、商业结构、速记—打字、听录音—打字等科目考试，并参加一次面试。合格者被授予此证书，供应聘中级经理的私人秘书职位之用。

4. 英国私人和执行秘书毕业证书

英国伦敦工商会颁发的私人秘书资格证书之一。欲获得此证书必须通过通信往来、秘书管理、对经理工作正确评价、会议程序、速记—打字等科目考试，并参加一次面试。考官从考速记、打字技巧入手，再评价考生的常识、机智、沉着、经验及效率。合格者被授予此证书，供应聘高级经理私人秘书职位之用。

5. 英国高级秘书证书

英国彼特门考试学院颁发的秘书资格证书。欲获得此证书必须通过通信往来、办公室组织机构和秘书程序、商业知识、速记—打字或者听录音—打字等科目考试,并接受一次面试。合格者承认其具有全面秘书工作能力,授予此证书。

(三)日本的秘书资格考试

1. 日本 CBS 考试

这是由日本秘书协会举办,审定秘书的英语、日语能力和业务知识、技术水平的资格考试。日本秘书协会鉴于日本国际化现状对秘书提出的更高要求,于 1979 年开始此项考试,以懂日语和英语、有实际工作经验的年轻女秘书为考试对象,每年 5 月、7 月组织两次考试。凡考试合格者被授予 CBS 资格。

考试内容包括三方面:一是秘书所需要的日语、英语知识和应用能力,并必须经口语面试;二是秘书业务、技能;三是秘书适应环境、处理人际关系和经营管理的能力。

2. 日本秘书技能鉴定考试

这是日本秘书实务技能审定协会举行的秘书技能测试。该测试为日本文部省所承认,每年春、秋季各举行一次,报考者不受学历、年龄、性别、实际经验的限制。该项考试规模大、影响广。

根据日本文部省通过的《秘书技能审查基准》,考试范围包括两方面:一是秘书理论,包括秘书素质、业务知识、一般知识;二是秘书实务,包括接待、技能、仪表等。

考试分为三级,第三级为初级,第一级为最高级,供考生根据自己的水平选考。考试均为笔试,第一级笔试合格还必须参加面试。考分 60 分以上者为合格,发给资格证书,可在应聘、就职时使用。

三、国外秘书的教育和课程设置

秘书教育是培养专业化、知识化队伍的有效途径,秘书教育的发展是秘书职业化的必然要求。国外的秘书教育发展比较成熟。主要形式有两种:一种是学校教育,另一种是职业培训。

学校教育在各国的发展情况不同。在美国,有 1 300 多所院校开设秘书专业,学制有两年制初级和四年制本科。在日本,1980 年由文部省批准在短期大学设置秘书科,此后秘书教育迅速发展,仅东京就有 2 所秘书学院和 5 所秘书职业学校。不仅短期大学,不少商业专科学校也增设了秘书实务课程。在法国,高等学校开设五年制秘书专业,严格把关,对成绩不合格的学生实行淘汰制。

职业培训主要有三种情况:一是本部门培训,也称上岗培训,由各单位各部门自行组织,培训内容适应性、实用性强;二是委托培训,也称岗外培训,如英国的文官学院、日本的经营协会和产能大学都是专门接受秘书委托培训的机构;三是针对秘书职业资格鉴定而设的培训,这是秘书职业培训的主渠道。

各种类型的秘书教育的普及,为社会培养了大批职业秘书,成为推进秘书职业化发展的强劲动力。

(一)美国的秘书教育和课程设置

美国有各种类型的专门培养秘书的学校,大体有三类:

1. 高等院校

据美国"全国教育统计中心"的资料,美国截至 1981 年底这类学校有 1 346 所,主要是两年制的初级大学、技术或商业学院。在四年制大学里,设有秘书专业的比较少。高级学校里的秘书专业,除了共同的课程外,不同种类的秘书还有不同的专业课程。

美国的秘书通常以复合式教育培养而成,如医药秘书常由医学院毕业生经过秘书专业学习后担任,或者学生入学时就根据所选择的秘书专业方向修课,课程由秘书专业课加上不同类别的专业课构成。

以马里兰州蒙哥马利初级大学秘书专业为例,共同的课程有打字、速记(包括机器速记)、阅读与写作、健康生活原则、办公室工作程序、计算机应用、秘书学、会计学等。

行政秘书的专业课程有商业数学、企业法、簿记、演讲基础、社会学、行政秘书听写和录音、行政秘书准则等。

法律秘书的专业课程有企业法、法律秘书准则、法律专门术语、法律秘书听写和录音、法院及法律事务所程序等。

医学秘书的专业课程有生物学、生理学、人体解剖学、心理学、医药法、医学专业术语、医药秘书听写和录音等。

2. 高中

一般来讲,美国普通高中主要是培养学生继续升大学的,同时也对学生进行某种职业训练。普通高级中学设置秘书知识、秘书技能课程,进行秘书职业训练。

3. 成人学校

这类学校多半是私人开办的。有的是在商业、技术学校中设秘书系,有的就叫秘书学校。学习时间有长有短,从两个月到两年不等;班次多种多样,有全日班、半日班、夜间班、周末班等。学员一般不受年龄和学历限制,毕业后校方协助推荐、寻找职业。

4. 职业培训

现在美国秘书大多需要本科学历,从事工作前还要接受系统的秘书职业培训。美国劳工部统计局的工作人员斯达茜女士在接受采访时说,由于秘书在美国已成为一个专门行业,因此,专门培养秘书的学校、专门管理秘书的协会都非常齐备。除此之外,已经就业的秘书还要不断地学习充电,以适应不断发展的形势对秘书的新要求。

(二)日本的秘书教育与课程设置

1. 日本的秘书教育

日本的秘书教育自20世纪70年代以来,发展很快。自1980年文部省规定了秘书科设置的标准,批准短期大学可设置秘书科后,日本的秘书教育机构迅速发展,形式多样。至今已有100多所大学和短期大学设有秘书专业,系统进行秘书教育;有180多所商业专科学校、打字学校等各类专门学校增加了秘书实务课程;开设与秘书工作有关课程的高级中学有几十所。

为了提高秘书素质和业务水平,日本重视对在职秘书的培训。培训内容根据不同机关、企业的实际需要而定,如日本东京YWCA专科学校商务秘书培训的一年制课程有秘书概论与实务、文书档案学、英文打字、英文速记、秘书英语、英语会话、会计事务、心理学(人际关系)、经营管理、通信、商业活动、劳动问题等。

秘书士是日本高校秘书专业的学位名称。凡加入日本全国短期大学秘书教育协会的短期大学,按照统一的教学计划,规定修满19学分者,即可获得此学位。

2. 日本秘书专业课程设置

日本人认为,秘书的知识面要宽,为人处世的经验要丰富;秘书最好熟悉官场和大场面,因为秘书是为上司服务的,而上司,不管是官场上司或是商界大亨,都是要经历大场面的,都得熟悉官场应酬。所以他们对秘书的要求是知识面广、技能实务熟练、处理问题的经验丰富,只有这样才能称得上高级秘书。

【小资料】

从日本秘书课程设置看对秘书素质的高要求

以下是根据日本著名秘书教授菊地史子提供的资料和其他方面的了解,简述日本短期大学(培训秘书的最高学校)秘书学科的教育课程的设置,从中可以大致看出他们对秘书素质的要求,以及日本秘书可能承担的任务。高等院校秘书课程可分为三大门类:

一、教养教育科目

类似我国的基础课但又不完全相同,主要是进行秘书的素质培养。

1. 体美教育。这包括体育与书法两科。也就是说,作为秘书必须有健康的体格,否则就不能胜任繁重的秘书工作。秘书还必须掌握一手好书法,日本人是很讲究书道的,字都写不好,谁还聘你当秘书?

2. 人文教养。这一科目包括文学、戏剧、音乐、美术与儿童文化5个方面。这些课程设置突出了私人秘书为主及女秘书为主的特点,所以要求高级秘书必须具备较高的文化素质。

3. 社会教养。包括:(1)国际知识。类似于我们的世界政治、历史、地理与文化等。(2)现代社会知识。主要指日本国内的社会文化、经济、政治以及社会服务事务。

4. 科学教养。包括:(1)妇女科学;(2)环境科学;(3)自然科学;(4)健康科学;(5)生活科学;(6)情报科学。妇女科学,对于女秘书占秘书总数90%以上的日本来说,是很有必要的。现代秘书要了解财经事务、要使用电脑处理公务等,当然也必须学习自然科学。

二、专门教育科目

类似我国的专业课,当然也不尽相同,充满了日本特色。

1. 秘书基础知识。主要包括秘书概论、社会心理学、人格心理学、人间关系论(近似我国的人际关系与公共关系)、经营管理概论等。

2. 秘书实务。主要包括:(1)秘书实务。指一般性秘书实务内容,通常分中、高级,要经过几个学期的大量实习。(2)文章写作。(3)会话表现。(4)英语作文。(5)英语会话。在短期大学中英语会话要开四学期,达到能听会说为止。(6)中国语会话。同中国的关系很重要,所以近年来许多大学(不仅限于秘书专业)都把中国语作为重要课程。又因为中日文字根出同源,所以重点、难点放在会话上。(7)文书处理实务。

3. 相关学科。日本要求高级秘书必须掌握以下的相关知识与技能:(1)会计学。(2)簿计。(3)情报处理。类似我国的信息加工。(4)服装艺术。对女秘书来说,这恐怕是每天都用得上的大学问。秘书的上司也需要服装助手。(5)事务机器。即我国的办公自动化课程。(6)以实践为主的课程。包括书道、茶道、广告事务、音像录放、旅行参观事务、时事形势研究等。

三、职业教育训练

日本秘书已经实现了社会职业化,秘书是一种遍及各行各业的社会职业,所以秘书还需要学习社会职业概论、职业伦理(即我国的职业道德、纪律等内容),以及公务员法规(政策)。

总的来说,日本培训高级秘书的要求是很严格的,他们培养出来的合格秘书,兼备广博知识与现代多种技能,精通英语与汉语,熟悉政治与财经,体格强健与艺术修养并重,既有日本国粹根底,又能适应现代社会。

资料来源:"日本培训高级秘书的素质要求",金世纪教育网,http://www.21jsj.com.cn/classname.php? classid=8428。

3. 日本的秘书培训

除大学秘书专业、秘书专科学校、秘书职业高中等正规学校和教育机构外,还有秘书的在职培训。培训的内容根据不同单位、不同工作的需要确定。如日本东京YMCA专科学校商业专业中的秘书培训内容有:

(1)高级课程(一年)。包括秘书概论与实务、文档学、英文打字、英文速记、秘书英语、英语会话、会计事务、心理学(人际关系)、经营管理、通信、商业簿记问题等。

(2)初级课程(二年)。包括秘书概论、秘书实务、文档学、听写、英文打字、英文速记、秘书英语、商业英语、英文簿记、时事英语、英文翻译、英语会话、语言表现法、计算技术、商业簿记、经济学、社会问题、钢笔书法、保健体育及音乐等。

(三)德国培养"欧洲秘书"的模式

在当代世界经济生活中,德国作为世界经济大国和欧洲头号经济强国,在国家经济发展战略的引导下,其跨国公司已走向世界各地,欧洲是德国各财团首先要占领的最为重要的市场。欧洲共同体诸国越来越趋向经济上的"一体化",用以制衡来自美国的控制和来自日本等方面的经济挑战。德国财团的董事长、总经理们纷纷走出国门到世界各地特别是欧洲其他各国去发展事业。但是,伴随他们走出国门的德国秘书,在工作中因不熟悉驻在国的经济、文化和法制环境,语言上也难以与驻在国公众沟通,在秘书工作中暴露出许多方面的不足和问题。在这种背景下,德国探索出一种培养欧洲秘书的教学模式。经过一段时间的实践,已经取得了一定的成果,成为德国经济发展战略措施的有机组成部分。德国从1985年就开始着手运作,说服文科中学(相当于我国的重点中学)高中毕业的女学生及其家长,改变报考一般大学的打算,进入大学附设的"欧洲秘书培训班",进行两年到两年半的职业培训。德国从培养为国内社会各界服务的秘书,逐渐转向培养欧洲通用型秘书和驻外国企业秘书,德国"欧洲秘书"培养教育模式发展得十分迅速。

1. 三阶段选拔的分类培养

德国"欧洲秘书培训班"在教学中引进了优胜劣汰的竞争机制。他们把整个培训时间划分为三个阶段。

第一阶段为半年,培养掌握一般秘书工作知识、技能,严加考核,不允许补考。不合格者一律淘汰,失去继续深造和出国求职的机会,但可在国内低层次秘书工作岗位谋求就业。

第二阶段是"欧洲秘书预备班",时间为一年,强化训练英、法以及其他欧共体国家所用语言,同时学习德语文书、信函处理技术、办公自动化设备使用技术等。学习结束后,由德国欧洲秘书协会及国际贸易协会两方面联合考核,发给证书,过关者进入第三阶段,在"欧洲秘书强化班",又称"外语秘书班"学习。第二阶段被淘汰者,发给"普通秘书证书",可在国内就业或在国外自谋职业。

第三阶段是最后的一年再学习,主要学习欧共体各国的经贸用语、日常会话,以及历史、文化、民俗、世情方面的基本知识,同时以西班牙语作为第三外语强化训练,达到要求经考核合格者,发给国家认可和欧共体各国承认的"欧洲秘书"证书,可在欧共体各国顺利就业。

经三个阶段培训和优选的秘书人才,个个精明干练、出类拔萃,不少人尚未毕业就被公司聘用。

2. 重视技能课程

德国秘书教育除了分三个阶段培养和择优外,在开设课程上也很有特色。一般的秘书理论课程,虽然作为必修课,但又视为入门课程,并非考核重点,其成绩也不作为今后就业和出国求职的重点;而对作为选修课的实践性的技术操作课程,如速记、打字、办公计算机程序处理以及外语的口语、笔译却格外重视,每一门选修课都有确定指标,速记(指手写速记)每分钟最少达到120个音节,打字(指电脑打字)每分钟200～220键。在语言能力上,英语要求有学习了7年以上的证书,法语要求有学习了5年以上的证书,加上德语,可以说"初通三国语言"才能进入"欧洲秘书培训班"。进校以后,对外语采取缺啥补啥的形式,进行强化训练,要求英语或法语与口述同步打字,每分钟不得少于150键才能过关。

德国"欧洲秘书培训班"采取成批招收、分期择优筛选、分层次培养人才的方式。德国的这种方式,有利于满足社会对不同秘书人才的需要,有利于激发学生勤奋学习,有利于培养拔尖秘书人才。并根据学生不同情况开设多门选修课,定出标准,严格考核。让学生自由选课,这样既能使学生的知识能力得以提高,又给学生的学习增加了自由度,让其根据自己的情况选择课程,学习自主,效率也高。在训练方法上采用强化训练的方式,通过高难度、高强度训练达到职业技能的高标准,这就突出了作为应用学科的秘书专业教育的基本特色。这样培养出来的学生比普通高校文科培养出来的学生,在秘书职业技能上具有明显的优势。

德国"欧洲秘书培训班"招生对象是有志于从事秘书工作的重点中学学生,而且是清一色的女学生。其入学起点高,并且符合"秘书职业女性化"这一西方国家出现的新的趋势。由此培养出的学生遍布欧洲,乃至走向美国。

第二节 国外秘书工作内容

一、国外秘书职业发展概况

因各国国情不同、社会制度差异、行政管理机构和秘书结构也不尽相同,加之各国之间经济发展的速度和规模存在差距,因而各国秘书工作的发展状况并不一致。从总体上看,当前世界各国秘书工作的发展情况是十分显著的,呈现出以下特征:

(一)秘书工作普遍化、社会化

1. 秘书人数激增

第二次世界大战以后,随着经济的恢复和发展以及科学技术的突飞猛进,日益迫切需要加强行政管理,以求提高经济效率、增进社会效能。在英国,办公室工作的扩充,使得脑力工作者的总数由18.7%增至42.7%,而体力劳动者由74%降至54.7%。整个工业社会发生的这些变化及其影响,是20世纪秘书发展的主要因素。在欧洲,目前从事秘书工作的约有600万人,其中,法国的秘书大军有84.2万人。在法国,秘书成为仅次于教师的最大职业群。

再以美国为例,美国在20世纪70年代大致已有280多万名秘书,21世纪初,秘书人数达到390万。在26种职业中,秘书的就业增长率占第一位。据美国劳工部的统计,2004年全美的秘书从业者约有410多万,遍及美国各种社会组织,是美国最大的职业群体之一。这些秘书人员就职于工商企业、政府机关、教育机构、医疗机构和非营利性机构等组织中,承担收集和整理信息、办理综合性办公事务、上传下达、联络和协调各方面关系等工作,借助现代化办公手段以保证组织的有效运转。

2. 行业分布广泛

国外的秘书工作,不仅广泛存在于政府机关、企业单位和社会团体,而且渗透到社会的各个角落。秘书服务于现代社会的每一个行业,对社会的影响是巨大的。美国和英国雇佣私人秘书的现象尤其普遍,从政府官员到企业主、演员、运动员、律师、医生,几乎都有私人秘书。为了充分发挥教师和教授的作用,提高其教学与科研的效率,使他们能把有限的工作时间用在高强度的脑力劳动上,一些著名大学还为他们配备秘书。例如,哈佛大学普遍实行秘书制,每3~4位教师共用一个秘书,为教师提供事务性工作的服务,负责打字、复印、电话、约会等一切事务性工作。哈佛大学认为,这种专业分工,是提高学校经济效益的重要方法。

【微型案例】

为何德国一般教授都有秘书?

德国大学的教授待遇很高,一个人的工资养活全家没有任何问题。一般而言,大学教授的工资相当于政府机关局级公务员的工资水平,而且多数教授还有秘书、助理等。记得我当年去德国留学的时候,第一堂课是欧洲法。高大的教授戴着耳麦,讲课时在台上走来走去,还放着投影仪。突然,他说了一句:"抱歉,我忘记带胶片了,一会儿我的秘书就送过来。"我以为自己听错了,疑惑地问旁边的德国同学:"教授也有秘书?"同学回答:"一般教授都有秘书,有的是单独的,有的是几个人共用一个秘书。"德国学生反问:"你们中国的教授没有秘书?"我告诉他:"在我们国家,可能只有非常著名的教授才有秘书。秘书是领导的专利,也是一种权力的象征。"这位同学说:"我们这里恰好相反,只有非常高级别的官员才有秘书,一般的公务员都没有。"没过几分钟,一位女士风风火火地跑进课堂,把胶片递给教授,我这才确信刚才没有听错。

资料来源:"为何德国的一般教授都有秘书,而公务员没有?"三农直通车网,2012年2月13日;http://info.1688.com/detail/1023300636.html。

问题:德国教授拥有秘书的事例如何说明国外秘书工作的普遍化?

3. 社会地位很高

国外的秘书行业已经发展成为声势浩大、影响广泛、受人尊重的职业。秘书有自己的组织、集会、节日和出版物。其中,国际专业秘书协会于每年7月举行国际秘书会议,会议程序包括名人演讲、报告、专题讨论、专家讨论以及与办公室贡献成果相结合的非正式讨论会等,此协会还将每年4月的最后一个星期三定为"秘书日"举行庆祝,这对各行各业的秘书给予很大鼓舞,使秘书工作受到很大支持和重视。

每年的秘书节,一些国家首脑都会致信国际行政管理者协会,对秘书对社会的重要贡献表示敬意。2002年,美国总统布什在其贺信中称:"今天,在美国有390万秘书和行政助理人员。他们在政府办公室、私营公司、社区组织及其他无数机构中从事着重要的工作。这些专业人员的工作已经并将继续促进美国的进步。我谨向行政专员们的辛勤工作以及你们对于自己事业的贡献表示致敬。"加拿大总理克雷蒂安也发来了贺信,表示对秘书们的辛勤工作和杰出贡献致以真诚祝贺。

秘书节当天,有秘书工作的单位都会对本单位的秘书人员表示节日的祝贺和慰问。例如,秘书节一到,美国一家贸易公司的罗伯特先生除了要给公司所有的秘书放假外,还会送上鲜花和贺卡表示慰问。另外,他还要求每一位秘书的直属上司加送一份额外的礼物,因为他自己每年都会给贴身秘书送上一包上等的咖啡或有异国风情的坐垫来表达感激之情。

(二)秘书工作职业化、专业化

国外秘书的显著发展,还表现在秘书的职业化和专门化上。秘书的职业化是世界性的潮流,所谓职业化,是指如今的秘书由特定的官方职务,演变为不属于任何一个行业但又为任何行业所必需的职业;所谓专业化,是指秘书由原来的没有自身专业的"百搭",演变为需要专门培养的,必须具有专业知识、技能和行业规范的职业。

1. 建立行业组织

随着秘书的职业化,秘书已成为一个专门行业,秘书作为一种普遍存在的社会职业,其专业化程度越来越高。专业化的特征之一是形成了权威的、影响广泛的专业组织。国际行政管理者协会(International Association of Administrative Professionals,IAAP),是世界上30多个国家和地区的秘书成员交流秘书工作经验的中心和汇集互通信息的阵地,其前身为"国际专业秘书协会"(Professional Secretaries International,PSI),它是当今世界有名的跨国性的职业组织。该组织成立于1942年,原名为"美国全国秘书协会",其总部设在美国密苏里州堪萨斯城。有4万多会员、700家分支机构,除美国外,包括欧、亚、拉美各洲的30多个国家和地区,如英国、德国、意大利、瑞士、挪威、比利时、冰岛、澳大利亚、日本、菲律宾、马来西亚、新加坡、印度尼西亚、中国香港、中国台湾、巴西、秘鲁、哥伦比亚、玻利维亚、巴拿马以及南非等。其宗旨是:作为秘书的代言机构,维护秘书的合法利益;通过连续教育,提高秘书人员的素质和水平;介绍最新技术,增强业务技能,提高秘书的职业地位。

这些组织不仅建立了从职业标准到职业培训和职业鉴定的一套完善的职业评价体系,还定期开展活动,组织各种学术交流和庆典活动,发挥宣传、凝聚作用。自1952年起,国际行政管理者协会将每年4月最后一个工作周定为"秘书周",该周的星期三定为"秘书日",并举行相关的庆祝活动。举行这样的庆祝会是为了认同秘书的贡献,吸引更多的人从事秘书或行政工作。2000年,国际行政管理者协会宣布将"秘书周"和"秘书日"分别改名为"行政专员周"和"行政专员日",与当今不断变化的工作名称和职责保持一致。

【小资料】

巴西:每个省都有秘书协会

在巴西,有专门规范秘书这个行业的法律。从业者大多是秘书学院毕业或拥有其他专业的文凭。巴西秘书协会国际关系官员San Paolo说,在巴西,特别是在多数跨国公司所在的东南部地区,秘书从事项目管理、培训、招聘等方面的工作越来越多。她告诉记者:"在巴西每一个省都有秘书协会,我所工作的协会是一个联合组织。这些秘书协会是秘书自己的组织,他们代表从业者与企业讨论行业的工资底线,在秘书被解雇的时候提供法律援助,帮助他们寻找另一份工作。协会还举办代表会议、论坛,扩大与国内外的联系,以交流经验,促进秘书的成长。"

资料来源：宋斌著："秘书工作剪影"，《秘书》，2006年第1期。

2. 形成专业知识

专门培养秘书的各类学校，对秘书的知识化、专门化及秘书的发展作出了不可忽视的贡献。此外还有各种秘书杂志，而提供给各行业秘书可资查询的各种专业信息的定期杂志和书报刊物，更是不胜枚举。国际行政管理者协会提供给会员的刊物有《秘书》杂志，这是国际秘书领域的主要刊物，介绍秘书工作方面的新思想、新观念、新动态、新技术。各种秘书杂志，对秘书的职业化、专业化是巨大的促进。当代"秘书学"，已成为一门专业性很强的独立学科，而这门学科所涉及的专业知识绝非是单一的。当今时代一名职业秘书如不掌握特定专业和丰富知识，是难以胜任工作的。重视职业化、专业化和专门知识，是当今世界秘书发展的第二个特点。

(三) 秘书工作制度化、规范化

由于秘书职业分工逐渐细化，技术要求规范化，因此，世界一些发达国家都对秘书进行了分类，并制定了严格的行业规范。

美国劳工部和美国国际人力资源管理协会都对秘书职位进行了分类，不同职位有不同的技能要求。这样的职位分类，在秘书工作实践中产生了良好的作用：一是可打破"一个领导、一个秘书"的传统组合关系，使具有某方面专长的秘书在某一方面同时为几个领导服务，能高效地完成某方面的工作；二是为秘书人员的专业学习和培训指明了方向，使他们有针对性地学懂、学精某一方面的知识和技能；三是为秘书人员的定级、定薪提供了客观依据。

在秘书的工作内容和工作程序方面，也形成了一系列规范化标准。美国出版的《韦氏秘书手册》对秘书的任职资格、知识要求、工作内容作了细致明确的规定，成为权威性的秘书从业指南。秘书职业化的特点，使相应的秘书管理逐渐完善起来。如在行业准入方面，普遍认同职业资格认证制度；在职业标准上，认识大体一致，并对职业素质、知识结构、能力水平等方面作出明确规定。秘书职业的专业化和规范化，标志着秘书职业走向成熟。《秘书工作范例》是国际职业秘书协会同各分支机构中企业经理合作创办的一种多方面综合论述刊物，适用于各种办公室环境，反映了秘书职责的共同特性。《职业秘书道德准则》则旨在建立和传播秘书职业行为标准，体现秘书的职业道德观念。

(四) 秘书工作智囊化、高阶化

随着办公自动化水平的提高，事务性工作可由计算机操作，这样，秘书就可以摆脱繁重的事务性工作，集中精力和时间从事高层次的辅助、参谋工作，帮助上司综合管理，辅助上司进行决策。所以，秘书工作由事务型向智囊型转化。正如西班牙阿拉贡职业秘书联合会主席多诺雷斯·贝尔加所说："秘书这个职业无论是在职业角色还是在工作条件或者工具方面，都已经发生了重大的变化。现在我们要处理电子化的信息、组织视频会议、操作互联网，多年前的秘书只是电话接线员、文字速记打字员，而现在的秘书已经开始在公司或单位中扮演重要的角色，有些秘书甚至还拥有了某些事务的决定权。秘书要比上司更了解公司和企业。"

秘书职业的称谓也在发生改变。国际行政管理者协会中，只有18%的会员至今还使用"秘书"这一称谓，其他的都是用"行政助理"、"协调经理"、"专业经理"、"执行秘书"或"执行助理"等称谓。为Cisco公司总裁约翰·钱伯斯工作了8年的德比·格罗斯说："秘书这个词已经过时了，我们不仅仅是打字、填表和接电话。我们是被赋予权力的，能够做决定。"格罗斯每天工作12个小时，她要帮助约翰·钱伯斯制订复杂的全球工作计划表，向他汇报各个会议的主要内容,阅读他的电子邮件,记录公司在全球的1.8万名员工的工作情况。秘书工作智能化的趋势,也使秘书从过去的被动服务转变为主动服务。

(五)秘书工作手段现代化、自动化

在新技术的推动下,一些发达国家迅速实现了办公室现代化。一个得力秘书加上先进设备,所能处理的工作及其所达到的效率和所产生的效益都是惊人的。20世纪80年代,美国的秘书已成为文字处理系统的专家。美国曾率先使用了价格昂贵的"电脑秘书";英国投资8 000万英镑研发办公室自动化设备;德国专家研究"利用现代技术的成果,协同管理领域进行合理组织工作和人际关系的综合处理的方法"。现在,网络政府、电子政务、电子商务、无纸办公等一系列新概念出现了。秘书的许多工作都可借助先进的手段高效地完成。

如果说20世纪50年代电脑对财务工作逐渐产生了巨大作用,那么到80年代,此种作用则已扩展到秘书工作中。在国外,80年代的秘书已成为文字处理系统的专家。据美国统计,25岁以下的秘书队伍结构发生了明显的变化。在新一代秘书中,1/3的人已掌握计算机编程技术,2/5的人有70%的时间用于文字处理机的操作使用,1/2左右的人由于掌握新技术而增加了薪金。国外工业发达国家如美国、加拿大、日本等国的公文投递、传阅、处理已大量采用电子计算机。企事业单位的业务会议,可以选用电传设备进行,与会人员不必再集中,而可以在不同地点甚至不同国家开会,首长指示工作可以利用听写机,自动打成文稿交给秘书进行研究与润色。总之,奔向现代化、自动化的趋势,已成为秘书事业发展的又一显著特点。

(六)秘书标准高素质化、务实化

注重素质、经验、实际工作能力,不看重年龄和相貌,是国外选用秘书标准的一个显著特点。

1. 重视学历、证书和能力

国外聘用秘书对学历的要求,视秘书所服务的机构和担负的职务而定。一般来说,在西方国家从事秘书职业需要大学学历,如现在美国秘书大多要求本科学历,从事秘书工作前还要接受系统的秘书职业培训。据西班牙网络杂志 secretariaplus.com 进行的民意测验显示,在他们国家,43%的秘书有硕士学位或者有多个学士学位。法国秘书申请进入秘书行业,要经过的考核越来越严,起点越来越高,只凭一张职业技校毕业证书(BEP)或职业高中会考证书(Bac-pro),受雇的几率为零。高等秘书技术文凭(BTS-secretariat)已成必需品,也即除了普通高中学历,还必须有专业训练经历。2/3的招工企业需要双语秘书,一些完全与外语无关的单位甚至也要求求职者懂外语。

然而,一般企业聘用秘书并不一味要求高等学历,他们更重视应聘者从事秘书工作的天资、专业知识和敏感度。他们要求应聘者具备秘书素质,学习过秘书专业知识和一般知识(社会常识、管理学),拥有人际关系能力(工作态度、口才、接待、交际实务)、技能(会议组织、文书写作、复印机使用、文档资料管理、环境整理、办公设备用品、日程管理)等。因此,有的应聘者具有大学学历,有的则是高中或成人高校毕业。

由于国外聘用秘书,除了学历之外,更为注重工作经验和能力,因此,拥有一张秘书资格证书,是许多秘书求职者的迫切追求,因为它是一块"敲门砖",有了它,进入秘书行业就能十拿九稳,并且它对秘书本人资质的衡量,无疑加重了"砝码",这就是为什么历年来五花八门的秘书资格考试总能吸引众多的人前来尝试的原因。

【微型案例】

牙买加:秘书证书很吃香

Sharon Y. Dawes 在 1997 年从牙买加移民美国之前就开始当秘书了。她回忆说:"当时美国很多秘书岗位仅仅要求高中学历,而在牙买加则更愿意雇佣具有秘书学位或者受过专门训练的人。"1989 年 Dawes 取得了"特许职业秘书资格"证书,(CPS),她感觉这个东西在牙买加很管用,有很多公司还为员工参加证书考试掏钱。"当我取得这个证书时,我在牙买加电话公司工作,我的照片还出现在公司内部刊物的显著位置上。"

资料来源:宋斌著:"秘书工作剪影",《秘书》,2006 年第 1 期。

问题:通过这一案例,你认为取得秘书职业资格证书有什么重要作用?

2. 偏好成熟女性

国内企业很看重秘书的年龄和外貌,认为这关系到公司的"门面"。在一些外国企业看来,长发飘逸、年轻貌美的女子,看上去反而给人不成熟的感觉。他们更喜欢聘用 30~40 岁左右的有教养、有经验的职业女性。不久前,一家财富 500 强公司在华招聘总经理秘书,一位应聘者为重点大学毕业,形象颇佳,气质迷人,各方面都不错,但被排除在外。旁人不理解,洋老板表示:"她唯一的缺点就是太年轻了。"一位美国公司的经理说:"国内的女秘书大多年轻漂亮,个性较强又任性,多数未经过培训,专业化不足,被动性工作,责任心较差,工作起来像个闹钟,拧一下,转一下。我们最希望找到的秘书是 30 岁以上、比较成熟的女性,工作踏实又肯干。太年轻的留不住,麻烦的事情反而会很多。"由此看出,外国企业更重视秘书的敬业精神、经验、责任感和办事能力。

在欧美国家,秘书意味着一种职业,一项具有严格素质要求的职业。高级总裁或是高级部门的秘书职位上,很难看到年轻的女秘书,事实上,这些职位大多是一些 40 多岁、有教养、有经验的职业女性在支撑,她们的特殊地位,足以令部门经理和公司其他员工尊敬。除了一般的文字、外语、计算机技能之外,她们的沟通、协调、预见和判断力都必须很强,在公司顶层能站住脚,需要付出极大的努力。她们在企业中虽只是执行者,却为企业的正常运营扮演了不容忽视的角色。

无论是在欧洲还是在美国,企业聘用秘书更为注重工作经验和能力,所以在国外从事秘书工作必须通过考试,取得职业证书后才能够执业。而且,国外公司更愿意雇佣年龄稍大的秘书,认为这样的职员在各方面都很稳定,可以长期为自己工作。

在美国,秘书这个职业有点像中国的中医,越老越吃香。比尔·盖茨在创业之初就聘请了42岁的女秘书露宝。比尔·盖茨在提到当初的创业时总忘不了这位秘书。露宝稳重细致,几乎成为公司的灵魂人物,她和盖茨的无间配合成为微软公司一道独特的风景。的确,在美国的大公司里,很难看到年轻的女秘书,越是级别高的部门,秘书的年龄就越大,多是40多岁、有教养、有经验的职业女性。一位公司的人事主管告诉记者,从公司用人的角度来看,随着年龄增长,女性缜密、周到的优点就越发突出,她们比年轻人更善于应变和周旋,也更有耐心,用"长袖善舞"来形容一点都不为过。通常一个成功的秘书是没有年龄上限的,干一辈子都没有问题。

在德国的企业中,每个经理或董事长几乎都配有专职的秘书。但他们绝大多数是通过学历、年龄、工作年限的筛选和专业知识、协作水平的考试被择优聘任的,因此,德国高效的管理工作与秘书的严格挑选也是有密切关系的。

【小资料】

德国秘书不吃"青春饭"

一项调查表明,德国企业秘书的工资水准不但与工作所在城市有关,而且各行业之间差距也不小,而德国秘书的年龄越大,收入越高,责任和收入也成正比,他们吃的不是"青春饭"。

德国人力资源公司 Kienbaum 调查了24个行业的462家企业,调查对象包括从接线员到总裁秘书的各种办事员职位。

德国秘书们的年龄越高,收入也越高。比如24岁以下的部门经理秘书,年薪为3.1万欧元,而同样职位的55岁的部门经理秘书,年薪可达4.2万欧元。总裁秘书的平均年薪则达到4.7万欧元,而销售部的普通办事员年收入只有3.7万欧元,接线员的年收入为3万欧元。

资料来源:江门日报网站,2006年4月22日,http://www.jmnews.com.cn。

问题:国外选用秘书看重素质,给了你什么启示?

二、国外秘书的素质要求

【微型案例】

国外秘书工作剪影

国外秘书的工作情况究竟是怎样的?这是国内许多秘书朋友感兴趣的问题。这里,我将自己掌握的一些比较新的资料整理出来,供大家参考。

一、加拿大:不懂法语就当不了秘书

在加拿大做秘书,必须既懂英语,又懂法语。因为加拿大是双语国家,英语和法语都是官方语言,在接受政府或企业服务的时候,每个人都有权利选择使用哪种语言。Daniel leGraham是加拿大首都渥太华一家企业的秘书,她告诉记者:"如果你不会法语,就很难找到工作。即便你确实会讲法语,还要考一考你到底懂多少,对话是不是流利,语法、拼写和发音准不准。"在她每天的工作中,两种语言的转换大约需要25~30次。尽管常有人夸奖她法语讲得"非常漂亮",但她还是觉得,在讨论复杂问题的时候,还是讲英语更舒服一些。

二、日本:不鼓励秘书去主动创新

在日本做秘书要求非常正规,通常要穿制服,而且也不鼓励秘书去主动创新。KanaKo Beringer,这位1994~1998年在日本一家市场调查公司工作,后来移居美国的秘书告诉记者:"当然每家公司不一样,但总体上说,有些不合乎潮流。主要原因是,在日本秘书多数是女性,而社会上仍然没有接受妇女也是真正的劳动力这个观念,因为结婚而离岗,因为生孩子而离岗,在妇女中非常普遍。之后很多人还会出来工作,但通常都是兼职的,这意味着很低的薪水、有限的发展空间和没有福利。"她还说,尽管管理风格各不相同,日本的职员多是循规蹈矩的,总是避免任何争论。刚到美国做秘书时,Beringer对这里的情形感到非常不可思议:人们有时竟然一边做事,一边听音乐!"这在日本是绝对不可能的,一个原因是,日本的工作氛围与美国不同,你不能表现出自己的兴趣和爱好。并且,你的同事忙得不可开交,你也不好意思。"

三、埃及:很多女性在高级岗位上掌权

在埃及,人们从不直接说"不",因为那是对别人的无理和冒犯,所以要花更多时间交流,才能做成生意。Schulz,一位在法国出生,1999~2000年跟随丈夫赴埃及亚历山大,在那里从事秘书工作的女士告诉记者:"从某种程度上说,在埃及工作的秘书很'先进',人们使用最先进的设备,每个人都有移动电话。并且很多女性在高级管理岗位上掌握权力,这或许是因为她们来自较高的社会阶层。大多数劳动妇女都倾向于留在家里,照顾家庭。"

四、南非:赋予秘书更多的管理职责

作为南非的一名秘书,Evelyn Fourie已经工作了30多年,曾为许多家企业提供过服务。在过去的15年中,她为比勒陀利亚的一位律师工作,这位律师不仅经营着自己的律师事务所,而且参与不动产投资,还拥有自己的健身俱乐部和一家芦荟产品加工厂。"他授权我做很多决定,管理经营项目,甚至对在国内外拓展生意的可能性进行调研。在这里,我从一个一般的秘书转变为个人助理和行政助理,处理很多人事、薪金、市场方面的问题,我的工作几乎涉及公司里的任何事情。"

Fourie还担任"南非秘书协会"的主席,不久前,这个协会改名为"南非职业行政人员协会",不再使用秘书两个字。她告诉记者:"南非的企业不如发达国家先进,但也差不到哪里去。这里秘书的薪水差别很大,远远低于发达国家,但企业赋予秘书更多的管理职责,在着装方面要求也很宽松。许多公司不怕雇佣年轻、爱赶时髦的人当秘书。办公设备也越来越与发达国家同步。"她还介绍说,她们的协会举办很多培训课程与研讨、座谈会,鼓励人们关注秘书工作领域的技术进步和国际趋势。

资料来源:宋斌等著:"秘书工作剪影",《秘书》,2006年第1期。

问题:通过以上案例,你能说出国外秘书工作的主要内容是什么吗?

国外对秘书的素质要求,是由权威较高的秘书协会提出的,是从称职的秘书从业人员的实际素质中归纳、抽象出来的,具有针对性和可行性。例如,对一般秘书人员提出公务信函写作、谈吐礼仪、接打电话、忠诚干练等基本标准;对较高级秘书则提出承担重要责任、正确判断重要情况、果断作出决定、足智多谋地提出有价值的建议等标准。另外,外国秘书的素质标准由行业系统的秘书协会提出,又与秘书职业培训、职业合格证书考试结合为一体,这就更有利于秘书素质标准在晋升考核实务中的运用,并随着秘书实践活动的发展而不断发展和调整。也就是说,素质标准体系指导秘书人才的成长和秘书管理活动,而秘书活动和秘书管理的实践又不断地为素质标准体系提供新鲜的实践材料。因此,这个素质标准体系具有深厚的实践基础和应用价值。

1993年11月,美国管理协会(AMA)召开了首届高级秘书与助理大会,对高级秘书的素质提出了多达二十几条要求:

(1)良好的文字处理能力;
(2)良好的口头表达能力;
(3)善于与人沟通;
(4)随机应变能力强;
(5)能严守秘密,谨慎处理保密文件;
(6)能准确贯彻上司意图;
(7)能沉着处理紧急事件;
(8)能代表经理出席员工大会并讲话,准确恰当地传达经理的意见;
(9)及时将企业的内部和外部信息传递给经理;
(10)经理外出时能主动主持办公室工作;
(11)良好的职业道德和强烈的进取心;
(12)精力充沛;
(13)良好的安排时间的能力(如出差计划与安排);
(14)良好的记忆力,尤其对人名、地名、电话号码反应迅速;
(15)有组织观念和团队精神;
(16)与同事及上司能融洽相处,并能从中起协调作用;
(17)能参与企业具体项目的开展;
(18)积极主动而非被动地工作;
(19)熟悉办公室财务管理;
(20)知错能及时纠正;
(21)知道何时给上司建议和征求上司意见;
(22)能以最佳的方式管理文件;
(23)有一定的数学头脑;
(24)会多种语言,并且适应多元文化环境;
(25)求知欲强;
(26)能代替上司处理日常事务;
(27)独立工作能力强、温和善良、善解人意、办事利索、行事公正。

如此之高的素质和能力要求,以及如此宽泛的工作授权,也从侧面印证了秘书在企业中的地位。

科技的飞速发展,使世界进入了新信息时代。新信息时代为秘书创造了前所未有的机会,秘书不但可以在工作中提高自己的地位,而且在待遇上得到更多的实惠。玛丽·德弗里斯在其《涉外秘书全书》(第七版)中提出了新信息时代成功秘书的素质。

(一)基本素质

了解新机器、新系统的工作情况并知道如何正确使用它们,是一个成功秘书必须具备的基本条件;另一个先决条件是,更多地了解老板的生意和公司在全球经济中的地位。秘书很少单独工作,他们必须学会如何在日常工作中与其他人相处,学会处理好办公室中好的和坏的人际关系。

(二)重要的个人素质

要想在这一个不断发展的职业中取得成功,秘书们必须:

(1)既能作为小组成员有效地开展工作,也能独立地制订和管理工作计划;
(2)与人打交道时需善于合作、善解人意、处事圆滑;
(3)对自己和其他人的工作更加注重细节性、完整性和精确性;
(4)在工作中严守秘密、遵守道德;
(5)用有条不紊的工作作风和积极乐观的工作态度,树立良好的个人形象和公司形象;
(6)恪尽职守、诚恳待人、精干内行。

【小资料】

北美秘书协会章程中提出了对秘书的九条基本要求:

1. 像心理学家那样善于观察和理解他人;
2. 像政治学家那样有灵敏的头脑;
3. 像外交官那样有潇洒的风度;
4. 有调查各种棘手问题的丰富经验;
5. 有良好的速记能力和文字功底;
6. 熟悉各种商业往来中的法律关系;
7. 能熟练使用各种办公自动化机器;
8. 具备广泛的金融和税务方面的知识;
9. 谙熟各种文件资料的整理和归档。

资料来源:青年人网,WWW.QNR.CN。

三、国外秘书的工作职责

【微型案例】

工作起来就像"八爪鱼"

美国秘书99%为女性,在300多万秘书中,男秘书仅为4.25万。但是,这些秘书可不是"花瓶",不是靠花枝招展、巧言善辩来做些端茶送水、迎来送往的无足轻重的杂活。在美国,秘书往往被人们看成分身有术的"万事通"。无论是商界秘书还是政界秘书,他们除了要具备最一般的文字、外语、计算机技能之外,往往还需具有很强的沟通协调能力和敏锐的洞察力、判断力,在单位中的角色可谓举足轻重。就说这秘书的工作内容吧,从日程安排、内勤接待、后勤服务到会议策划、公关服务、出谋献策,范围很广。难怪有人形容秘书是"八爪鱼"。

正是为了更真实地反映当今秘书的职业特点，美国"国际职业秘书协会"在1999年更名为"国际行政管理者协会"。有人预见，秘书的称呼将在不远的将来被"协调员"所代替，因为这更能反映秘书的重要作用。

美国秘书的职责范围比较广泛。按照美国《职称辞典》中的解释，秘书是贯彻执行下列活动的人：

(1) 全面处理机关的或者公司的行政工作，以减轻政府官员和公司负责人的较次要的行政事务及办公室工作；

(2) 能用速记记录口述；

(3) 能用翻译机将口述或者复制的记录信息译成文字；

(4) 处理上司约会并提醒其赴约；

(5) 接见到办公室来访的客人；

(6) 接电话和打电话；

(7) 处理上司的重要私人邮件，主动书写日常函件；

(8) 对办公室其他工作人员进行工作监督；

(9) 整理人事档案。

综合美国秘书职业活动的实际状况，秘书的工作范围可以大致归纳为三个方面：

一是指派性事务。即上司临时交办的事务，包括撰写书信、草拟拍发电文、去银行存款和取款、去图书馆查找资料、上司外出时为其订票等。

二是日常事务。即在没有指标或者监督情况下进行的工作，包括开启邮件、文件归档、接听电话、补充办公用品、管理保密材料、搜集有关资料等。

三是独创性工作。即发挥秘书的主动性，运用创造性的工作方法协助上司，如在上司询问之前完成某些工作、注意搜集信息以供上司决策时参考等。

上述三个方面中，秘书越能有效地完成指派性事务和日常事务，就越有充分的时间从事独创性工作。这三个方面的工作范围，使美国秘书在工作中有较大自主性，在不违背上司意图的情况下，可以充分发挥个人的积极性与主动性，并创造性地做些工作范围之外的事务。

【微型案例】

日本秘书比起美丽更注重"气质"

漂亮、周到、高雅——电视剧和电影里的秘书形象，完全就是"完美女人"的代表。秘书给人的印象很华丽,那么具体的工作是什么呢?

"行程安排、电话对应、来客接待、聚会及出差准备等,一切让董事安心于自己本职工作的杂务。因情况变化,要求的内容也会有所改变,所以按照说明书行事是行不通的。必须要察知对方的状态和心情,然后提前做好准备。虽然做到这方面有困难,但一句'谢谢'让一切有意义。"在大型公司任职秘书的木村这么说。

秘书担当着"幕后英雄"的角色,需要具备各种各样的能力。比如决定工作优先顺序的判断力、对人名和事件的记忆力、润滑董事和部下及客户关系的交流能力,还有情报收集能力、保密能力、礼仪等。其中作为接待窗口的电话对应需要特别用心。"正确听取有用情报,然后简洁、有条理地转达。很基本的工作,却关乎行程调整。必须做笔记以免弄错时间、地点等内容。"为防止漏接重要电话,午休后2人轮流补妆是秘书室的规则。另外,"妆容清秀优雅"也是不成文的规矩。

繁忙中不忘保持柔和的言谈举止、不乏细心周到的木村,"大和抚子"这个词很适合她。化妆包里的粉色化妆品是给她带来好心情的"小秘书"。

注:"大和抚子"意为温柔而刚强的日本女性。

资料来源:"日本秘书比起美丽更注重'气质'",沪江英语网,http://jp.hjenglish.com/new/p84397/。

【微型案例】

英国秘书的临时权限

临时权限是指英国秘书在雇主外出期间的权限。雇主离开公司后,秘书就是雇主办公室的临时总负责人,负责处理来自国内的邮件、电报和接待来访者等事宜。在秘书权限范围内,秘书必须决定哪些事是重要的和紧迫的,应该由雇主的代理人处理;哪些事情已事先得到雇主的同意,秘书有权亲自处理;哪些事情必须等待雇主回来后才能处理。秘书对此必须作出决定。在任何情况下,秘书都不应试图充当雇主的代理人。如果秘书对某事应采取什么行动仍有疑问,她应当和雇主的代理人商量。秘书在提供有关雇主的商务信息时,起着重要的作用,但应严格保密。如果雇主在外出期间向办公室打电话,秘书应主动向雇主提供最新信息或完成他希望完成的任务。雇主回来后,秘书应简单汇报他外出期间所有的重要情况(通常要打印成文字)。雇主代理人和秘书写的重要信件的副本应存放在文件夹内,供雇主回来后阅读。

资料来源:"英国秘书的临时权限",秘书资格考试网,2008年7月8日;http://www.thea.cn/xms_zl_55855-1.htm。

第三节 国外秘书职业前景

自工业革命以来,国外的秘书职业有了长足的发展,已经积累了许多成熟的经验,伴随着社会需求的激增、新科技的广泛应用,秘书职业正在呈现许多新的特点和新的发展趋势。

了解和掌握国外秘书职业发展趋势，对于我们把握秘书职业的发展、顺应时代的潮流、做好应对的准备，是十分有益的。

一、秘书队伍不断壮大

由于现代科学管理在社会生活中的地位和作用被人们广泛认识和重视，国外的秘书工作日益显示出普遍化和社会化的趋向。现在，不仅政府机关、社会团体和企业单位都有较系统的秘书工作，而且社会的各个角落都能看到秘书的身影、秘书工作的踪迹。那些大中型企业、公司，既有负责全面工作的公司秘书、企业秘书，董事长室、各经理室、广告部、营业部、计划部、财务部等部门也有各自的秘书。日本规定，企业中部长以上、政府机关中副局长以上，都可以设专职秘书。而基层单位的管理者大多由其属下的一名成员担任秘书工作。政府的高级官员往往不止有一个秘书，如日本首相有三十多名秘书协助工作。至于聘用私人秘书的更为普遍，政府官员、企业主、教授、讲师、律师、医生、著名演员、著名运动员等，几乎都有私人秘书。甚至有的家庭主妇也有私人秘书。种种迹象表明，秘书这个行业还会持续发展和壮大，社会需求量还会增加，在相当长的时期内，秘书将持续是一个热门职业。

二、秘书工作永业化

秘书工作人员开始走向职业化、永业化。以前，秘书工作人员大多处于一种动态的过程中，他们的工作岗位、职务是不固定的。许多秘书工作人员先是在与秘书有一定联系但又难度较低的职业种类中工作一段时间，如传达收发、文书兼速记、文书兼打字等工作，待有了一定工作经验后，才被提升进入专职秘书职业种类。然后，通过实践经验的积累和高层次的业余教育学习，再从专职秘书跃入管理阶层。担任专职秘书往往被看作通向管理决策人员的一个阶梯、一种资历。这种现象在日本等国家仍然存在，但总的趋势是，随着秘书地位和作用日益显著以及待遇的提高，秘书工作的专业性得到社会的普遍承认，秘书工作日渐趋向职业化、永业化，终身秘书逐渐增多。

三、进入管理决策圈

由于管理人员在事业竞争中的重要性，秘书人员有了更多的参与决策过程的机会，他们的职能已经较之先前明显扩展。一个精干而可靠的秘书甚至是领导人的左右手。他们的辅助功能大大加强，从接打电话、处理杂务、代拟文稿，到安排工作日程、提出决策方案，肩负起众多的职责，确实起到了辅助或代替上司部分工作，使上司更有效地从事本职要务、提高行政管理效率的作用。

20世纪70年代末，发达国家已基本实现了秘书工作的自动化。随着办公自动化，秘书承担的任务在不断增多，对其组织能力、交流能力、信息搜索能力、处理突发问题的能力甚至管理能力都提出了更高的要求。网页设计、信息搜索以及调研能力，将是未来的秘书所必需的能力和素质。

科技的进步改变了秘书的职责，如今，越来越多的秘书已经承担起了管理甚至做决策的任务，尤其是工作在企业或单位管理者身边的秘书。英国现在出现了"executary"一词，它是"executive"（执行者）和"secretary"（秘书）这两个词的混合体。这个词很好地描绘了现在秘书作为多面手的特点。今天的秘书已经不再是以往那种把咖啡送到上司面前，只会"听指示、做记录、保持沉默"的温顺雇员。现代秘书可以承担各种复杂的工作，他们也已经为此做好了准备。

四、秘书工作智能化

伴随着科学技术的迅速发展,秘书工作正向现代化方向迈进,办公自动化(Office Automation,简称OA)正在逐步实现,使得传统秘书工作的办事方式发生了重大变革,秘书工作效率也大幅提高,秘书可以不必离开工作岗位,就能从计算机化的档案里得到所需要的情报资料。台式、袖珍式电子计算机大大精简和加速了数字运算程序;先进的复印设备有助于秘书较方便地处理文件;具有自动修正功能的打字机可以加快信件的处理;应用精密尖端的通信系统设备,使得口头交流变得既快又方便;口述装置和誊写装置的应用,显著地提高了信息转换(输入语音符号,输出书写特号)的速度,并扩大了输入、输出的容量。其中,文字处理设备对秘书工作的现代化影响尤其大。据统计,文书工作采用OA后,文秘人员可以节省80%的时间;秘书部门各个岗位采用OA后,可提高工作效率1~10倍。

但是,办公室自动化并未完全排斥秘书人员熟练掌握某些手工技能,如打字、速记等。某些报告、复函以及公务报表等还不能自动化书写,有的文件还要用非自动化的方式完成,以满足保密、限制份数或某些特殊要求。

五、办公方式多样化

秘书工作现代化、办公自动化的逐渐实现,引起秘书工作办公方式出现新的动向,许多人集中办公的传统方式受到了一定程度的挑战,居家办公的方式开始试行。所谓"居家办公",就是机关、公司的工作人员不需每天上班,而是通过现代化办公手段每天在家中为机关、公司处理公务,从而在客观上大大提高了工作效率,也有利于办公人员实行弹性工作制。据国外报刊介绍,这种居家办公方式,还可以缓解拥挤的交通,节约汽油,减少车祸,降低建设费用,减轻对服务事业需求的压力,并可兼顾家务,减少请假人次,这又可进一步提高工作效率。有关专家预测,今后居家办公的人数将急剧增加。

但是,也有人认为,居家办公方式使人们体力活动的时间减少,易造成体重增加,不利于身体健康,又因缺少社会交际的机会、深居简出,而使人们的心情感到压抑。

【小资料】

"网上秘书"新职业走俏美国

在美国,越来越多的"在家一族"正加入网上秘书的行列。这里的"在家一族",指的是那些在家中提供商业服务的自由职业者。

预约、整理档案、制订商业计划以及联系客户——任何行政助理能在办公室里帮你完成的工作,网上秘书都能远程帮你实现。

一、从批评客户商业计划到帮助客户挑选婚礼地点,什么都做

把一艘20米长的定制游艇从中国香港挪到纽约或迈阿密要多少钱?一旦将这艘游艇挪到纽约并维护它,包括聘请一位一天24小时待命的经验丰富的船长又得花多少钱呢?这是54岁的苏珊娜·斯特默做网上秘书以来的第一份工作。她花了3个星期的时间为她的客户——一个来自中国香港的投资银行家——找到了答案:将游艇从中国香港挪到纽约要花97 000美元,而要维护它每月得花去7 000美元。在斯特默的帮助下,银行家决定在中国

越来越多"在家一族"正加入网上秘书的行列

香港将游艇出售,然后在纽约买一条新游艇。

二、网络秘书一起成立工作坊

斯特默拥有大约20年的市场营销及公共关系从业经验,不过,她想尝试一些新的东西。4年前,她放弃了一份收入颇丰的工作,并偶然发现了一家提供网上秘书训练的网站。她发现网上秘书的工作非常适合她,于是她制订了一份商业计划,在AssistU这家提供网上秘书训练的网站上注册并在家中成立了一个工作室。在AssistU的帮助下,斯特默找到了自己的第一个客户,也就是那个香港银行家。之后,斯特默在网络和别人的引荐下找到了更多的客户,这也是网上秘书的典型工作方式。斯特默还与其他两位网上秘书一起成立了一个网络工作坊,当有人因为太忙或是出外度假而无法完成工作的时候,另外两个人都会帮一把手。网上秘书与客户之间的商业关系很独特,因为客户很少见到自己的助理,即使这位助理向其提供非常个人化的服务。斯特默说:"我有一个客户打算在7月份到旧金山举行婚礼,她希望她的婚礼充满葡萄酒的芳香:在葡萄酒酿造厂外面举行婚礼,在里面招待来宾,而且她只在旧金山停留90分钟。"

三、"请我比请婚礼专家便宜"

到了5月份的时候,新娘的手里只有一份候选地名列表,于是新娘找到了斯特默。斯特默说:"实际上,我所做的只是整理出一个庞大的电子数据表,而她(新娘)则只需要与自己的准新郎坐在电脑前挑选出4个地点就可以了。"最后,在斯特默的帮助下,新娘选择了最佳婚礼举行地点。斯特默笑着说:"请我比请个婚礼专家便宜多了。"

四、"穿着T恤和短裤办公"

对于网上秘书来说,好处也是显而易见的。斯特默说:"我现在可是穿着T恤和短裤在办公。"没有了硬性规定的上下班时间,网上秘书往往根据自己的个人时间来协调工作时间。网上秘书的工作通常开始于早上8:00~9:00之间——一个非常普遍的上班时间。网上秘书通常会先检查一下自己的电子邮箱、传真和电话留言,然后再开始一天的工作。因为网上秘书经常同时为多个客户服务,所以他们必须牢记多个工作的最后期限。用斯特默的话来说,就是"你必须一次放飞40个气球,并且依然游刃有余"。

资料来源:"'网上秘书'新职业走俏美国",大洋网,2002年8月14日,http://www.sina.com.cn。

六、信息采集成主业

人类的知识在19世纪每50年增加一倍,20世纪中叶每10年增加一倍,20世纪70年代每5年增加一倍,目前,每3年就增加一倍。现代社会是"知识激增"、充满大量信息的社会。因此,信息与物质、能源被并列为现代社会经济发展的三大要素,或称三大支柱。信息在国外被称为"财富的财富",往往成为个人、企业、行业、部门,甚至一个国家决策成败的关键。在秘书工作中,十分重视信息的传输和收集、利用工作,成为信息化社会秘书工作环境值得重视的新气象。为了适应大量信息传播和处理、管理的需要,各国都竞相发展和应用电子计算机通信网络技术,并通过建立文件准备系统、信息传递系统、信息管理系统,实现办公自动化。同时,还依靠有能力的秘书人员积极进行各种急需信息的收集工作。

七、秘书入职"门槛"高

国外对秘书人员的知识、技能和素质的要求越来越严格。秘书人员除了必须掌握有关的秘书业务知识以及基本技能外,还需要广泛涉猎企业法、行政管理、簿记、心理学、商业数学、外语、经济与管理、事务和公共政策、通信和决策、社会问题等方面的知识。至于那些专门秘书,还必须具备有关专业领域的广博知识。对于秘书的个人素质,各国都提出了更高的要求。美国对高级秘书在与人交往时所应具备的个人品质提出了21项要求:有礼貌,举止文雅,友好,公允,考虑周密,合作,谦虚,宽容和体谅,忠诚,敏感,勇敢,诚实,自制,灵活性和适应性,交际中严守礼节,注意边幅,准时,乐意培养别人来接替自己的工作,有幽默感,热情,负责。许多国家都规定,要成为一个职业秘书,或者秘书人员欲获得晋升机会,必须经过一定的秘书专业或秘书学课程的学习,通过法定的考试,方能取得资格。

八、女性化 vs.男性的回归

(一)秘书女性化趋势

国外秘书职业的女性化趋向十分明显。据《美国百科全书》介绍,在20世纪60年代中期,美国有200万女性受雇担任速记技能的工作,几乎占了当时美国总人口数的1%。1978年美国政府的统计表明,政府机关中的秘书人员,66.3%是女性,她们绝大多数担任一般行政秘书。更近的统计显示,美国秘书中99%是女性。西班牙从事秘书工作的人中,98%是女性。法国的秘书大军有84.2万人,其中95%为女性。1982年日本对高中毕业女学生进行职业选择调查,有22.3%的女学生选择的职业是当秘书。"最佳秘书"评选组委会说,在德国的秘书和办公室主管行业中,男性仅占2%。在国外,公认一般行政秘书由"女性一统天下",是"女性的一种专门职业"。在英、美等国家中,报刊书籍凡需用第三人称指代秘书时,一般都用"She"(她),而不用"He"(他)。但必须看到,欧美各国的高级秘书大多数仍是男性。每个单位都有其特殊性,一些单位和私人老板出于某种考量,可能更青睐男性秘书。此外,一部分男性顶住了社会现实压力、舆论和周围人异样的目光,毅然选择秘书职业,从中找到了自己的职业归属和发展路径。

社会学家米格尔·贝尼斯特分析了秘书女性化的起因,认为这一结果是由于社会、历史、经济、文化多方面的原因和职业偏见造成的。

工业革命之前,办公室工作大多为男性秘书处理和完成。工业革命之后,随着大办公室越来越多,办公室事务也渐渐落到女性秘书的手中。

20世纪初,女性基本上不离开家庭寻找工作,大部分工作职位由男性占据。当女性逐步摆脱全职家庭主妇的角色,进入就业市场寻找工作时,秘书成为她们所面临的第一个机会。后来,女性担任秘书的情况得到了进一步巩固。其中部分原因是男性对这一职业存在偏见。对他们来说,秘书同护士一样,都是全职为别人服务的人。

女性的一般特征适应秘书工作的职业特性。调查显示,很多企业认为,在处理复杂事务方面,女性比男性更为迅速、高效,处理事务的效果也更为有序、准确。

(二)男性秘书的回归

虽然国外秘书行业中女性占了统治地位已是不争的事实,但是,仍有一些男性顶住了社会和心理上的压力,投身秘书这一行业,而且干得风生水起,成为领导的"左膀右臂",表现出女性所不具有的男性独特优势。

【小资料】

日本企业男秘书受宠

过去日本企业一般多聘用女秘书,社会普遍认为女秘书工作安心、做事心细。然而,现在日本企业越来越感到,年轻女性秘书也有其局限性,与有才干的男秘书相比,女秘书在事业上的参与协作能力较差,而且做事欠缺雷厉风行的作风,加之年轻女性秘书一般的"工作寿龄"只有5～7年,往往刚刚熟悉业务,就因嫁人而辞职当家庭主妇了。

事实上,选择男秘书并非无奈之举。男秘书做事快速果断、立竿见影、工作适应性强,这是女秘书难以企及的。男秘书的优势还在于耐力更强,能身兼体力劳动。如果是女秘书,自然只能做些脑力的或者比较秀气的工作,比如接听电话、打文件、复印、泡茶,而男秘书既能胜任女秘书的工作内容,还能担当其他需要力气的工作,比如搬运、修理的事。

据较早起用男秘书的正田茂公司认为,用男秘书办事,效率提高20%～30%,准确率也提高15%以上,而男秘书处理危机能力更远超女秘书。

男秘书几乎没有失效期一说。男秘书越老越值钱,一个得心应手的男秘书可以十几年不用换。

男秘书好处如此之多,许多已聘用女秘书的日本企业都有换聘男秘书的考虑,新办公司更以男秘书作为首选。

资料来源:"日本企业男秘书受宠",大洋网,2004年4月27日;http://edu.163.com/edu2004/editor_2004/training/040427/040427_135514.html。

【微型案例】

乔纳森:秘书工作正适合我

梅勒妮·方斯顿是一家秘书培训推荐机构的管理咨询师。根据她的了解,男秘书仍然很少,不过这种情况不会持续太久。"在我们的资料库里,5%的私人秘书是男性,"她说,"这个数量不大,但一直在增长。"

"我想这是因为私人秘书这个角色本身在发生变化。现在,它更多的是一项事业,而不是过去所认为的那样。这个行业也有巨大的压力和动力。秘书可能了解公司的机密,了解商业运作规律,并且和关键人物们建立密切的联系。这样一个角色对于男性有很大吸引力。"

这并不奇怪。私人秘书的工作把你推到一个非常强有力的位置上。你不但可以因此去参加那些高水平的会议,并且有机会在那些顶尖人物面前发挥你的聪明才智。

但是对于其他人来说,当私人秘书是个人事业道路的选择,证明这个工作不仅是要每天去给大家买甜点。毫无疑问,男人们得到了这个信息。

英国图书馆公关部主任吉尔·外博的私人秘书乔纳森·斯塔克,知道为什么是这样。"我可是新闻媒体的看门人,"他说,"这个工作不可低估。我和一些通常不太容易见到的人保持联系,了解新闻媒介的运作,熟悉这个我一直想做的行业。"事实上,他选择做私人秘书一点都没有让他的事业计划推迟。

斯塔克的工作包括接听电话、预订酒店和机票、管理备忘录,以及保持部门平稳运转、支持并帮助外博及其团队的工作。据外博所知,私人秘书是男人的事实没有影响她完成工作。"当我招聘私人秘书的时候,我想找个能够理解我的工作需要的人,"她说,"我同样看到,这对他来说也是个好机会。我实在没注意到男秘书和女秘书有什么区别。我只想找最适合这个工作的人。这就是我为什么选择乔纳森。"

在英国图书馆,很多高级管理职位被女性占据,包括CEO。外博相信,正是这样一个环境使得在工作中没什么性别之分。"我从没想过,因为我是男人,所以不应该做这个工作,"斯塔克说,"如果你问我,很多私人秘书不只在办公室里工作,是否会感到压力?那么我要说,很幸运,我从没有从同事那里感受到异样的眼光,因为我,一个男人,被我们的团队所认可。这真的是破除那些刻板印象的时候了。"

资料来源:"英国男秘书:我没有追逐潮流?",解放牛网,2005年8月14日;http://www.jfdaily.com。

国外一些男性重返秘书职业的现象,说明秘书并非一种特殊性别职业,只适合某种性别的人从事。无论男性和女性,都可以加入秘书队伍。一个人能否成为优秀的秘书,重要的不是性别差异,而是能否满足秘书职业所要求的专业知识、业务能力和个性特征。而这一点正反映出秘书的职业化和专业化的发展趋势。

国外秘书职业发展的种种趋势,显示出秘书职业有着广阔的发展前景,预示从事秘书这一行有着不可估量的前途,它鼓舞和吸引更多的人投身于这一行业,在秘书工作中争取更美好的前途。

【小资料】

澳大利亚秘书行业阳盛阴衰

一项出人意外的调查结果显示,超过八成的受访澳大利亚主管级人士,都希望聘请男性担任秘书工作,打破了一般人认为主管多希望聘用性感女秘书的既定印象。

据中国台湾中央社报道,人力训练公司PKL的研究显示,逾86%的澳洲主管希望聘用男秘书,其中过半受访者目前旗下秘书工作正是由男性担任。

不过女性们也不必对秘书行业"阳盛阴衰"的现象感到忿忿不平。这项调查指出,出现这种状况的主要原因是目前越来越多的女性从事高阶职位,才会造成这股男秘书当道的潮流。

PKL执行长考德尔表示,聘用男性担任秘书或是特别助理工作是目前职场的新趋势。她说:"秘书的角色在过去5年间出现极大的变化,早已不是过去泡茶、接电话等简单的工作性质。"

她指出,越来越多的男性不介意接下秘书工作,因为他们认为,现在这个年代,秘书工作的重点在于沟通和研究,而非供主管差遣的奴隶。

考德尔强调,外界不应该轻视秘书在公司所占的地位,尤其在很多例子上,他们专门提供给老板颇具深度的分析以及建议。

澳洲的银行和金融业聘用男秘书的比例最高,其次为媒体、广告和娱乐业。

资料来源:"澳大利亚秘书行业阳盛阴衰 性感女子不如男",星岛环球网,2007年10月16日;http://www.stnn.cc/fin/200710/t20071016_636216.html。

小 结

【关键术语】

国外秘书资格标准　　国外秘书分类　　国外秘书工作内容　　国外秘书发展趋势

【本章小结】

1. 国外秘书的职业资格标准:(1)国外秘书的分类分级;(2)国外秘书的职业资格考试;(3)国外秘书的教育和课程设置。

2. 国外秘书的工作内容:(1)国外秘书职业的发展概况:普遍化、社会化;职业化、专业化;制度化、规范化;智囊化、高阶化;高素质化、务实化。(2)国外秘书的素质要求。(3)国外秘书的工作职责。

3. 国外秘书的职业前景:(1)秘书队伍不断壮大;(2)秘书工作永业化;(3)进入管理决策圈;(4)秘书工作智能化;(5)办公方式多样化;(6)信息采集成主业;(7)秘书入职"门槛"高;(8)女性化 vs.男性的回归。

【知识结构图】

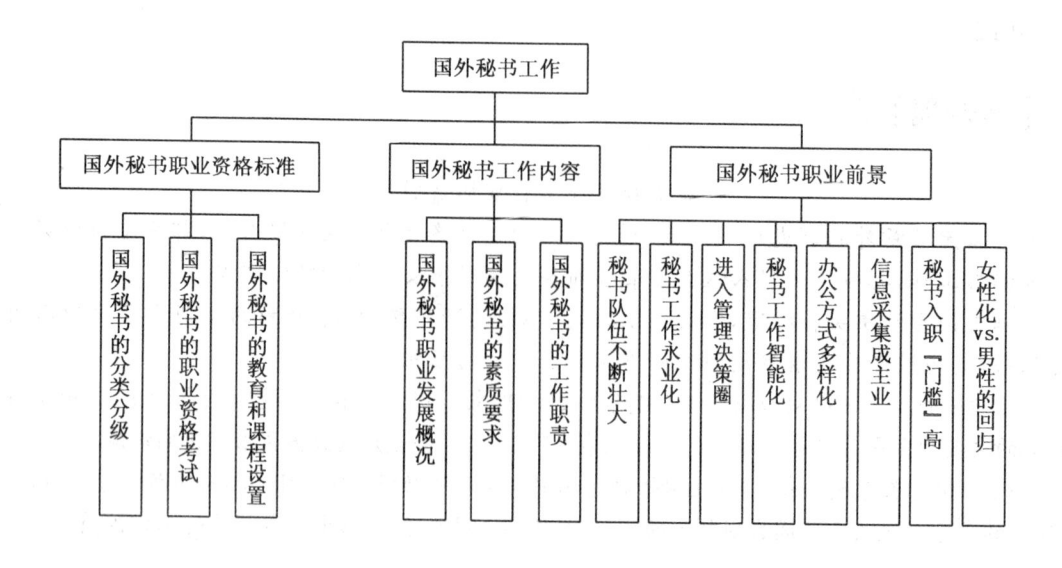

```
                          国外秘书工作
        ┌──────────────────┼──────────────────┐
  国外秘书职业资格标准    国外秘书工作内容      国外秘书职业前景
   ┌─────┼─────┐      ┌─────┼─────┐    ┌──┬──┬──┬──┬──┬──┬──┬──┐
  国  国  国           国  国  国        秘 秘 进 秘 办 信 秘 女
  外  外  外           外  外  外        书 书 入 书 公 息 书 性
  秘  秘  秘           秘  秘  秘        队 工 管 工 方 采 入 化
  书  书  书           书  书  书        伍 作 理 作 式 集 职 vs.
  的  的  的           职  的  的        不 永 决 智 多 成 "门 男
  分  职  教           业  素  工        断 业 策 能 样 主 槛" 性
  类  业  育           发  质  作        壮 化 圈 化 化 业 高 的
  分  资  和           展  要  职        大                     回
  级  格  课           概  求  责                               归
      考  程           况
      试  设
          置
```

应　用

【案例研究】

案例一：

秘书成为可以终身从事的职业

根据英国有关方面在2003年所作的一项调查，英国秘书们记录口授、接听电话等工作正在减少，他们逐渐担负了更多的管理方面的任务。其他重要发现还有，1/3的人工作时间比两年前增加了，越来越多的秘书不仅为某一个经理服务，而且为一个群体服务。"所有这些调查都表明，职业秘书处理组织事务、参与业务培训以及为管理者提供信息越来越普遍，"组织此项调查的Steve Carter说，"部分原因是进入秘书行业人员素质的提高，他们认识到，这是一个可以终身从事的职业，而不仅仅是短期的'零活'。"他还介绍说，现在对着装要求也不像原来那么严格了，秘书与老板的关系也不再那么严肃，他们可以直接称呼老板的名字。

在英国，只要会多国语言，就会获得高薪。但在欧洲其他国家，掌握多国语言仅仅是找到好工作的基本条件。Carter先生说："假如你去比利时做秘书，必须掌握3种语言——比利时荷兰语、法语和英语。企业的跨国生意越来越多，不懂得多种语言就无法沟通和交流。"

Carter先生还告诉记者，在欧洲，国别差异主要是文化方面的。"德国的秘书在与老板交流时需要更有条理；而在法国，秘书需要花费很多时间来确定老板的行程，确保他们在合适的时间出现在合适的地点，因为在法国，很多事情离开握手、碰面就干不了。"

资料来源：宋斌著："秘书工作剪影"，《秘书》，2006年第1期。

问题： 结合案例分析，为什么说秘书是一个可以终身从事的职业？

案例二：

靠能力不靠长相，美国秘书越老越吃香

美国休斯敦洛克律师事务所的华人律师童樟茂先生的秘书是年过60岁的劳拉女士。童先生说："劳拉做了将近20年的秘书，像一个管家婆一样，把大小事情都安排得井井有条，没有她我这里早就乱成一锅粥了。"

具有10多年律师经验的童先生认为，由于美国法律对性骚扰做了非常详细的规定，很多老板的心中都有所防范。他们都担心一旦与秘书发生关系，被揪住小辫子，将会面临性骚扰的控告，不仅公司要赔上天文数字的罚款，自己更会身败名裂。因此，很多老板在这方面相当谨慎，宁可在外面"撒野"，也不敢拿秘书"开刀"。童先生指出，年龄偏大的秘书受欢迎的原因除了工作资历的因素外，用人单位也有防范性骚扰的用意。所以，童先生得出一个结论：三个同等水平的女性应聘秘书，长得丑的胜出的可能性没准更大。

如果不看长相，聘用秘书看什么呢？童先生告诉记者，他聘秘书最重要的就是要看她待人是否诚恳、谨慎，否则客户都让秘书吓跑了怎么办？另外，他认为秘书需要具备极强的向心意识、协作精神和一丝不苟的做事习惯，还要有很强的忍耐力及牺牲精神。童先生戏称：

好秘书只有当她不在时,你才会注意到她。

资料来源:汪楚仁著:"靠能力不靠长相,美国秘书越老越吃香",《环球时报》,2003年9月18日。

问题:

1. 美国人为什么偏好年长的女性当秘书?
2. 美国人聘用秘书,最看重的是什么?

【实验实训】

1. 阅读"从日本秘书课程设置看对秘书素质的高要求"的案例,围绕"在大学期间,我们还需要从哪些方面扩充知识和技能,以胜任未来的秘书工作"的问题展开讨论。
2. 结合本章中一些关于国外"秘书不吃青春饭"、"靠能力不靠长相"的案例,写一篇短文,谈谈自己如何提高自身素质,把秘书当作终身职业。

【复习思考题】

1. 国外有哪些主要的秘书资格考试?
2. 国外培养秘书有哪些途径?
3. 国外秘书职业发展主要体现在哪些方面?
4. 国外秘书职业发展的前景可以概括为哪些方面?

参考文献

[1] 谭一平著:《我是职业秘书》,机械工业出版社2008年版。
[2] 谭一平著:《女秘书日记》,江苏文艺出版社2011年版。
[3] 孟庆荣主编:《秘书工作案例及分析》,清华大学出版社2007年版。
[4] 金常德、赵莲娜主编:《秘书学概论》,大连理工大学出版社2009年版。
[5] 郭建庆主编:《秘书导论》,高等教育出版社2007年版。
[6] 郭玲、尤冬克主编:《秘书学导论》,人民出版社2007年版。
[7] 金常德主编:《秘书职业概论》,重庆大学出版社2010年版。
[8] 陆瑜芳编著:《秘书学概论》,复旦大学出版社2006年版。
[9] 杨锋主编:《秘书学概论》,高等教育出版社2011年版。
[10] 人力资源和社会保障部教材办公室编著:《秘书》(国家职业资格四级),中国劳动社会保障出版社2009年版。
[11] 李兵著:"国外学历证书与职业资格证书衔接的比较与启示",《职教论坛》,2008年3月。
[12] 谭一平著:《秘书人际沟通实训》,中国人民大学出版社2008年版。
[13] 范慰慈主编:《秘书》(基础知识),中国劳动社会保障出版社2008年版。
[14] 石咏琦编著:《做最得力的秘书》,北京大学出版社2011年版。
[15] 岳凯华主编:《秘书学概论》,湖南大学出版社2005年版。
[16] 葛红岩主编:《新编秘书实务》(第二版),高等教育出版社2012年版。
[17] 赵锁龙主编:《管理秘书实务》(第二版),中国人民大学出版社2008年版。
[18] 杨树森主编:《秘书学概论》,安徽人民出版社2005年版。
[19] 曲克敏著:"我国将开展秘书国家职业资格鉴定试点工作",《光明日报》,1998年6月5日。
[20] 钱明霞主编:《管理学原理》,华东师范大学出版社2013年版。
[21] "国外职业资格证书制度介绍",http://www.docin.com/p-544227206.html。
[22] 全圣姬著,关启锐译:《沈夫人致后辈书》,现代教育出版社2010年版。